UITGAVEN VAN HET
NEDERLANDS HISTORISCH-ARCHAEOLOGISCH INSTITUUT TE ISTANBUL

Publications de l'Institut historique et archéologique néerlandais de Stamboul
sous la direction de
E. VAN DONZEL, Pauline H. E. DONCEEL-VOÛTE
A. A. KAMPMAN, Machteld J. MELLINK et C. NIJLAND

XLII

DIE OSMANISCHEN PRINZEN UND IHRE RESIDENZ AMASYA IM 15. UND 16. JAHRHUNDERT

DIE OSMANISCHEN PRINZEN UND IHRE RESIDENZ AMASYA IM 15. UND 16. JAHRHUNDERT

von

PETRA KAPPERT

NEDERLANDS HISTORISCH-ARCHAEOLOGISCH INSTITUUT
TE ISTANBUL
1976

I.S.B.N. 90 6258 042 4
Printed in Belgium

Inhaltsverzeichnis

Vorwort

Einleitung 3

1. Eingrenzung des Themas 3
2. Quellen und Vorarbeiten 5
3. Bedeutung und Wirkung der Institution der Prinzenresidenz 9

Kapitel I. Prinz Bāyezīd b. Meḥmeds II. Statthalterschaft (858/1454-886/1481) 19

1. Die politischen Ereignisse
   Die Lālās 20

2. Der Hof in Amasya unter Prinz Bāyezīd (II.) 43
   2.1. Die Prinzenlehrer 45
   2.2. Andere Hofämter 53
   2.3. Die Dichter 59
   2.4. Zerstreuungen am Prinzenhof 66

Kapitel II. Prinz Aḥmed b. Bāyezīds II. Statthalterschaft (886/1481-919/1513) 69

1. Die politischen Ereignisse
   Die Lālās 70

2. Die Bedeutung der Stiftertätigkeit für die kulturelle Entwicklung der Stadt Amasya 79

3. Prinzenlehrer und städtisches Gelehrtenleben 82

4. Dichter und Künstler 85

5. Zur wirtschaftlichen Lage der Prinzenresidenz. Soziale und wirtschaftliche Einrichtungen (Bīmārḫāne und Bedesten) 88

Kapitel III. Prinz Muṣṭafā b. Süleymāns I. Statthalterschaft (948/1541-960/1553) 95

1. Die politischen Ereignisse 95

2. Das kulturelle Leben der Stadt 102
   2.1. Die Dichter 103
   2.2. Die Prinzenlehrer 107
   2.3. Die Gelehrten 110

Kapitel IV. Prinz Bāyezīd b. Süleymāns Statthalterschaft (965/1558-966/1559) 113

1. Die politischen Auseinandersetzungen der Prinzen Bāyezīd und Selīm um die Thronfolge 114

2. Bāyezīds Ernennung zum Statthalter von Amasya 117

2.1. Bāyezīds Soldaten-Werbung under der sozial unzufriedenen Bevölkerung Anatoliens 121

2.2. Die Schlacht bei Konya und Ihre Folgen 126

3. Prinz Bāyezīds Aufenthalt in Persien 131

4. Prinz Selīms Versuche einer eigenen Aussenpolitik 140

5. Auswirkungen der Rebellion Bāyezīds auf die Verwaltung und die sozialen Verhältnisse Anatoliens 150

Anmerkungen 155

Stammtafel 201

Abkürzungsverzeichnis 202

Literaturverzeichnis 203

Register 225

Bildtafeln 245

VORWORT

Seit dem Erscheinen von Joseph von Hammers "Geschichte des Osmanischen Reiches" vor rund 150 Jahren hat die Kenntnis der osmanischen Geschichte in beträchtlichem Umfange zugenommen. Vor allem die Detailforschung und die Betrachtung von Einzelaspekten ist dabei in den letzten Jahren in den Vordergrund gerückt.

Die vorliegende Arbeit, die im Februar 1973 vom Fachbereich Orientalistik der Universität Hamburg als Dissertation angenommen wurde, beschäftigt sich mit der osmanischen Prinzenresidenz Amasya im 15. und 16. Jahrhundert und den dort residierenden Sultanssöhnen. Die Untersuchung des bisher wenig erforschten kulturellen Lebens der Stadt, sowie die geistigen und politischen Wechselbeziehungen dieser Provinzmetropole zur Hauptstadt Istanbul sollten dabei besonders berücksichtigt werden.

Für die während meiner Arbeit erfahrene Unterstützung und Beratung bin ich besonders meinem verehrten Lehrer, Herrn Prof. Bertold Spuler, zu großem Dank verpflichtet. Für die stets hilfreichen Ratschläge und Hinweise gilt auch meinen verehrten Lehrerinnen, Frau Dr. Barbara Flemming und Frau Dr. Hanna Sohrweide, mein herzlicher Dank.

Den Bibliotheken der Berliner Staatsbibliothek, der Österreichischen Nationalbibliothek, des Istanbuler Topkapı Sarays, des Britischen Museums und der Bibliothèque Nationale danke ich für die Unterstützung bei der Beschaffung des Materials, ebenso Frau Dr. Heidrun Wurm für wertvolle bibliographische Hinweise.

Für die großzügige materielle Förderung meiner Arbeit möchte ich der "Studienstiftung des Deutschen Volkes" meinen Dank aussprechen.

Hamburg, im Herbst 1974.

EINLEITUNG

1. EINGRENZUNG DES THEMAS

Die vorliegende Arbeit behandelt die Einrichtung der osmanischen Prinzenresidenz am Beispiel Amasyas[1] im 15. und 16. Jh. Im orientalischen Raum ist es nicht einmalig, daß ein Herrscher seine Söhne zur Verwaltung von wichtigen Provinzen seines Reiches bestimmte und ihnen in diesen Gebieten Statthalterfunktionen übertrug. Wir finden Beispiele im iranischen Bereich bereits bei den Sasaniden, später bei den Ilḫānen und noch den Safaviden, sowie innerhalb Anatoliens auch bei den Rūmselǧūqen[2].

In welchem Maße iranische bzw. rūmselǧūqische Einflüsse möglicherweise für die Einrichtung der osmanischen Prinzenresidezen bestimmend waren, soll hier nicht entschieden werden. Der auf Grund des unterschiedlich überlieferten Quellenmaterials schwierige Vergleich würde eine eigene Arbeit darstellen, deren Grundlage von der osmanischen Seite her aber durch das Aufzeigen der Entwicklung während ihrer am deutlichsten dokumentierten Ausprägung gegeben werden soll.

Diese Arbeit soll sich hauptsächlich mit der Konsolidierungsperiode dieser Form von "Machtdispersion" einer neuen Dynastie beschäftigen und erbringt deshalb weniger eine detaillierte Analyse der Anfänge der Prinzengouvernements.

Wir haben die Zeit der Konsolidierung des osmanischen Reiches nach der Eroberung Konstantinopels für unsere Behandlung gewählt, weil über die militärischen Belange eines Prinzenstatthalters hinaus aus der Frühzeit verhältnismäßig wenig gesichertes Material über die Funktion der Prinzenresidenz überliefert ist.

Man kann nur annehmen, daß in der Frühzeit, als die lokale Herrschertradition der eroberten Emirate noch im Bewußtsein der

Bevölkerung lebendig war, auf diese Traditionen von osmanischer Seite in gewisser Weise Rücksicht genommen werden mußte.

Nach der osmanischen Eroberung der Stadt wurde Prinz Meḥmed (I.) ibn Bāyezīd I. im Jahre 1393 als erster Statthalter in Amasya eingesetzt; in der ersten Hälfte des 15. Jhs. gab es sechs weitere prinzliche Gouverneure.[3)]

Die Stadt[4)] an der alten anatolischen Seidenstraße nach Persien war bereits unter den Rūmselǧūqen wie auch unter mehreren kleinasiatischen Dynastien, wie z.B. den Dānišmendiden und den Eretnaoġulları, ein bedeutendes Zentrum gewesen. Die Osmanen wahrten zwar den Residenzcharakter der Stadt, setzten aber in Gestalt des Prinzen anstelle der unabhängigen Fürstentradition einen Repräsentanten ein, der mit dem Herrscherhaus aufs Engste verbunden war und keine autonomen, sondern stets die Ansprüche des Herrscherhauses vertreten sollte. Die militärische Eroberung bedeutete nicht nur die Unterwerfung des ansässigen Fürstenhauses, sondern dieses wurde in seinen Herrschaftsfunktionen von einem Vertreter der osmanischen Dynastie ersetzt. Die Stellung der Eretna z.B. blieb unter diesen Verhältnissen auf ein Stadtpatriziertum beschränkt.[5)]

Meḥmed II., den "die Eroberung Konstantinopels über Nacht zum gefeiertsten Herrscher der muslimischen Welt"[6)] gemacht hatte, gab mit dem neuerworbenen Anspruch des Weltenherrschers auch den Prinzenresidenzen einen neuen Charakter. Die über die militärische Verwaltung einer Provinz hinausgehenden Herrscherfunktionen eines Prinzen drücken sich auch in der Terminologie der Chroniken aus, die z.B. den Amtsantritt eines Prinzen "Thronbesteigung" nennen.[7)]

Obwohl Amasya neben anderen Residenzen wie Manisa und Konya stand, ließ sich unserer Meinung nach die Geschichte der Prinzenresidenzen am Beispiel dieser Stadt exemplarisch verfolgen. Der Bedeutungsschwund, den Amasya gerade während des 16. Jhs. durchmachte, zeigt die Problematik der Institution an sich auf: Gerade in dieser Stadt gab es für die Reichseinheit gefährliche Tendenzen wie Separation und Parteienbildung, die eigentlich in ihrem Wesen vorgegeben sind. Sie mußten von der Zentralgewalt immer stärker durch Kontrollmaßnahmen bekämpft werden. Das Eigenleben der Residenzstadt Amasya wurde dadurch weitgehend eingeschränkt, zunächst zugunsten der durch die Nähe zur Hauptstadt besser kontrollierbaren Residenz Manisa, in die seit Selīm II. (1566-74) jeweils der vorgesehene Thronfolger gesandt wurde. Jedoch wurde auch diese Regelung nur noch bis 1595 aufrecht erhalten, da die grundsätzliche Gefahr, die von einem zur Unabhängigkeit strebenden Prinzen und seinen Anhängern ausgehen konnte, für den Bestand des Reiches als zu gravierend angesehen wurde. Seit Aḥmed I. (1603-17) verblieben alle Sultanssöhne im Saray in Istanbul.[8] Damit waren ihnen die Möglichkeiten, persönliche Erfahrungen für das Herrscheramt zu sammeln, entzogen, und man wird nicht fehlgehen in der Annahme, daß diese Regelung die immer deutlicher werdende Entrückung des Sultans aus dem politischen Leben wesentlich mitverursachte.

2. QUELLEN UND VORARBEITEN

Wir haben uns bei unserer Darstellung vor allem auf die Auswertung historiographischen und biographischen Materials gestützt, das durch Heranziehung publizierter Inschriften und Urkunden zum Teil ergänzt werden konnte.
Festzustellen ist, daß es kein historiographisches Material aus Amasya selbst gibt, das aus der Sicht eines dort residierenden Prinzen geschrieben worden wäre. Die von uns herangezogenen Chronisten vom Ende des 15. und vom 16. Jh. stellen, auch wenn sie noch keine "Reichshistoriker" im speziellen Sinne waren, die Ereignisse in der Hauptsache aus der Sicht der Zentrale dar. Die Nachrichten über die Provinzen beschränken sich im wesentlichen auf Angaben über Ernennung und Ablösung von Statthaltern, daneben finden Ereignisse von größerer politischer Tragweite und Vorgänge in Zusammenhang mit militäri-

schen Aktionen, die z.B. von der zeitweiligen Grenzprovinz Rūm mit der Hauptstadt Amasya ausgingen, Erwähnung.

In dem von Şerafettin Turan edierten VII. defter von Ibn Kemāls "tevārīḫ-i āl-i ʿO̱smān" wird allerdings Amasya als bevorzugter osmanischer Prinzenresidenz breiterer Raum gewidmet. Die Hervorhebung dieser Residenz geschieht wohl mit Rücksicht auf den Auftraggeber des Werkes, Bāyezīd II., der als Prinz 27 Jahre lang dort Statthalter war. Einigen Aufschluß über die Verhältnisse am Hof von Amasya zu Ende der Regierungszeit Bāyezīds II. vermittelt das Selīm-nāme des Šükrī[9], jedoch sind diese Nachrichten tendenziös, da sie aus der Sicht des Prinzen Selīm, des Gegenspielers des damaligen Regenten der Stadt, Prinz Aḥmed, verfaßt wurden.

Zu Fragen des Zeremoniells und der Reichsverwaltung, die auch die Stellung der Prinzen im 16. Jh. betreffen, geben die Geschichtswerke des Bōstān[10] und des Ǧelālzāde Muṣṭafā[11] Auskunft, die jeder eine Periode aus der Regierungszeit Süleymāns I. (1520-66) behandeln. Vor allem in dem biographischen Teil seines umfangreichen Geschichtswerkes "Künh al-aḫbār" bringt der Historiker Muṣṭafā ʿĀlī interessante Details zu Persönlichkeiten aus Amasya. Er kann als wichtiger Informant gelten, da er selbst als späterer Sanǧaqbeg der Stadt (1599) Nachrichten über die historische Vergangenheit der Stadt hat sammeln können.[12]

Von den historischen Darstellungen des 17. Jhs. wurde dem Werk des Pečevī[13] von uns besondere Bedeutung beigemessen, da in ihm die Thronkämpfe der Söhne Süleymāns I. und deren Auswirkung eine besondere Berücksichtigung erfuhren. Seine Darstellung wurde offenbar durch die Kenntnis von Dokumentenmaterial so reichhaltig.

Die wichtigste Quelle für die Identifizierung von Personen in Amasya, deren Lebensumstände sonst weniger bekannt wurden und schließlich auch für eine Charakterisierung der Herkunft politischer Tendenzen des Hofes sowie des kulturellen Lebens der

Stadt sind die Gelehrten- und Dichterbiographien des 16. Jhs. Auch wenn wir in diesen Werken nach unseren Begriffen ein undifferenziertes Nebeneinander von bedeutenden und unbedeutenden Personen vorfinden - "Poeten neben Poetastern"[14] - so erscheint uns doch deren Auswertung nicht unwesentlich gerade für eine Gesamtschau des Lebens der Residenzstadt. Eine Klassifizierung der in ihr wirksamen Schichten und Tendenzen wird sich nach unserer Meinung am ehesten aus einer gründlicheren Kenntnis biographischer Nachrichten vornehmen lassen. Die angeführten Angaben über Ernennungen zu bestimmten Āmtern oder über die Bezahlung enthalten Aussagen über die zeitgenössische Beurteilung, die wiederum Rückschlüsse auf den Einfluß einzelner Personen erlaubt.

Zu einem abschließenden Urteil wird man erst durch eine gründlichere Kenntnis der verstreut überlieferten und zum Teil schwer zugänglichen Werke dieser Autoren gelangen können. Vor einer solchen Bewertung ist jedoch, wie wir meinen, der in den Biographien dargebotene "Querschnitt" durch das geistige Leben einer Stadt interessant genug und könnte weitere Anregungen für sozialgeschichtliche Untersuchungen bieten.

Von den byzantinischen bzw. neugriechischen Quellen konnten einige Hinweise aus den Werken des Chalkokondyles sowie des anonymen "Chronikòn tōn Túrkōn" für die Darstellung der Verhältnisse in der Provinz verwendet werden.

Zwei europäische Beobachter des Osmanischen Reiches, Hans Dernschwam und Oghier Busbeck, hielten sich um die Mitte des 16. Jhs. auch einige Zeit in Amasya auf und widmeten den dortigen Verhältnissen in ihren Beschreibungen einige Überlegungen und Interpretationen, die als interessante Ergänzungen des osmanischen Materials angesehen werden können.

Āhnliches gilt für die venezianischen Gesandschafts-Relationen, wenn auch ihre Nachrichten den Standpunkt des Beobachters in İstanbul widerspiegeln, dem zu den Ereignissen in der Provinz die verschiedensten Gerüchte zugetragen werden. Dabei ist aber auch die oft ausführliche Wiedergabe der Aufnahme und Beurteilung von anatolischen Vorgängen durch die Pforte aufschlußreich.

Unter der späteren Reiseliteratur sind uns die Berichte H. Barths und Mordtmanns wegen ihrer fundierten historischen Kenntnisse erwähnenswert erschienen.

Vor der benutzten Sekundärliteratur ist an erster Stelle die vierbändige Geschichte Amasyas, "Amāsyā tā᾿rīḫi", von Ḥüseyn Ḥüsāmeddīn zu nennen, in deren erstem und dritten Band die kulturellen Zeugnisse,sowie die historischen Ereignisse der von uns behandelten Epoche dargestellt werden, jedoch oft in einem sehr lokal-patriotisch gefärbten und historisch nicht immer nachvollziehbaren Sinne. Babinger hielt seine Darstellung für übersetzenswert in eine europäische Sprache.[15)] Nur in Fällen, in denen sich die oft sehr detaillierten Angaben Ḥüsāmeddīns mit denen historischer Quellen deckten, wurden sie für unsere Darstellung verwendet.

Erste tabellarische Übersichten zu Einrichtung und Dauer der Prinzenresidenzen entnahmen wir dem Werk Aldersons "The Structure of the Ottoman Dynasty". Seine Angaben und Tabellen konnten in einzelnen Fällen ergänzt bzw. korrigiert werden. Seine Ausführungen zu unserem Thema beruhen zu großen Teilen auf dem Kapitel "Osmanlı Şehzadeleri" im Werk "Saray teşkilâtı" des türkischen Historikers Uzunçarşılı. Dieser bietet darin nach unserer Kenntnis den ersten Versuch einer zusammenhängenden Behandlung der Prinzenresidenzen, allerdings in nicht ganz systematischer Form. (s. dazu noch den Nachtrag auf p.232).

Diese läßt sich noch am ehesten bei einer Spezialuntersuchung über den Prinzen Bāyezīd b. Süleymān von Şerafettin Turan, "Kanunî'nin oğlu Şehzâde Bayezid'in vak'ası", feststellen, der für seine grundlegende Untersuchung gleichermaßen europäisches wie osmanisches historiographisches Material, sowie unedierte Urkunden auswertete. Seine Darstellung, die sehr stark die sozialgeschichtlichen Hintergründe einer Prinzenrebellion beleuchtet, gab uns für unsere Arbeit wertvolle Anregungen und Hinweise.

Als grundlegende kunsthistorische Darstellung der Residenz Amasya kann nach unserer Meinung noch immer der 2. Bd. von A. Gabriels "Monuments turques d'Anatolie" gelten. Zu ergänzen war sie durch mehrere Artikel Anheggers zur Thematik der Provinzarchitektur.

3. BEDEUTUNG UND WIRKUNG DER INSTITUTION DER PRINZENRESIDENZ

In der Regel wurden die Prinzen (Šehzāde) im 15. und 16. Jh. nach ihrer Beschneidung im Alter von 10 oder 12 Jahren zum Vālī oder Sanǧaqbeg einer anatolischen Provinz ernannt. Amasya galt im 15. Jh. lange Zeit als bevorzugte Statthalterschaft auf Grund seiner Lage an der Ostgrenze des Osmanischen Reiches. Es stand im Ruf eines wichtigen Uč-Beglik (Grenzlandes). Gouverneur eines solchen Gebietes zu sein, bedeutete durch die Möglichkeit, sich im Grenzkrieg religiöse Verdienste zu erwerben, eine große Auszeichnung und war schon unter den Rūmselǧūqen oft dem Thronfolger vorbehalten. Dieses Prestige hatte Amasya bis in die Tage der Regierung Murāds II. (1421-51) und Meḥmeds II. bewahrt.[16]

Wir stimmen angesichts dieser Tradition nicht mit der These Babingers überein[17], der Amasya den "Lieblingsaufenthalt verbannter Prinzen" nennt und einen Ort, der fernab der Hauptstadt gewählt worden sei, damit die Sultanssöhne dem Herrscher durch ihre Anwesenheit in der Capitale nicht bei "Volkserhebungen oder Truppenaufständen unliebsame Überraschungen" bereiteten (a.O.).

Wie wir feststellen konnten, spielte für die Prinzen die Möglichkeit, sich als Vālī eines Uč-Beglik zu bewähren, bei der Argumentation für oder gegen eine bestimmte Provinz bis in die Mitte des 16. Jhs. eine, wenn auch vielleicht nur verbale

Rolle (s.Kap.III u. IV), was sicherlich für das Bewußtsein von der alten Tradition spricht.

Die denkbare Situation, daß sich ein Prinz in der weit von der Hauptstadt entfernten Provinz ausbrechender Unruhen und verschiedener aufrührerischer Gruppen bediente, die die Reichseinheit gefährden konnten, bedeutet sozusagen die Kehrseite der oben gekennzeichneten Repräsentation der Zentralgewalt durch den Šehzāde.

Solche Versuche unternahmen Anfang des 16. Jhs. zwei prinzliche Gouverneure der Stadt, Aḥmed b. Bāyezīd II. und Murād b. Aḥmed. Die Zentralgewalt reagierte darauf mit Verwaltungsmaßnahmen, die den Status der Stadt herabminderten und an ihre Stelle Sivas als Zentrum der Provinz Rūm setzten. Auch wenn Sultan Süleymān noch zwei seiner Söhne zu Sanǧaqbegen von Amasya ernannte, blieb deren Kompetenz doch auf ein Rumpfgebiet des ehemals ganz der prinzlichen Verwaltung unterstehenden Eyālets Rūm beschränkt. Amasya hatte damit seine bevorzugte Stellung eingebüßt (s.Kap.III). Die beiden letzten Prinzengouverneure der Stadt, Muṣṭafā (1541-53) und Bāyezīd b. Süleymān (1558-59), unternahmen verzweifelte Versuche, sich aus dieser eingeengten Position im Kampf um die Thronnachfolge dennoch ihre Ansprüche zu sichern und dabei die Bevölkerung der Provinz zur Unterstützung zu gewinnen. Dies führte dazu, daß nach 1559 kein osmanischer Prinz mehr als Gouverneur Amasyas in die Provinz Rūm geschickt wurde.

Die Ernennung eines Prinzen zum Vālī und der Auszug in sein Sanǧaq waren mit einem festgelegten Zeremoniell verbunden, das in unseren Quellen allerdings nicht für jeden einzelnen Šehzāde überliefert ist. Erwähnungen vom Ende des 15. Jhs. (1483) und aus der Mitte des 16. Jhs. (1533 und 1543) stimmen jedoch in vielen Details überein, so daß mehrere Punkte als generelle und unveränderliche Bestandteile des Zeremoniells angesehen werden können: Die Verleihung einer pelzverbrämten, goldenen Kopfbedeckung, eines golddurchwirkten Kaftans und eines Zobelpelzes. Die prinzlichen Herrschaftsinsignien bestanden aus Trommel und weißer Fahne.[18)]

Die gleichen Quellen erwähnen, daß der Prinz von einem in Istanbul ausgewählten Hofstaat in sein Sanǧaq begleitet wurde. Zu dessen wichtigsten Mitgliedern zählten der Lālā (Prinzentutor oder -erzieher), der Nišānǧi̊ (Staatssekretär) und der Defterdār (Finanzverwalter oder -minister), die als Vertrauensleute des Sultans galten. Dies bedeutete eine ganz offizielle Abhängigkeit oder Verbindung des Residenzhofes, der ein Abbild des Istanbuler Hofstaates "en miniature" darstellte[19)], von der hauptstädtischen Zentralgewalt. Hierin ist z.B. ein Unterschied zu den rūmselǧūqischen Prinzenresidenzen zu konstatieren, deren jeweilige Dīvāne von der Verwaltung des Sultans unabhängig gewesen sein sollen.[20)]

Die Person des Lālās kann als politische Schlüsselfigur des Lebens am osmanischen Prinzenhof angesehen werden. Bleibt man bei einem Vergleich mit der Hierarchie des Sultans-Dīvāns, so entspräche seine Stellung der des Großwesirs. In der Tat legen die Quellen bei der Erwähnung der Prinzenlālās diesen oft den Titel "Wesir" bei.[21)] Keinesfalls scheint also die Verleihung dieses Titels eine Besonderheit darzustellen, wie man auch angenommen hat (s.p. 30). Sie stammen nicht überwiegend - wie behauptet wird - aus der Devširme (Knabenlese) und wechselten nicht immer aus dem Saraydienst in den Dienst des Prinzen über.[22)] Wir haben in den einzelnen Kapiteln versucht, die biographischen Nachrichten über die Prinzenlālās zu koordinieren und die Frage nach ihrer Herkunft uns Ausbildung zu erörtern.

Sie hatten sowohl militärische wie politische Aufgaben zu erfüllen. In manchen Fällen wurden sie zu Beglerbegen der Provinz ernannt (s. Kap. I und II), in deren Hauptstadt der ihnen anvertraute Prinz residierte, ohne daß man daraus eine systematische Regelung (etwa dem Alter des Prinzen und damit seiner Entscheidungsfähigkeit entsprechend) ablesen könnte. Der Lālā führte in dessen Namen dann militärische Aktionen durch, als

Oberbefehlshaber der Provinztruppen.

Eine direkte Aussage über den Einfluß, den ein Lālā auf den ihm anvertrauten Prinzen ausübte, ließ sich nicht immer machen, denn dafür sind die Nachrichten oft zu knapp. Hingegen konnte manchmal ein Urteil modifiziert werden, zu dem man sich etwa auf Grund der Herkunft des Lālās und seiner Zugehörigkeit zu einer bestimmten Schicht vorschnell veranlaßt gesehen hatte. Zieht man aber alle zur Verfügung stehenden biographischen Details heran, ergibt sich ein differenzierteres Bild der betreffenden Persönlichkeit, ihrer Beurteilung durch den Sultan oder den Grad an Entscheidungsfreiheit, über den ein Würdenträger der Provinz verfügte.

Hier erhebt sich die Frage, welche Möglichkeiten einer unabhängigen Politik für den Prinzen überhaupt bestanden. Mit dem Hinweis auf die Kontrollfunktionen, die vom Sultan ausgewählte und nach Gutdünken ausgewechselte Hofleute ausübten, ist sie nur zum Teil beantwortet. Ein anderer Faktor, der wohl besonders von psychologischer Bedeutung für das Selbstgefühl eines Prinzen war, scheint die Unterhaltung einer eigenen prinzlichen Truppe gewesen zu sein, die ähnlich wie die dem Sultan persönlich verpflichteten Janitscharen aus Sklaven (Qul) bestand.

Im 16.Jh., als Beglerbege und Sanǧaqbege über eine Anzahl erbeuteter Sklaven (zwischen 800-1000) verfügten[23], besaßen auch Prinzen eine persönliche Streitmacht, wie wir zumindest von den Söhnen Süleymāns I., Muṣṭafā und Bāyezīd, wissen (s. Kap. III und IV). Ihre Zahl betrug zwar nur zwischen 5000 und 7000 Mann, und sie stellten objektiv wohl kaum ein wirksames Mittel zur Durchsetzung von Ansprüchen gegenüber dem Sultan dar. Auswärtige Beobachter der osmanischen Verhältnisse versäumten jedoch nicht, auf diese - wie es hieß - wohltrainierten Truppen hinzuweisen[24], und diese scheinen den Prinzen die subjektive Vorstellung von einem gewissen unabhängigen Handlungsspielraum vermittelt zu haben.

Den Oberbefehl über die regulären Truppen ihrer Provinz teilten sie nominell mit dem Beglerbeg des entsprechenden Eyālets. Die weitgehendsten militärischen Vollmachten erhielten die Söhne Meḥmeds II., die Prinzen Bāyezīd (II.) und Muṣṭafā, als sie bei der Entscheidungsschlacht gegen Uzun Ḥasan 1473 zu Oberbefehlshabern (Serdār) der beiden, je 30.000 Mann starken Flügel des osmanischen Heeres ernannt wurden. Bāyezīd II. schränkte die militärische Tätigkeit der Prinzen und ihre Beteiligung an großen Feldzügen weitgehend ein. Soweit aus den Quellen ersichtlich, führten bei kriegerischen Auseinandersetzungen die Prinzenlālās an Stelle der in den Residenzen zurückbleibenden Šehzādes die Provinztruppen in den Kampf. Den Prinzen fielen militärische Aufgaben hauptsächlich bei Krisensituationen in der eigenen Provinz zu.

Erst bei den für den Bestand des Reiches so gefährlichen Auseinandersetzungen zwischen Süleymāns I. Söhnen Bāyezīd und Selīm (II.) erhielt ein Prinz noch einmal weitreichende militärische Vollmachten und den Titel "Serdār" (s. Kap. IV).

Zwar berichten die Quellen gerade aus der Regierungszeit Süleymāns häufig, daß der Sultan von einem seiner Söhne auf auswärtige Kriegszüge begleitet wurde. Jedoch traten die Prinzen bei diesen Gelegenheiten militärisch kaum hervor. Ihre Aufgabe scheint manches Mal darin bestanden zu haben, während des Feldzuges, bei der Überwinterung des Heeres dem Sultan bei seinen Zerstreuungen (Jagden etc.) Gesellschaft zu leisten.

Mit größerer Regelmäßigkeit wurde den Prinzen in den Fällen, in denen der Sultan persönlich an den Kriegszügen teilnahm, Statthalterfunktionen in Edirne eingeräumt, wo sie den "Schutz der europäischen Reichshälfte" übernahmen (Rūmili Muḥāfıẓı). In diesem Amt wurde einem Šehzāde die Regentschaft für den Sultan übertragen, mit weitreichenden Vollmachten, die sich z.T. auch auf den Schriftverkehr mit ausländischen Staaten erstreckten.[25] Stets residierte er dabei jedoch in Edirne und nicht in der Hauptstadt. Damit sollte im Fall der Rebellion eines Prinzen verhindert werden, daß er sich sofort des Verwaltungsapparates und der in der Hauptstadt stationierten Janitscharen-Corps versicherte und somit über die wichtigsten Schlüsselpositionen verfügte.[26)]

Neben militärischen und Regentschafts-Verpflichtungen wurden den Prinzen mit ihrem Statthalteramt auch bestimmte Verwaltungsaufgaben übertragen. Auf Grund bisher erst ganz vereinzelt edierter Prinzenurkunden läßt sich über die Abgrenzung dieser Funktionen noch sehr wenig sagen. Zu untersuchen bleibt, ob die Prinzen-Gouverneure tatsächlich in eigener Verantwortung Groß- und Kleinlehen (Zi'āmets und Tīmāre) vergeben und die entsprechenden Diplome dafür ausstellen konnten.[27)] Damit hätten ihre Befugnisse denen eines Beglerbegs in der ersten Hälfte des 16. Jhs. entsprochen.[28)] Vielleicht war es ihnen aber lediglich vorbehalten, in eigenem Namen und mit eigener Tuġra nur die Bestätigung bestimmter Privilegien (z.B. Vaqf-Urkunden) und die Verleihung von bestimmtem Besitz ("Temlīk") vorzunehmen, was jedenfalls einigen Urkunden gesichert zu entnehmen ist.[29)] Erst weiteres zugänglich gemachtes Archivmaterial dürfte zu diesem wichtigen Komplex näheren Aufschluß erbringen.

Die Besetzung der wichtigsten Ämter in der Residenz wurde in der Regel von Istanbul aus bestimmt, und der Prinz nahm darauf keinen Einfluß. Lediglich in Ausnahmefällen - als z.B. Süleymān I. bei der Bekämpfung seines rebellischen Sohnes Bāyezīd gegenüber dem jüngeren Selīm zu sehr weitreichenden Zugeständnissen bereit war - wurde einmal eine Entscheidung der Zentrale korrigiert und damit dem Protest eines Prinzen entsprochen: In diesem Falle hatte Prinz Selīm die Strafversetzung seines Lālās Muṣṭafā Paša rückgängig machen können (s.Kap. IV, p.143). Die meisten Prinzen wußten allerdings ihren Einfluß in Istanbul geltend zu machen, wenn es um die Vergabe einträglicher Posten (Militär oder Verwaltung) an ihre ehemaligen Lālās ging. Auch hierfür lassen sich Bemühungen und Erfolge Prinz Selīms als beispielhaft anführen (s. Kap. IV).

Natürlich vergrößerte sich der Hofstaat eines Prinzen, wenn ihm in seiner Residenz Kinder (Söhne) geboren wurden. Die Erziehung dieser Söhne wurde zunächst am Hof des Vaters durch eigene Lehrer durchgeführt. Nach ihrer Beschneidung wurden auch diese Prinzen (die Enkel des Sultans) zu Statthaltern kleinerer Sanǧaqs ernannt. Der älteste bzw. Lieblingssohn erhielt oft eine Statthalterschaft in der Nähe des Vaters zugewiesen. Solch ein bevorzugter Ort in der Nähe Amasyas war Çorum, wo z.B. Aḥmed b. Bāyezīd und Orḫān b. Bāyezīd, der Enkel Sultan Süleymāns, zeitweise residierten (s. Kap. II u. IV).

Am Beispiel der meisten Hofämter ist das Vorbild der Istanbuler Hof-Struktur deutlich erkennbar. Als ein Beweis für die starke Abhängigkeit sei hier nur auf das Amt des "Re'īs ül-küttāb" hingewiesen, das wahrscheinlich am Anfang der Regierung Süleymāns in Istanbul eingeführt wurde. Bereits kurz darauf ist diese Neuerung auch am Hof eines Prinzen, Muṣṭafā b. Süleymāns, belegt (s. Kap. III).

Viel Spielraum für die Besetzung von Ämtern nach eigenen Wünschen blieb den Prinzen auf Grund der Regelungen durch den Sultan nicht. Personen seiner eigenen Wahl finden wir noch am ehesten auf dem nicht ganz festumrissenen Posten des "Muṣāḥibs" (Gesellschafters). Doch waren diese, oft die engsten Vertrauten des Prinzen, meist in besonderem Maße der Kontrolle und Bespitzelung von Beauftragten der Zentrale ausgesetzt, über deren Tätigkeit unseren Quellen nur gelegentliche Hinweise zu entnehmen waren (z.B. die "Ḥalīmī-Affäre, p.37f.).

Ein deutlicheres Bild läßt sich von der Rolle gewinnen, die die Prinzen-Statthalter bei der Entwicklung des kulturellen Lebens in ihrer Residenz spielten. Wir haben dabei in unserer Darstellung zweierlei zu unterscheiden versucht: Zunächst einmal die immer wiederkehrende Erscheinung, daß die Person eines Prinzen und seine Residenz große Anziehungskraft für diejenigen Dichter, Künstler und Gelehrten bildeten, die sich von der Protektion eines Šehzāde eine Empfehlung für eine im Grunde angestrebte Karriere in der Hauptstadt versprachen. In solchem, eng an die Person eines Prinzen geknüpften Zuzug, den die Residenzen erlebten, ist gleichzeitig eine Abwanderungstendenz in die Metropole Istanbul mitenthalten.[30)] Denn der Prinz sah sich geradezu verpflichtet, die vielversprechendsten Talente aus seiner Umgebung an den Sultanshof weiterzuempfehlen, bzw. sie im Fall seiner Thronbesteigung selbst nach Istanbul zu holen. So war der kulturelle Status einer Prinzenresidenz häufig der einer Durchgangsstation auf dem Wege zur Hauptstadt. Am Beispiel Amasyas ließ sich dies besonders deutlich verfolgen, da diese Residenz auch für aus dem Osten kommende Gelehrte, Dichter etc. oft die erste Station im Osmanischen Reich bildete.

Anders ist dagegen die Bau- und Stiftertätigkeit zu bewerten, durch die die Residenz Amasya am Ende des 15. Jhs. eine große Zahl von Moscheen und Medresen erhielt. Mit diesen Einrichtungen nahm die Stadt eine prominente Stellung im Lehr- und Bildungswesen des Osmanischen Reiches ein, so daß auch unabhängig vom Prinzenhof Gelehrte und Schüler dorthin gezogen wurden. Dieser Entwicklung kommt nach unserer Auffassung eine andere Bedeutung zu, weil sie nicht von den Prinzen-Gouverneure selbst, sondern von einem regierenden Sultan, Bāyezīd II., initiiert wurde. In diesem Fall war es das Interesse der Zentrale, des regierenden Herrschers an seiner ehemaligen Prinzenresidenz, das mehrere seiner Würdenträger (die vielfach aus der Devširme stammten und keinerlei eigene Beziehungen zu Amasya hatten) veranlaßte, gleich dem Sultan mehrere bedeutende Bauten dort zu errichten. Diese von der Hauptstadt ausgehenden Aktivitäten blieben jedoch im Falle Amasyas auf die Regierung Bāyezīds II. beschränkt. Als stärker muß demgegenüber die Tendenz angesehen werden, die sich am Beispiel vieler aus Amasya stammender Persönlichkeiten ablesen läßt. Sie pflegten, wenn sie am Istanbuler Hof zu Ämtern und Würden gelangt waren, ihren geglückten "Sprung" aus der Provinz in die Hauptstadt durch Bauten und Stiftungen in Istanbul anstatt in ihrer Heimatstadt Amasya zu dokumentieren. Gegenüber dem politisch und kulturell immer stärker werdenden Sog in die Metropole bot das Interesse eines einzelnen Sultans kein ausreichendes Gegengewicht.

Was sich an der kulturellen Entwicklung so deutlich ablesen läßt, war aber wohl charakteristisch für die ganze, rund zweihundertjährige Epoche osmanischer Geschichte, in der die Prinzenresidenzen bestanden. Im Grunde war diese Zeit eine Art Übergangsperiode, in der die Prinzenresidenzen einen immer stärkeren Anachronismus darstellten, da sie praktisch die Ansprüche der eroberten Emirate vertraten, ein gleichberechtigtes Zentrum neben anderen zu sein. Politisch hatte die Funktion und Person des osmanischen Prinzen diese Ansprüche in den eroberten Gebieten überlagern sollen. Doch die in Kap. IV beschriebenen Ereignisse aus der zweiten Hälfte des 16. Jhs. zeigen, daß die Auseinandersetzungen zwischen Zentral- und Provinzgewalt ein entscheidender Konflikt geblieben waren.

Kulturell wurde der alte Anspruch von jedem der Prinzenhöfe praktisch aufs Neue vertreten, so wie es einfach im Wesen dieser Institution begründet lag. Die sich seit der Mitte des 16. Jhs. anbahnende Auflösung der Prinzenresidenzen sollte diese Übergangsphase beenden und die letzte Voraussetzung für den ganz zentralistisch organisierten Staat schaffen.

Die Folgen der Zentralisierungstendenzen, das weitere Absinken der osmanischen Provinz zu immer größerer politischer und kultureller Bedeutungslosigkeit wurden schon wenig später, im 17. Jh., evident. Mit der Abschaffung der Institution der Prinzenresidenzen war der Konflikt "Zentral- gegen Provinzgewalt" nur scheinbar und an der Oberfläche gelöst. Die dahinter stehenden sozialen Spannungen waren nicht beseitigt worden und blieben für die Folgezeit das entscheidende Problem.[31)]

Wir haben in unserer Arbeit Tendenzen beider Entwicklungen, der kulturellen und der politischen, zu berücksichtigen versucht. In den beiden ersten Kapiteln, die die Blütezeit der Residenz Amasya behandeln, stehen Leben und Wirken der in der Stadt anwesenden Personen im Vordergrund; außerdem die Begebenheiten, die etwas von dem Mechanismus des Systems der Ämtervergabe, Beförderung und Einflußmöglichkeiten am Hof widerspiegeln. Die Kapitel III und IV schildern den Niedergang der Stadt während des 16. Jhs. und die sozialen Spannungen, die bei der Rebellion von Prinzen eine deutliche Rolle spielen. Um diese Zeit bildeten aus sozialen und wirtschaftlichen Gründen unruhige Elemente in Anatolien die stärkste Anhängerschaft des Prinzen, der sich zur Revolte gezwungen sah, da seine Position als Statthalter von Amasya offensichtlich gleichbedeutend mit dem Verlust aller Thronansprüche geworden war. Auch aus dieser Konstellation geht hervor, daß von Teilen der Bevölkerung die Prinzenresidenz als eine Art Bollwerk gegen die übermächtige Zentralregierung empfunden wurde, was wohl die Auflösung dieser Einrichtung noch beschleunigte.

KAPITEL I.

Prinz Bāyezīd b. Sultan Meḥmeds Statthalterschaft (1454-81/858-86)

Prinz Bāyezīd wurde wahrscheinlich um die Jahreswende 1447-8/Šavvāl-Ẕī 'l-qaʿde 851 in Demotika geboren.[1] Er war Meḥmeds II. erstgeborener Sohn, seine Mutter war Gülbahār Hatun[2], über deren Herkunft die Meinungen auseinandergehen. Aus einem Dokument von 872/1468, in dem sie Gülbahār Hatun bint Abdullāh genannt wird[3], scheint hervorzugehen, daß sie nicht muslimischer - manche meinen albanischer[4] - Abkunft war. Auf Grund der Tatsache, daß ihr Sohn Bāyezīd ihr in Tokat eine Moschee errichten ließ - die sogenannte Hatuniye, die heutige Beyazit Camii[5] - schlossen andere auf ihre engen Bindungen zu dieser Stadt und vermuteten, daß sie einer alten Familie in Tokat entstammte.[6]

Im Winter 1453-54, den Sultan Meḥmed nach der Eroberung Konstantinopels in Edirne verbrachte[7], wurde Bāyezīds jüngerer Bruder Muṣṭafā zum Statthalter von Manisa bestimmt[8] und Prinz Bāyezīd zum Gouverneur von Amasya ernannt, was Ibn Kemāl folgendermaßen beschreibt[9]: "...Pür-i dülbendī ve ferzendī ergümendī yaʿnī šehzāde-i rešīd ve tāǧdār-i saʿīd Sulṭān Bāyezīd Amasyaya ki selāṭīn-i ʿaẓm eš-šān-i āl-i ʿoṡmāniñ dārü'l-mülk-i qadīmīdür gönderüb diyār-i Rūma šehriyār etdi".

Die Tradition, nach der schon Meḥmed I. und Murād II. ihre ältesten Söhne in die politisch wichtige Grenzprovinz Rūm, das Uč-Beglik mit seiner Residenzstadt Amasya, geschickt hatten[10], wurde somit von Meḥmed II. fortgesetzt. Auch bei Ibn Kemāl werden an dieser Stelle die Prinzen aufgezählt, die seit Bāyezīd I. als Vālī in Amasya residiert hatten und jeweils auch Thronfolger gewesen waren.[11]

Im Jahre 858/beg.1.1.1454 begab sich Prinz Bāyezīd[12], begleitet von dem durch den Sultan bestimmten Lālā ʿAlī Paša und anderen Höflingen, in seine Residenz.[13] Er blieb siebenundzwanzig Jahre in seiner Statthalterschaft, bis zu seinem Regierungsantritt 1481.

1. Die politischen Ereignisse

Die Lālās

Eine Verfolgung des politischen Geschehens, in das der Prinz als Provinzgouverneur mit einbezogen war, bedeutet zunächst eine Beschäftigung mit den Persönlichkeiten der prinzlichen Lālās, da sie es waren, die, vom Sultan ausgewählt, im Namen des Prinzen in dessen jungen Jahren das politische Regiment führten. Soweit es möglich war, haben wir ihre Identifizierung versucht und ihre Amtsjahre in der Provinz sowie ihr Verhältnis zu dem ihnen anvertrauten Prinzen beschrieben. Bei der Charakterisierung der Lālās muß berücksicntigt werden, daß Bāyezīd ihnen zu Beginn seiner langen Statthalterschaft als unmündiges Kind anvertraut war, ihnen dagegen später als erwachsener Mann mit eigenen Plänen gegenüberstand. Es wird zu untersuchen sein, inwieweit die Wahl des Lālās durch die Zentrale dieser sich verändernden Situation Rechnung trug.

Es erhebt sich zum anderen die Frage, in welchem Maße dem Prinzen in seiner Residenz überhaupt die Möglichkeit gegeben war, eine Art eigene unabhängige Politik zu verfolgen. Statt uns a priori den bekannten Thesen anzuschließen, nach denen der Prinz, schon durch seine vom Vater verschiedene Wesensart, dazu noch in der fernen Residenzstadt von den verschiedensten und undurchsichtigsten Beratern und Höflingen beeinflußt, zu einer vom Sultan unabhängigen politischen Einstellung tendieren "mußte"[14], haben wir versucht, zu einem etwas differenzierteren Urteil zu gelangen. Dazu gehörte nach unserer Meinung die Heranziehung möglichst vieler historischer Details zum Leben der einzelnen Prinzenlālās. Wir haben den osmanischen Quellen keine wertenden Urteile und keine direkten Aussagen über den Einfluß der Prinzenerzieher entnehmen können. In der Betrachtung biographischer Einzelheiten, z.B. Amtsernennung und -ablösung, scheinen uns aber gute Möglichkeiten zu liegen, der wirklichen Einschätzung von Vorgängen und Tendenzen am Prinzenhof seitens der Zentrale näherzukommen.

Dies gilt z.B. für die aufschlußreiche Tatsache, daß der Lālā Ibrāhīm Paša Čandarli̊, als Vertreter der alten türkischen Aristokratie von Meḥmeds Verstaatlichungspolitik betroffen und als deren Gegner in der Umgebung des Prinzen doch eine potentielle Gefahr, in Amasya belassen wurde, nachdem er schon von dem Lālā-Posten abgelöst worden war. Setzt man voraus, daß der Sultan über genügend Informationen über das Leben am Prinzenhof verfügte (und dies dürfte, wie Beispiele zeigen werden, die Regel gewesen sein), so geht aus dem angeführten Beispiel hervor, daß Meḥmed die Entwicklung an Bāyezīds Hof immer unter Kontrolle zu haben glaubte und gar keinen Anlaß zu durchgreifenden Veränderungen sah.

Aus der Biographie des Aḥmed Fenārīzāde ergibt sich ein ähnliches Bild: obwohl er in einem Fall dem Befehl des Sultans zuwider gehandelt hatte, erfolgte dennoch einige Jahre später seine Beförderung in ein hohes Amt. Nach unserer Meinung geht aus dem Vergleich der biographischen Nachrichten hervor, über welche weitreichende Kontrolle des Prinzenhofes der Sultan verfügte. Dies setzte, anders als später bei Süleymāns Söhnen, einer selbständigen Prinzenpolitik enge Grenzen.

Mit Eretna Begzāde ʿAlā'eddīn ʿAlī Paša hatte man offenbar einen Mann aus der Provinz Rūm zum Erzieher des Prinzen bestimmt. Wie es scheint, war er ein typischer Vertreter der angestammten Provinzaristokratie der Lehensbesitzer, die zu dieser Zeit häufig die zivilen und militärischen Verwaltungsposten in Sanǧaqs der verschiedenen Beglerbegliks des Reiches besetzten.[15)] Nach Ḥüseyn Ḥüsāmeddīn war sein Vater Ziʿāmet - Besitzer in Rūm gewesen. Er selbst hatte sich durch militärische Tüchtigkeit in der Schlacht bei Varna ausgezeichnet und war dafür zum

Gouverneur von Tokat ernannt worden. Im Jahre 857/1453 wurde er Gouverneur von Amasya und in dieser Stellung 858/1454 Erzieher und Vormund des siebenjährigen Prinzen.[16)]

In den meisten Chroniken, die Prinz Bāyezīd ohnehin erst anläßlich seines Sünnets (Beschneidung) zusammen mit seinem Bruder Muṣṭafā erstmals erwähnen[17)], wird der erste Lālā des jungen Statthalters nicht genannt. Einen Hinweis auf ihn - bzw. zumindest auf einen seiner möglichen Nachkommen - könnte man aber lokalen Uberlieferungen zu der Moschee des ʿAlī Paša in Tokat entnehmen.

Wie aus der Grabinschrift hervorgeht, starb der Moscheestifter dieses Namens in Tokat im Jahre 980/1572-3.[18)] Mündlicher Tradition zufolge soll es sich um einen Mann aus der Umgebung Sultan Bāyezīds II. handeln, was durch das Todesdatum allerdings auszuschließen wäre. Ḫalīl Edhem[19)] zieht - wie Ḥüseyn Ḥüsāmeddīn - die Möglichkeit seiner Abkunft von der bis zum Ende des 14. Jhs. blühenden[20)], bedeutenden Provinzfamilie der Eretna in Erwägung und gibt den Stifter-Namen auf Grund einer von ihm gesehenen Vaqf-Inschrift mit "ʿAlā'eddīn ʿAlī Paša b. ʿAbdullāh b. Eretna b. Meḥmed Beg b. Sulṭān Eretna" an, was zu dem von Ḥüseyn Ḥüsāmeddīn erwähnten ʿAlī Paša passen würde. Bei dem Moscheestifter müßte es sich dann aber schon um den Enkel des Prinzenerziehers gehandelt haben.[21)]

Ob indessen der historisch nicht eindeutig fixierbare Lālā ʿAlī Paša dieses Amt bis zum im Frühjahr 861/1457 erfolgten Sünnet der Prinzen Bāyezīd und Muṣṭafā innegehabt hat, ist zumindest fraglich.[22)]

Zu den Feierlichkeiten kamen beide Prinzen aus ihren Provinzen nach Edirne, begleitet von ihrem Hofstaat, darunter wohl auch den Lālās.[23)]

Bereits im Sommer des Vorjahres 860/1456, während Sultan Meḥmed mit seinem Heer Belgrad belagerte[24)], erwähnt der Historiker Chalkokondyles aber einen prinzlichen Lālā Chiteres[25)], der im Namen des Prinzen das Sanǧaq Amasya verwaltete und Uberfälle auf das komnenische Trapezunt unternahm. Er dürfte identisch sein mit Ḫıżır Beg oder Ḫıżır Aġa[26], der einer mit der Geschichte der Stadt Amasya früher und auch später eng verbundenen Familie entstammte.

Dem Sultan, der das Amt des Lālās - das einflußreichste in der Umgebung des Prinzen - immer an Leute seines engsten Vertrauens vergab, um so eine ständige Kontrolle über die Tätigkeit seiner Söhne zu haben[27], mochte Ḫıżır Beg als der geeignete Mann erschienen sein, da er sich schon früher in einer vertraulichen Mission bewährt hatte. Als Murād II. 852/1449 von seinem Zug gegen die ungarischen Fürsten unter Führung von Janko Hunyadi, zurückgekehrt war, schien es ihm günstig, die guten Beziehungen zu dem Türkmenen-Fürstentum der Ẕū'l-Qadır durch eine Heirat seines Sohnes Meḥmed mit einer der fünf Töchter des Fürsten Süleymān zu festigen. Nach einer Rücksprache mit Ḫalīl Paša, dem Großwesir, wurde der Beg von Amasya, Ḫıżır Aġa, beauftragt, seine Frau als "Brautwerberin" nach Elbistan zu senden und die passende Braut auszusuchen.[28]

In seinem Aufsatz zu der im September 1449 erfolgten Eheschließung mit der Türkmenenprinzessin Sitt Hatun erwähnt Babinger auch die Rolle Ḫıżır Aġas[29], nennt ihn aber Ḥasan Aġa Ḫıżır Beg und verweist dabei auf die Angaben Ḥüseyn Ḥüsām-eddīns.[30] Nach unserer Meinung handelt es sich aber 1449 bei dem Beg von Amasya wie bei dem 1456 genannten Lālā Ḫıżır um ein und dieselbe Person, und zwar um den Bruder des bekannten und einflußreichen Lālās von Murād II., Yürgüč Paša. Es erscheint uns naheliegend, daß sich Murād bei der Vorbereitung der Heirat Meḥmeds auch der Dienste des Bruders seines Vertrauten Yürgüč Paša bediente[31], mit dem und mit dessen Brüdern er schon während seiner Vālīzeit in Amasya Kontakt hatte.[32]

Die enge Verbindung der Familie von Yürgüč Paša[33] und seines Bruders mit Amasya wird auch bezeugt durch eine Reihe von Stiftungen, die verschiedene Mitglieder während ihres Aufenthaltes in der Stadt gemacht haben.[34]

Bei der von Babinger aufgegriffenen Version Ḫüseyn Ḫüsāmeddīns, nach der innerhalb eines kurzen Zeitraums 850/1446 ein Ḫıżır Paša Ḥasan Begzāde als Vālī von Amasya zusammen mit seiner Frau die Brautwerbung für Prinz Meḥmed übernommen haben soll[35] und ein anderer Ḫıżır Paša, Bruder von Yürgüč Paša, dann 861/beg. 29.11.1456 Prinz Bāyezīds Lālā wurde[36], liegt die Vermutung einer Verwechslung nahe.

Ohne daß sich ein exaktes Datum für seine Ernennung angeben ließe, sind wir der Meinung, daß Meḥmed II. das Vertrauen das dem 845/1441-2 verstorbenen[37] Yürgüč Paša entgegengebracht worden war, auch auf seinen Bruder übertrug. So wie Yürgüč Paša mit dem Statthalteramt von Amasya und Tokat auch der Schutz der Ostgrenzen des Reiches zugefallen war[38], scheint auch bei Ḫıżır Paša dieses Amt mit der gleichen Aufgabe verbunden gewesen zu sein. Jedenfalls nahm er 860/1456 an dem Feldzug Meḥmeds gegen Belgrad nicht teil und sorgte insofern für den "Schutz von Rūm"[39], der östlichen Grenzprovinz des Reiches, daß er mit seinen Truppen Überfälle auf das Gebiet des komnenischen Kaiserreiches unternahm[40], dabei bis in die Vorstädte von Trapezunt vorstieß[41] und 2000 Bewohner als Sklaven wegführte.

In diesem Vorstoß hat man den Anfang von Sultan Meḥmeds Bemühungen gesehen, den Einfluß, den das komnenische Kaiserhaus nach dem Fall der Palaiologen auf die griechische Bevölkerung Kleinasiens gewinnen konnte, einzudämmen und schließlich ganz auszuschalten.[42]

Daß der Überfall nicht ein einmaliges Ereignis ohne weitere Folgen darstellte, mochte man in Trapezunt schon aus der Tatsache ersehen haben, daß nicht irgendein Heerführer, sondern der verantwortliche Berater und Erzieher des Prinzen Bāyezīd ihn unternommen hatte.

In der Tat mußte David Komnenos, ein Bruder des Kaisers Johannes von Trapezunt, der nach Istanbul geschickt worden war, um Beschwerde gegen die Übergriffe einzulegen und die entführten

Untertanen zurückzufordern, einen jährlichen Tribut von 3000 Ducaten zusagen[43], damit der Sultan die 2000 Einwohner Trapezunts zurückgab. Er hatte damit in die Abhängigkeit vom Osmanensultan eingewilligt.

Es scheint erklärlich, daß der Sultan in den ersten Jahren nach der Eroberung Konstantinopels, in denen er überwiegend in Europa in Kriegen mit Serbien, Albanien und Griechenland beschäftigt war, besonderes Gewicht auf fähige Repräsentanten seiner Macht in den anatolischen Provinzen, besonders aber in der wichtigen Ostprovinz, legte.

Zweifellos sah Meḥmed in Ḫıżır Beg in erster Linie den bewährten Provinzgouverneur, den er nach der Eroberung von Trapezunt (1461) auch mit der Verwaltung der 'umliegenden Gebiete' betraute.[44] Wie diese griechische Nachricht genau zu verstehen ist, ist nicht ganz klar. Wahrscheinlich wurde Ḫıżır Beg zu diesem Zeitpunkt Beglerbeg der erweiterten Provinz Rūm, die neben ihrem alten Gebiet nun auch das "Rūm-i ḥādis̱" (in der Hauptsache das Gebiet um Trapezunt) einschloß.[45]

Ob Ḫıżır Beg an der Einnahme Trapezunts persönlich beteiligt war, ist in den Quellen nicht belegt. Möglicherweise läßt sich aber eine Inschrift auf einem Brunnen aus der Zeit kurz nach der Eroberung mit ihm in Verbindung bringen.[46] Ḫıżır Beg, der auch mit dem Titel "Paša" bezeichnet wurde[47], könnte vielleicht mit dem Erbauer der 871/1466-7 errichteten Ḫayreddīn-Češme identisch sein. In jedem Fall muß es sich bei dem Stifter in Trapezunt um einen hohen militärischen Führer gehandelt haben.[48]

Sollte es sich bei dem Brunnen in Trapezunt um eine Stiftung von Prinz Bāyezīds Lālā handeln, so hätte er es nach seiner Ablösung von diesem Amt errichten lassen. Aus welchen Gründen 870/1465-6 im Amt des Prinzenerziehers in Amasya ein Wechsel eintrat, läßt sich nicht mit Sicherheit sagen.

Es ist auch nicht klar, ob das Verhältnis des Prinzen zu seinem

Vormund besonders eng gewesen ist.

Ist die Vermutung richtig, daß Ḫi̊żi̊r Begs Hauptaufgabe vor allem im Schutz bzw. der Erweiterung der Provinz Rūm bestand, so ist denkbar, daß die eigentliche Erziehung des Prinzen und der geistige Einfluß noch von anderer Seite kamen.

Auch nach seiner Absetzung scheint Ḫi̊żi̊r Beg in Amasya geblieben zu sein. 870/1465-6 wurden in dem nach ihm benannten Stadtteil seine Ǧāmiʿ, Medrese, ʿImāret und Ḥammām fertiggestellt und in eine Stiftung umgewandelt.[49] 889/1484-5 scheint er - sehr alt - in Amasya gestorben zu sein.[50] Sein Grab befindet sich im Moscheekomplex seines Sohnes Meḥmed Paša, des Lālās von Bāyezīds Sohn, Prinz Aḥmed, in einer ursprünglichen nach vier Seiten offenen Türbe.[51]

Nach seiner Ablösung wurde den Angaben Ḥüseyn Ḥüsāmeddīns zufolge im Jahre 870/1465-6 Kemālpaša auf den Posten des Prinzen-Lālās berufen[52]. Man hält ihn für den Großvater des berühmten Gelehrten und Historikers Ibn Kemāl[53]. Auf Grund einer persischen Qaṣīde des Dichters Qabūlī und einer Bemerkung in Sehīs Teẕkere hat man vermutet, Kemālpaša, der Großvater Ibn Kemāls, sei neben (bzw.nach) seiner Lālā-Tätigkeit in Amasya von Meḥmed II. zum Wesir in Istanbul ernannt worden[54]. Wenngleich auch mit dem Amt des Prinzenerziehers der Titel "Wesir" verliehen wurde (vgl. p. 30), so ließe sich immerhin erwägen, ob nicht der Lālā Kemālpaša identisch ist mit dem nach Ibn Kemāl 872/1467/8 zum Wesir ernannten und 875/1470 verstorbenen Würdenträger gleichen Namens.[55] Sollte sich diese Gleichsetzung als richtig erweisen, so bleibt immerhin die Tatsache merkwürdig, daß Ibn Kemāl diesen Mann in seinem Geschichtswerk nur sehr lapidar erwähnt und nichts daraufhindeutet, daß er zu ihm in einer besonderen Beziehung stünde. Dieser Version zufolge wäre Kemālpaša nur zwei Jahre im Amt des Lālās in Amasya geblieben, während Ḥüseyn Ḥüsāmeddīn angibt, er habe diesen Posten fünf Jahre innegehabt[56].

Wenn Kemālpaša auch Ḫi̊żi̊r Beg im Lālā-Amt ablöste, so scheint er doch damit nicht zugleich auch dessen andere Funktionen übernommen zu haben. Ḥüseyn Ḥüsāmeddīn nennt ihn "müdebbir-i umūr" und Lālā[57], aus den zeitgenössischen Quellen ist nicht zu ersehen, mit welchen militärischen Funktionen sein Amt darüber hinaus verbunden war.

Als Beglerbeg von Rūm wird im Spätsommer 877/1472 im Zusammenhang mit den Auseinandersetzungen mit Uzun Ḥasan von den Chroniken Šarabdār Ḥamza Beg erwähnt[58], der in Tokat residierte und der in Unkenntnis von Uzun Ḥasans wirklichen Plänen den Truppen der Aqqoyunlu den Durchzug durch osmanisches Gebiet gestattete.

Uzun Ḥasan hatte von Erzincan aus Gesandte an Prinz Bāyezīd, den "Herrscher von Rūm", geschickt[59], um diese Erlaubnis zu erwirken. Als Vorwand diente den Aqqoyunlu dabei, sie wollten in dem benachbarten Türkmenenfürstentum der Ẕū 'l-Qadïroġlï für die Besetzung des Thrones durch einen Sohn des Fürsten Qïlïč Arslan sorgen.[60] Wie es scheint, wurde der Prinz durch dieses Ansinnen völlig überrumpelt, und auch Ḥamza Beg, zu dem die Gesandten zogen, scheint die Gefahr nicht erkannt zu haben, so daß er - das Einverständnis des Prinzen voraussetzend - den Gesandten eine positive Antwort erteilte.

Die Folge dieser leichtfertigen Zusage war die Einnahme Tokats durch die Heere Uzun Ḥasans und die anschließende Plünderung und Zerstörung, die die orientalischen Autoren[61] auf das kräftigste ausmalen (und mit der Eroberung von Sivas durch Timur vergleichen).

Das wirkliche Ausmaß der Zerstörung läßt sich nicht ganz genau feststellen. Die Chroniken[62] sprechen von der Zerstörung von Häusern ebenso wie von Mesǧids.[63] Die Errichtung vieler neuer Gebäude im 16. Jh. mag allerdings auch auf die großen Verwüstungen, die ein Erdbeben am Ende des 15. Jhs. in weiten Teilen Anatoliens angerichtet hatte[64], zurückgehen.

Berücksichtigt man jedoch die wirtschaftlichen Hintergründe, die Uzun Ḥasans Vorgehen gegen Tokat zumindest mit beeinflußt hatten, so lassen sich möglicherweise vorsichtige Überlegungen zur Intention der türkmenischen "Zerstörungswut" anstellen.

Zur stärkeren Kontrolle des Seidenhandels und zu seiner weitestgehenden wirtschaftlichen Ausbeutung hatte Meḥmed II. neben der traditionellen Einrichtung der Seidenwaage in Bursa noch einen zweiten Zoll an der osmanischen Ostgrenze in Tokat erheben lassen. Diese Maßnahme war eindeutig gegen den persischen Seidenhandel gerichtet.[65)] So verstand sie Uzun Ḥasan auch, und als seine Antwort darauf hat man den Überfall auf Tokat interpretiert.

Trifft diese Interpretation zu, so darf man wohl annehmen, daß in erster Linie das wirtschaftliche Zentrum von Tokat durch den Überfall in Mitleidenschaft gezogen wurde, wie z.B. die Ḫāne und der Markt der Stadt mit seinen Zollhäusern.

Von dem Überfall auf Tokat war Prinz Bāyezīd auch direkt betroffen. Die Ausgaben seiner Hofhaltung in Amasya wurden in jener Zeit mit den Ǧizya-Einnahmen aus den Dörfern der Provinz, aus den Muqāṭaʿa und besonders den Einkünften aus der Seidenwaage in Tokat bestritten.[66)] Die Lahmlegung des wirtschaftlichen Lebens von Tokat hatte natürlich seine Auswirkungen auf das Finanzierungssystem des Prinzenhofes, und es ist möglich, daß deshalb später dem Prinzen auch die Einkünfte aus der Seidenwaage in Bursa zur Verfügung gestellt werden mußten, die er jedenfalls bis 1479 bekam. Im Oktober dieses Jahres erhielt er dann den Einkünften der Seidenwaage von Tokat und Bursa entsprechende Tīmāre.[67)]

Ḥüseyn Ḥüsāmeddīn, der den Überfall der Aqqoyunlu auf Tokat in das Jahr 875/1470-1 verlegt[68)], erwähnt in diesem Zusammenhang auch den Tod des Lālās Kemālpaša: Aus Kummer über die vorangegangenen Ereignisse sei er 875 in Amasya gestorben. Falls der Tod des Lālās tatsächlich mit den Vorfällen um Tokat in Verbindung zu setzen ist, hätte man als Todesdatum allerdings 877/1472 anzunehmen. Dennoch ist nicht auszuschließen, daß

Kemālpaša schon 875 starb und die Zerstörung Tokats gar nicht mehr miterlebte. Offen bliebe in diesem Falle die Frage, wer zur Zeit des Uberfalls der Aqqoyunlus auf osmanisches Gebiet als Lālā des Prinzen politisch die Mitverantwortung für diese Ereignisse zu tragen hatte. Konsequenterweise dürfte der Sultan diesen Lālā auf jeden Fall von seinem Amt suspendiert haben. So erscheint es unwahrscheinlich anzunehmen, bereits zum Zeitpunkt der Verwüstung Tokats im August 1472 könne Ibrāhīm Paša Čandarlı̊zāde als Prinzenerzieher Bāyezīds im Amt gewesen sein. Zwar gibt es kein exakt belegtes Datum für Ibrāhīms Amtsantritt als Lālā in Amasya, jedoch läßt sich vermuten, daß im unmittelbaren Anschluß an die Zerstörung Tokats dieser einflußreiche Posten am Prinzenhof neu besetzt wurde.[69)]

Jedenfalls berichten die Chroniken[70)], daß Ibrāhīm Paša schon 877/1473 während der Vorbereitung auf die entscheidende Auseinandersetzung mit Uzun Ḥasan in den Diensten Prinz Bāyezīds gewesen sei.[71)]

Ob sich Ibrāhīm schon vor seiner Ernennung zum Lālā in der Umgebung des Prinzen in Amasya befunden hat, erscheint fraglich. Sein Biograph Ṭašköprüzāde[72)] erwäht, daß er noch zu Lebzeiten seines Vaters, des später hingerichteten Großwesirs Ḫalīl Paša Čandarlı̊, Qāḍī von Edirne geworden sei. Später habe er sich dem bekannten Ṣufī-Šeyḫ Ḥāǧǧī Ḫalīfa[73)] vom Orden der Zeyniyye in Bursa angeschlossen. Der Šeyḫ riet ihm, sich in die Nähe des Prinzen nach Amasya zu begeben. Dieser Weisung zufolge habe sich Ibrāhīm beim Sultan um das Qāḍīamt von Amasya beworben. Meḥmed, der ihm auch ein höheres Amt verliehen hätte, verwunderte sich über das Ansinnen Ibrāhīms, schickte ihn aber angeblich als Richter nach Amasya.[74)] Da es ein von Ibrāhīm in seiner Eigenschaft als Qāḍī von Edirne unterzeichnetes Dokument noch aus der 2. Dek. des Ǧemāẕī II 869/8.-18.2.1465 gibt[75)], Ibrāhīm aber im gleichen Jahr noch Qāḍī῾asker geworden sein soll[76)], können Ṭašköprüzādes Angaben nicht in allen Einzelheiten hingenommen werden. Interessant scheint dagegen die Tendenz des

Autors zu sein, das gute Verhältnis Ibrāhīms, des Angehörigen einer seit Generationen bedeutenden türkischen Aristokratenfamilie, zu dem jungen Prinzen Bāyezīd zu dokumentieren. Die Betonung der Rolle des Šeyḫs als Vermittler der Bekanntschaft dürfte dabei ebenfalls wesentlich sein.

Ein genaues Datum für seine Ankunft in Amasya läßt sich nicht nennen. Uzunçarşılı nennt als Stationen seiner Laufbahn 865/1461, wo er Qāḍī von Edirne war, 869/1465 sei er Qāḍīʿasker geworden, 878/1474 "Wesir".[77] In einem Zusatz bei Meǧdī heißt es, er sei von 855/1451-2 - 871/1466-7 Qāḍī von Edirne gewesen.[78]

Die Vorfälle um die Plünderung Tokats und die Entlassung von Kemāl Paša werden dann zur Ernennung Ibrāhīms zum Lālā geführt haben. Es erscheint uns denkbar, daß er nicht erst, wie oft vermutet[79], 878/1473 zum Lālā mit dem Titel Wesir ernannt wurde, also zum Zeitpunkt der Vorbereitung des Krieges mit Uzun Ḥasan. Wenn Uzunçarşılı meint, Ibrāhīm sei zunächst Wesir, danach dann Prinzenlālā geworden, so übersieht er dabei, daß das Amt des Prinzenlālā meist mit dem Wesirs-Titel verbunden war und damit nicht zwei verschiedene Funktionen gemeint waren (s. Einleitung). Aus seiner Amtszeit als Qāḍīʿasker existiert ein Dokument aus der ersten Dekade Ẕī'l-ḥiǧǧe 872/22.6.-1.7.1468, das sich auf den Landkauf von Bāyezīds Mutter Gülbahār Hatun in dem Stadtviertel 'Veled-i qïzġïn' in Amasya bezieht.[80] Beglaubiger dieser Urkunde sind neben dem Qāḍī von Amasya Ṣāliḥ b. Emre die <u>beiden</u> Qāḍīʿasker Ibrāhīm b. Ḫalīl und ʿAlī b. Yūsuf el-Fenārī.[81] Diese Angabe widerspricht der verbreiteten These, die wohl auf die Bemerkung Ṭašköprüzādes zurückgeht, Meḥmed II. habe erst im letzten Jahr seiner Regierung auf Anraten des Großwesirs Qaramānī Meḥmed das bis dahin von jeweils nur einem Würdenträger verwaltete Amt des Heeresrichters in zwei aufgeteilt, indem er Molla Qastelānī zum Qāḍīʿasker von Rūmili und Molla Ḫāǧǧī Ḥasanzāde zum Qāḍīʿasker von Anadolu ernannte.[82] Ist der Urkundentext in arabischer Schrift bei Cölbilgin korrekt wiedergegeben, so kann allerdings kein Zweifel daran bestehen, daß zumindest schon 13 Jahre früher zwei Heeresricher im Amt waren. Um die Frage zu beantworten, wann nun tatsächlich die Neuerung, je einen Qāḍīʿasker für Rūmili und Anadolu zu ernennen, eingeführt worden ist, müßten allerdings weitere entsprechende Dokumente der Zeit gefunden und untersucht werden. Gesichert ist in jedem Fall auch nach den Bemerkungen von Ṭaškö̈prüzāde, daß Sultan Bāyezīd II. nach seinem Regierungsantritt sowohl Ibrāhīm b. Ḫalīl wie auch ʿAlī b. Yūsuf el-Fenārī wieder zu Heeresrichtern machte, "abermals" wie es in der Quelle heißt, ohne daß allerdings eine vorherige gemeinsame Amtsperiode beider erwähnt wurde.[83)]

Aus dem erwähnten, 872/1468 datierten Dokument ergibt sich außerdem ein Anhaltspunkt für die Mindestdauer seiner Amtszeit als Qāḍīʿasker. Es ist möglich, daß er noch über diese Zeit hinaus amtierte und aus dieser Stellung heraus direkt zum Lālā des Prinzen in Amasya ernannt wurde.[84)]

Als Sultan Meḥmed im März 1473/Šavvāl 877 mit seinem Heer nach Anatolien zog und bei Beypazar und Kazabad mit seinen beiden Söhnen Muṣṭafā und Bāyezīd und ihren Truppenkontingenten zusammen getroffen war, erwähnen die Quellen[85)], daß den Prinzen bei der Heeresmusterung in Sivas der Oberbefehl über die beiden Heeresflügel erteilt wurde, während der jüngste Sohn des Sultans, Prinz Ǧem, als Statthalter in Edirne belassen wurde (s. Einleitung). Prinz Bāyezīd erhielt den rechten Flügel mit den Truppen des Beglerbegs von Rūmili, Ḫāṣṣ Murād Paša, Muṣṭafā befehligte den linken, in dem der Beglerbeg von Anadolu, Dāvūd Paša, mit seinen Soldaten kämpfte.

Es war die erste größere militärische Aktion, an der Bāyezīd teilnahm[86)], während sein Bruder Muṣṭafā schon in den Jahren zuvor durch einen Sieg über die mit Uzun Ḥasan verbündeten Qaramanen unter Yūsuf Mīrzā Erfahrungen und Erfolge als Heerführer gesammelt hatte. Unter den Kämpfenden findet Bāyezīds Lālā Ibrāhīm keine ausdrückliche Erwähnung.

Jedoch gibt Ibn Kemāl ein am Tage der gewonnenen Schlacht mit dem Sultan geführtes Gespräch Ibrāhīms, das dieser ihm selbst berichtet habe, wieder.[87] Auf die Frage, warum er den Feind nicht aus dessen Gebiet vertreibe und das Land dann dem Osmanischen Reich einverleibe, habe Meḥmed geantwortet, ihm liege nichts an der Zerstörung alter islamischer Dynastien. Er müsse lediglich den Angreifer in Schach halten und die Gefahr beseitigen, die vom ihm ausgehe.[88]

Bei der Beschreibung des Kampfes versäumen die Chroniken nicht, auch die Verdienste der beiden Prinzen hervorzuheben. Während es auf dem Flügel Muṣṭafās gelang, den gegnerischen Führer, Mīrzā Zeynel, einen Sohn Uzun Ḥasans, zu töten[89], vermochte Bāyezīd lediglich, den Kommandanten des ihm gegenüberstehenden feindlichen Flügels, Uzun Ḥasans zweiten Sohn, Uġurlu Meḥmed, in die Flucht zu schlagen[90], obwohl er sich vorgenommen hatte, Uzun Ḥasan selbst in die Hand zu bekommen.[91]

Es scheint uns wichtig festzustellen, daß Meḥmed - anders etwa als später Sultan Süleymān - nur bei diesem Feldzug seine beiden ältesten Söhne aufbot, sie dabei aber mit höheren militärischen Aufgaben betraute als es später meistens der Fall war. Unabhängig davon waren es die jeweilige Residenz oder das gesamte Sanǧaq bedrohende Ereignisse, bei denen der Prinz als Militärkommandant in Erscheinung trat, bei besonders gefährlichen Unternehmen sofort von Truppen der Zentralregierung unterstützt. Als ein solches Beispiel ist der Auftrag Meḥmeds zu sehen, der Anfang Ṣafer 877/Mitte Juli 1472 an Prinz Muṣṭafā erging[92], sich den nach der Plünderung Tokats unter Führung eines Neffen Uzun Ḥasans, Yūsuf Mīrzā, gegen Qaraman und Ḥamīd Ili weiterziehenden Truppen der Aqqoyunlu und Qaramanoġullarï entgegen zu stellen. Muṣṭafā hatte damit die Verteidigung seiner Provinz zu übernehmen, wird aber in dem Text bei Ferīdūn zum "Serʿasker", zum Oberbefehlshaber der Truppen von Rūmili und Anadolu, ernannt. Aus den Chroniken[93] erfährt man allerdings nur, daß der Beglerbeg von Anadolu, Dāvūd Paša, mit seinen Truppen dem Prinzen zur Unterstützung geschickt wurde, angeblich auf Betreiben des gerade wieder in das Amt des Großwesirs zurückberufenen Maḥmūd Paša, der dem Prinzen die schwierige militärische Aufgabe möglicherweise nicht zutraute.[94] Nach diesen Angaben sieht es nicht so aus, als sei dem Prinzen Muṣṭafā tatsächlich der Oberbefehl über die Truppen Anadolus und Rūmilis erteilt worden für die Auseinandersetzung mit einem Teil von Uzun Ḥasans Heer.[95] Die Aufbietung dieser beiden Truppenkontingente blieb dem Sultan bei der entscheidenden Auseinandersetzung mit Uzun Ḥasan vorbehalten.

Den Prinzen scheint bei ihren militärischen Aktionen jeweils das Truppenkontingent ihrer Provinz sowie eventuell zur Unterstützung (und auch zur Kontrolle?) von der Zentralregierung abgeordnete weitere Einheiten zur Verfügung gestanden haben.

Ganz gewiß hatte Prinz Muṣṭafā eine militärische Begabung, die er auch verschiedentlich unter Beweis stellte. Dies geschah aber immer im Rahmen seiner Aufgaben als Provinzgouverneur, und der Sultan beauftragte ihn nie mit Projekten, die außerhalb dieser Kompetenz gelegen hätten.

Aus der Betrauung mit militärischen Unternehmungen auf eine besondere Zuneigung des Sultans zu einem seiner Söhne schließen zu wollen, ist deshalb nicht ohne Weiteres möglich.

Soweit man weiß, ernannte Sultan Meḥmed nur ein einziges Mal - während ihn seine beiden älteren Söhne auf dem Feldzug gegen die Aqqoyunlu begleiteten - einen prinzlichen Statthalter zum Schutze Rūmilis "Rūmili Muḥāfiẓi", der in Edirne residierte: Prinz Ǧem erhielt diese Aufgabe im Šavvāl 877/März 1473 (s. Einleitung).[96] An Hand einiger Belege, die aus der Zeit Sultan Selīms I. stammen, läßt sich feststellen, daß es zu den Verpflichtungen des prinzlichen Muḥāfiẓ während der Abwesenheit seines Vaters gehörte, Botschaften von siegreich beendeten Kriegen des Sultans oder auch nur gewonnenen Schlachten an die Herrscher zu senden, mit denen die Osmanen in diplomatischem Verkehr standen.[97] Es ist möglich, daß sich diese Gepflogenheit schon unter Meḥmed II. eingebürgert hatte. Natürlich weiß man, daß Meḥmed z.B. nach seinem Sieg über Uzun Ḥasan auch eigene Siegesschreiben etwa an Sultan Ḥusayn Bayqara und an die osmanischen Beglerbege und Sanǧaqbege verschickte.[98)]

In welcher Eigenschaft jedoch ein Prinz an ausländische Herrscher oder an die Würdenträger des Sultans Siegesmeldungen verschickte, müßte in diesem Zusammenhang als Frage aufgeworfen werden.

So hat sich in einer Wiener Münšeʾāt-Sammlung[99)] der Text eines "tebrīknāme" erhalten, das Prinz Bāyezīd nach der osmanischen Eroberung von Aǧriboz (Negroponte) 1470/875 an die beteiligten Pašas verschickte. Einen weiteren Bericht sandte der Prinz an den Aqqoyunlu Uzun Ḥasan.[100)]

Da nicht eindeutig feststeht, daß Prinzen nur in der offiziellen Funktion als "Muḥāfiẓ" an Stelle des Sultans die Siegesmeldungen ausfertigen, ist es wohl zu gewagt, aus diesen Schreiben Bāyezīds abzuleiten, der Prinz habe während Meḥmeds Feldzug gegen Negroponte[101)] eine offizielle Funktion ausgeübt, vielleicht die eines Muḥāfiẓ, worüber dann allerdings die Chroniken Stillschweigen bewahrt hätten.[102)]

So bleibt Bāyezīds Kommandantur während des Zuges gegen Uzun Ḥasan seine einzig gesicherte Teilnahme an einem größeren militärischen Unternehmen.

Unter den Gefangenen, die die Aqqoyunlu bei der Entscheidungsschlacht bei Otlukbeli 1473 unter den Osmanen machen konnten[103)], befand sich auch Aḥmed Čelebi Fenārīzāde, der Enkel[104)] des berühmten Gelehrten Molla Šemseddīn Meḥmed b. Ḥamza el-Fenārī.[105)] Nach einer abenteuerlichen Flucht aus der Gefangenschaft bei Uzun Ḥasan kehrte er über Indien ins Osmanische Reich zurück[106)], wo er - spätestens 884/1479[107)] - der Nachfolger von Ibrāhīm Paša Čandarlỉ als Lālā von Prinz Bāyezīd wurde.

Auch hier lassen sich nur Vermutungen über das Datum anstellen. Ganz sicher wird man nicht der Version von Amāsyā tāʾrīḫī folgen können[108], nach der Ibrāhīm Paša gleich nach der siegreichen Schlacht im August 1473 durch Fenārī Aḥmed Paša abgelöst wurde. Der Umstand der Gefangenennahme des letzteren muß dem Autor entgangen sein. Von Gründen, die zu dem Āmterwechsel geführt haben können, erfahren wir aus den Quellen nichts. Ibrāhīm Pašas Biograph teilt lediglich mit[109], nach seiner Thronbesteigung (1481) habe Sultan Bāyezīd Ibrāhīm die Weisung erteilt, seine Familie[110] aus Amasya nach Istanbul zu holen und ihm das Amt des Qāḍī'askers von Rūmili verliehen (890/1485-6). Unter diesen Umständen bleibt unklar, ob Ibrāhīm Amasya nach seiner Absetzung überhaupt verließ[111] oder ob er in anderer Funktion - wie einige Quellen verlauten, als Lālā von Bāyezīds Sohn Aḥmed[112] - somit trotzdem in der Nähe des Prinzen bis zu dessen Thronbesteigung verblieb.

Bāyezīds Bindung an Ibrāhīm Čandarli̊ ist immer als besonders stark angesehen worden, und der Aufstieg bis in das Amt des Großwesirs, der seit den Tagen der Hinrichtung von Ḫalīl Paša Čandarli̊ unter Meḥmed II. bis zum Ende des 16. Jhs. nur drei Angehörigen alteingesessener muslimischer Familien gelang[113], galt nach İnalcıks Meinung als symptomatisch für die Tendenz von Bāyezīds Regierung.[114]

Ibrāhīm, der aus der "'İlmiyye-Laufbahn" hervorgegangen war, muß in geistiger und religiöser Hinsicht bestimmenden Einfluß auf den Prinzen ausgeübt haben. Mit Bāyezīd verband ihn das Interesse an der Wissenschaft und an dem Umgang mit Gelehrten und Derwischen.[115]

Der Ablösung Lālā Ibrāhīms muß nicht unbedingt ein persönlicher Grund Sultan Meḥmeds, ein plötzliches Mißtrauen, zu Grunde gelegen haben. Immerhin gehörte aber Ibrāhīm zu den von der Verstaatlichung der Vaqf-Güter Betroffenen. Im Zuge dieser Maßnahmen, die Meḥmed nach 880/1475-6 durch seinen Großwesir Qaramanī Meḥmed Paša durchführen ließ[116], wurde eine große Zahl von Stiftungsgütern eingezogen - nach dem Chronisten Dursun Beg waren es an die 20000 Dörfer und Besitzungen (mezraʿa)[117]-, zu Kronland gemacht und vom Fiskus in Form von Tīmāren an die ständig steigende Zahl der Sipāhīs verteilt. Opfer dieser Maßnahmen waren in erster Linie die begüterten ʿUlemā', die Šeyḫe und einige altetablierte Familien, die hofften, ihren Besitz in Form von Vaqf-Land mit seinen Erträgen noch ihren Erben zukommen zu lassen.[118]

In einem 890/1485-6 datierten vaqf-nāme für eine ʿImāret Ibrāhīm Pašas in Edirne[119] lesen wir u.a. über das Dorf Ṣaru Dānišmend (bei Edirne): "...mülk-i Qāḍīʿasker Ibrāhīm Čelebi aṣi̊lda vaqi̊f ebnā imiš merḥūm Sulṭān Meḥmed zamāni̊nda bozuli̊b ḫāṣṣ olmi̊š imiš ḥāliya Padišāhımız Sulṭān Bāyezīd... mezīd-i merḥamet edüb gerü mülkiyetin muqarrer ḍuti̊b...", und von einem anderen Dorf "vaqi̊f-i ʿimāret-i Ibrāhīm Paša ... mülki imiš merḥūm Sulṭān Meḥmed zamāni̊nda tīmār olmi̊š imiš šimdikiḥālde... Sulṭān Bāyezīd...gerü vaqfiyeti muqarrer ḍuti̊b...".

Wie es heißt, sammelten sich um Prinz Bāyezīd gerade die Gegner dieser Vaqf-Politik und erwarteten von ihm als dem künftigen Herrscher die Abkehr von diesen šerīʿatswidrigen Maßnahmen.[120] Sicherlich kann man unter ihnen auch Ibrāhīm Paša Čandarli̊ vermuten.

Bāyezīds neuer Lālā entstammte der alten, weitverzweigten Gelehrten- und Juristenfamilie der Fenārīzāde. Er dürfte eher der Enkel ("nebīre" nach Ibn Kemāl) als der Sohn des ersten osmanischen Šeyḫ ül-Islām Šemseddīn Meḥmed el-Fenārī gewesen sein und aus der gleichen Generation stammen, wie der oben erwähnten Qāḍīʿasker ʿAlī b. Yūsuf Bālī Fenārī. Er war wohl ein Vetter des von Meḥmed II. favorisierten Heeresrichters.

Der Sultan übertrug das Wohlwollen, das er ʿAlī entgegengebracht hatte, auch auf dessen Söhne. Von der Stunde ihrer Geburt an erhielte der älteste 30[121] und später 50 aqče tägliches Stipendium, der jüngere bekam 40 aqče, hinzu kamen für beide Kinder noch die Einnahmen aus dem Qāḍī-Amt in İnegöl.[122]

In welchem Umfang derartige Regelungen schon unter Meḥmed II.

verbreitet waren, müßte noch genauer auf Grund von Dokumenten-Material untersucht werden, da die historiographischen Quellen sicher nur einzelne der vorkommenden Fälle wiedergeben.

Die Privilegierung bestimmter Angehöriger der ʿUlemāʾ-Hierarchie mit ihren Familien scheint sich jedenfalls schon unter Meḥmed II. angebahnt zu haben, wenn diese Erscheinungen auch erst im Laufe des 16. Jhs. zur Regel werden[123] und von da an das Bild der ʿİlmiyye bestimmen.

Der Hochschätzung des Sultans für einige Angehörige seiner Familie verdankte wohl Aḥmed Čelebi Fenārī seine Ernennung zum Prinzenberater in Amasya.

Nach seiner Rückkehr aus Indien soll er angeblich 879/1473 zum Defterdār ernannt und erst 884/1479 an den Hof des Prinzen berufen worden sein.[124] Diese letzte Angabe kann nur durch den ḥüküm Ferīdūns gestützt werden[125], da keine unserer Chroniken Aḥmeds Lālā-Tätigkeit auch nur erwähnt.

In dem Erlaß erhielt Aḥmed den Befehl, zwei Männer aus der engsten Umgebung Bāyezīds töten zu lassen, denen so verderblicher Einfluß auf den Prinzen zugeschrieben wurde, daß die ganze Provinz Rūm darunter zu leiden habe.[126] Bei den Beschuldigten handelte es sich um ʿAbdurraḥmān Čelebi, genannt Mü'eyyedzāde, den späteren Qāḍīʿasker und dessen Ḫassēkī (?) Ḥāǧǧī Maḥmūd.[127] Die Gründe für diesen Eingriff sind wohl in einem Vorfall zu sehen, der sich nach unserer Meinung etwa 880/1475-6 abgespielt haben muß. Der Qāḍī von Sivas, Luṭfullāh b. ʿAlī Yūsuf, als Autor unter dem Namen Ḥalīmī bekannt[128], war auf Grund von Vorwürfen, die aus dem Umkreis des Prinzen in Amasya[129] gegen ihn erhoben wurden, seines Amtes entsetzt und für drei Monate in Tokat inhaftiert worden.[130] Nach einer offiziellen Untersuchung wurde er dann wieder freigelassen und rehabilitiert. Nach Ablauf seiner Amtszeit - die für kleinere Qāḍī-Posten wie Sivas[131] 20 Monate bis zwei Jahre betrug[132] - begab sich Ḥalīmī nach Istanbul, um auf einen neuen Posten zu warten. Dabei nutzte er 882/1477-8 die Gelegenheit, Sultan Meḥmed II.

zusammen mit einem schon früher verfaßten Wörterbuch[133] eine arabische Qaṣīde[134] zu übergeben, in der er sich über die Lebensführung des Prinzen, seine Höflinge und die gegen ihn gerichteten "Anschläge" bitter beschwerte. U.a. führte er an, der Prinz werde von seinen Gefährten zu Rauschgiftgenuß und Trinkgelagen verführt, so daß dieser seinen Verpflichtungen (umūr-i salṭanat) nicht mehr nachkommen könne.[135]

Auf diese Vorwürfe hin scheint der Sultan zunächst eine Untersuchung der Vorfälle angeordnet zu haben, für die Ḥamza Begzāde Muṣṭafā nach Amasya geschickt wurde.[136]

Wahrscheinlich als Reaktion auf diese Untersuchung erfolgte dann der Befehl des Sultans, die beiden genannten Vertrauten des Prinzen hinrichten zu lassen. Nach Ḥüseyn Ḥüsāmeddīn[137] waren die Nachforschungen noch im Jahr 882/1477-8 abgeschlossen worden, und Meḥmeds ḥüküm erging 883/1478-9. Gökbilgin hält das von Ferīdūn angegebene Datum 884/1479-80 für wahrscheinlicher.[138] Da auf Grund der Handschriften als ziemlich gesichert angesehen werden kann, daß der Qāḍī Ḥalīmī seine Eingabe in İstanbul 882 machte, scheint es fraglich, ob tatsächlich zwei Jahre bis zu dem Tötungsbefehl verstrichen. In einer anderen Quelle[139], der wohl die Angaben Ṭaškӧprüzādes[140] zu Grunde liegen, wird das Datum 881 genannt. Am ehesten scheinen noch die Daten, die Mustaqīmzāde in seiner Kurzbiographie über Mü'eyyedzāde angibt[141], dem Ablauf der Ereignisse zu entsprechen: ʿAbdurraḥmān Čelebi (der 860/1456 in Amasya geboren wurde[142])sei mit 22 Jahren infolge verleumderischer Anschuldigungen gezwungen worden, aus Amasya zu fliehen.

Uns interessierte die Frage der Datierung in diesem Fall besonders, weil mit ihrer Ansetzung ja auch die Frage von Aḥmed Fenarīzādes Lālā-Tätigkeit in Zusammenhang steht. Ist man geneigt, als Datum des Hinrichtungsbefehls ein früheres als das bei Ferīdūn angegebene anzunehmen, so muß man auch Aḥmed Čelebis Amtsantritt in Amasya vorverlegen.

Noch aus einem anderen Grund neigen wir zu dieser Annahme. Folgt man den Angaben, die das ungefähre Ernennungsdatum für Aḥmed offenbar aus dem ḥüküm bei Ferīdūn rekonstruieren[143], so hätte man in Aḥmed Fenārī das ausführende Organ des Sultans zu sehen - so als wäre er erst zur Bereinigung der Affäre um den Prinzen und seine beiden Gefährten auf den Posten in Amasya berufen worden. Dagegen spricht der Fortgang der Geschichte: Noch ehe der Befehl des Sultans zur Ausführung gelangen konnte, erhielt der Prinz Kenntnis davon und versorgte ʿAbdurraḥmān Čelebi mit 10.000 aqče und einigen Pferden für eine heimliche Flucht außer Landes.[144] Es ist möglich, daß Lālā Aḥmed Čelebi selbst dem Prinzen so rechtzeitig von dem Urteil Meḥmeds Mitteilung machte, daß dieser noch die Flucht Müʾeyyedzādes veranlassen konnte. Dafür spricht auch seine Antwort an den Sultan, in der er die Beteiligung des Prinzen (iḫtilāṭ) an den den beiden Muṣāḥibs (Gesellschafter) zur Last gelegten Vergehen zurückwies, gleichzeitig aber Bāyezīds Gehorsam gegenüber den Anordnungen der Zentralregierung ankündigte.[145] Noch ein anderer Hinweis scheint unserer Meinung nach diese These zu unterstützen. In dem frühesten osmanischen Teẕkere-Werk, dem 1538 beendeten "Hešt bihišt" des Sehī Beg[146], heißt es in der Biographie des ʿAbdurraḥmān Čelebi Mü'eyyedzāde[147], dieser habe auf Grund von Verleumdung umgebracht werden sollen, da er zusammen mit Aḥmed Paša b. Molla Fenārī den Prinzen schlecht beeinflußt habe. Allerdings hat sich nur in dieser einen literarischen Quelle eine Spur des Verdachtes erhalten, daß der Lālā in dieser Affäre die Partei des Prinzen ergriffen hätte. Auf Grund dieser Nachricht und des ausweichenden Bescheids an den Sultan kann man wohl annehmen, daß sich Aḥmed Čelebi bereits seit einiger Zeit in der Umgebung des Prinzen aufhielt und wohl auch schon Beziehungen zu dessen engstem Freundeskreis angeknüpft hatte.

Trotz der durch seinen Lālā unterstützten Bemühungen des Prinzen, die Vollstreckung der beiden vom Sultan verhängten Todesurteile zu verhindern, konnte sich nur Mü'eyyedzāde durch die

Flucht entziehen, an Ḥāǧǧī Maḥmūd wurde das Urteil vollstreckt.[148] Bāyezīd, der erkannte, wie wenig der beschwichtigende Brief seines Lālās den Sultan überzeugt hatte, schrieb daraufhin selbst einen Bittbrief (ʿarīża), in dem er die dem Sultan zu Ohren gekommenen Nachrichten als übertrieben (mübalāġa) bezeichnete und betonte, sein Lālā regele die Angelegenheit wie befohlen, er bäte außerdem darum, dem Sultan seine Aufwartung machen zu dürfen.[149]

Dem gab Sultan Meḥmed II. nicht statt; er scheint vielmehr weitere Veränderungen in der Besetzung der Hofämter seines Sohnes vorgenommen zu haben, die wohl den noch in der Nähe Bāyezīds verbliebenen vermuteten Freundeskreis des Mü'eyyedzāde treffen sollten.[150] Betroffen war auch der Beg von Amasya, Süleymān Paša[151], der Sohn von Bāyezīds früherem Lālā Kemāl Paša. Von seinem Posten wurde er 883/1478-9[152] auf den des Gouverneurs von Tokat versetzt, von wo er bald darauf nach Istanbul ging; dort starb er. In der tatsächlich engen Bekanntschaft Mü'eyyedzādes mit Süleymān Čelebi dürfte dann später die energische Protektion ihren Ursprung haben, die Mü'eyyedzāde als Qāḍīʿasker dem Sohn Süleymāns, Šemseddīn Aḥmed Kemālpašazāde, dem berühmten Šeyḫ ül-Islām, angedeihen ließ.[153]

Auch Fenārīzāde Aḥmed soll schließlich im gleichen Jahr aus Amasya abberufen worden sein.[154] Erst nach Bāyezīds II. Thronbesteigung scheint er wieder ein offizielles Amt bekleidet zu haben. Die Chroniken erwähnen seine 888/1483-4 erfolgte Ernennung zum Nišānǧi, 890/1485-6 wurde er Wesir.

Entgegen anderen, wohl auf Küčük Nišānǧi zurückgehenden Angaben[156], starb er kaum vor 909/1503, da noch am 19.Rab.II./11.10[157] dieses Jahres eine "adet boġča" aus wertvollen Seidenstoffen für ihn hergestellt wurde.[158]

Wer nach Aḥmed Čelebis Absetzung Prinz Bāyezīds Lālā wurde, läßt sich nicht mit Bestimmtheit sagen. Zwar spricht einiges für die Ernennung Muṣṭafā Paša b. Ḥamza Begs[159], doch lassen sich weder den Chroniken noch den uns zugänglichen Dokumenten konkrete Angaben darüber entnehmen. Lediglich als Hinweis könnte die Tatsache dienen, daß Muṣṭafā Paša die Untersuchung der Vorfälle um Mü'eyyedzāde im Auftrage Meḥmeds II. geleitet hatte (vgl. p.38) und - da er diese Aufgabe offenbar zufriedenstellend gelöst und sich wohl auch mit den Verhältnissen in Amasya vertraut gemacht hatte - aus diesem Grunde dem Sultan geeignet schien, an die Stelle des beargwöhnten Fenārīzāde zu treten. Diese Erörterungen bleiben aber hypothetisch.

Gravierender ist der Umstand zu bewerten, daß sich Muṣṭafā Paša offenbar im Gefolge des Prinzen befand, als dieser nach Eintreffen der Nachricht vom Tode seines Vaters von Amasya nach Istanbul aufbrach.

Auf Betreiben des damaligen Statthalters von Istanbul, Isḥāq Paša, der sich Hoffnungen auf den Posten des Großwesirs machte, veranlaßte Bāyezīd in Usküdar die Rückkehr Muṣṭafā Pašas nach Amasya.[160] Da Isḥāq in Muṣṭafā seinen Haupt-Rivalen im Kampf um das angestrebte Amt sah, muß man annehmen, daß das Verhältnis Bāyezīds zu Muṣṭafā besonders eng war und sich dieser berechtigte Hoffnungen machen durfte.

Ob aber diese von außen herangetragenen Gründe die These, Muṣṭafā sei Aḥmed Fenārīs Nachfolger geworden, wirklich hinreichend stützen können, bleibe dahingestellt.

Gesicherter hingegen sind die Informationen, die wir über einen Lālā des Prinzen Bāyezīd im Jahre 1480/885[161] besitzen. In diesem Jahr, in dem der Sultan selbst in Istanbul blieb[162], erteilte er seinem Sohn den Auftrag, an der Grenze zu Georgien die Festung[163] Ṭorul[164] zu erobern. Deren Herr hatte sich nach der einen Uberlieferung ehedem in der Auseinandersetzung mit Uzun Ḥasen auf dessen Seite geschlagen.[165] Einer anderen Version zofolge beklagten sich die durch dieses Gebiet ziehenden (osmanischen) Kaufleute über Uberfälle, bei denen sie Waren und Vermögen einbüßten.[166]

Die Mehrzahl der Chroniken berichtet, daß Bāyezīd diesen Befehl von seinem Lālā und "bülendastan vezīrler" Raqqāṣ Sinān Beg ausführen ließ. Der Prinz selbst scheint sich an diesem Unternehmen (dem einzigen militärischen Auftrag, den er - außerhalb seiner Provinz - neben seiner Teilnahme am Zug gegen Uzun Ḥasan überhaupt zu erfüllen hatte) gar nicht beteiligt zu haben.[167)]

In den Quellen finden wir für Raqqāṣ Sinān wieder die übereinstimmenden Bezeichnungen "Lālā" und "Wesir", die uns für die Amtsbezeichnung des prinzlichen Vormundes typisch erscheinen, im Unterschied zu dem lediglich ehrenhalber verliehenen Titel (s. Einleitung).

Dennoch scheint es uns gerade in diesem Fall angezeigt, eine Relativierung der Aussagen vorzunehmen und eine allzu starke Systematisierung zu vermeiden.

Die Wahrscheinlichkeit, die - offiziell von der Pforte ernannten - Lālās eines Prinzen,der später Sultan wurde, zu verifizieren, ist ungleich größer als bei Sultanssöhnen, die nicht zur Herrschaft gelangten.

Recht häufig kamen die Berater aus der Prinzenzeit später zu hohen Āmtern und Würden. Aus diesem Grunde nehmen sich die Quellen ihrer Biographien sorgfältiger an, mit der Schilderung einzelner Stationen ihrer Laufbahn.

Andererseits finden aber auch Personen Erwähnung, deren Einfluß auf einen Prinzen und späteren Sultan von zeitlich etwas späteren Quellen als so gravierend erkannt wurde, daß ihnen Titel und Funktionen nachträglich beigelegt wurden, die diese niemals ausübten. "Lālā" darf dabei als synonym betrachtet werden mit "Person von großem Einfluß".

Bezogen auf unser Beispiel von Raqqāṣ Sinān Beg könnte das nach unsere Interpretation bedeuten: Die für Bāyezīd gewiß nicht unwichtige, zweite Gelegenheit, militärischen Ruhm zu gewinnen, scheint der Prinz nicht ergriffen zu haben. Die osmanischen Historiker gaben dieser (wahrscheinlich als ungewöhnlich angesehenen) Tatsache eine "normale" Wendung, dadurch daß sie den "Lālā, den hochgeehrten Wesir" - den "Handlungsbevollmächtigten" des Prinzen - die Aufgabe übernehmen und zufriedenstellend ausführen lassen. "Irgendein" militärischer Führer hätte als Vertreter nicht so gut in die Vorstellung gepaßt.

So wurde möglicherweise aus Raqqāṣ Sinān Beg der "Lālā Sinān", dessen Bedeutung es anscheinend nur anläßlich der Eroberung der georgischen Feste hervorzuheben galt. Dies bestärkt doch die Vermutung, er sei hauptsächlich Militär gewesen.[168)]

Im Zusammenhang mit der Stiftung eines Sinān Beg in Trabzon stellte Ḫalīl Edhem die Vermutung an, es könne sich bei der Qulaqlï Češme von 888/1483-4 um ein Werk des Raqqāṣ Sinān handeln, über dessen Funktion in Trabzon ihm aber weitere Informationen fehlen.[169)]

2. Der Hof in Amasya unter Prinz Bāyezīd (II.)

Noch rund 60 Jahre, nachdem Amasya durch Bāyezīd I. von dem anatolischen Fürsten Qāḍī Burḫāneddīn erobert und Meḥmed Čelebi als erster osmanischer Gouverneur eingesetzt worden war (1393), war das Stadtbild noch stark durch die Bauten der vorangegangenen Epochen bestimmt.

Der Umstand, daß Amasya ein bedeutendes selǧūqisches Zentrum war, sowie Mittelpunkt der Dānišmendiden-Herrschaft und verschiedener Provinzial-Dynastien des 14. Jahrhunderts[170)], unterscheidet die bauliche Entwicklung der Stadt von anderen osmanischen Zentren wie Bursa, Edirne oder Istanbul.[171)]

Als Prinz Bāyezīd 1454 zum Vālī von Amasya ernannt wurde, existierten von den neun, in Evlīyā Čelebis Beschreibung namentlich erwähnten Moscheen (Ǧevāmiʿ)[172)] vier: Die Fetḥiyye Ǧāmiʿi von 1116[173)], die ca. 675/1276 errichtete Gök-Medrese (Moschee)[174)], die Moschee des Bāyezīd Paša (822/1419)[175)] und die des Yürgüč Paša (832/1428)[176)].

Wenn auch die beiden letztgenannten Bauten zu den bemerkenswerten architektonischen Zeugnissen der osmanischen Baugeschichte im 15. Jh. gehören, so wird doch diese Entwicklung zunächst einmal nicht continuierlich fortgesetzt.[177)]

Es ist auffallend, daß in den folgenden Jahrzehnten zwischen 1428 und 1485 an erwähnenswerten Bauten offenbar lediglich folgende errichtet wurden: Der Gebäudekomplex der Ḫiżir Paša Moschee (870/1465-6)[178)] und die Ḫalqali Türbe (879/1474).[179)]

Eine große Anzahl von Bauten entstand dagegen nach 1485, in den Jahren von Bāyezīds II. Sultanat.[180)]

Angesichts der zahlreichen existierenden Moscheen und Medresen mag es scheinen, als sei der Bedarf an Sakralbauten im 15. Jh. gedeckt gewesen.

Es ist anzunehmen, daß Amasya seinen laqab "Baġdād-i Rūm", den ihm Kātib Čelebi beilegt[181)], auch noch seinem Ruf als altem, vorosmanischen Kulturzentrum verdankte. Einige seiner Medresen hatten zwar in der unter Meḥmed II. eingeführten Rangordnung des Medresensystems[182)] den Rang von "Vierzigern", "Fünfzigern" und "Sechzigern".[183)]

Seinen festen Platz innerhalb der osmanischen ʿİlmiyye-Hierarchie - d.h. als Lehr- oder Ausbildungsstation in der ʿUlemā'-Laufbahn für Gelehrte aus allen Teilen des Osmanischen Reiches - erhielt Amasya aber erst mit der von Sultan Bāyezīd II. 1486/891 errichteten Moschee und dazugehörigen Ausbildungsstätten, die seinen Namen trugen.

Diese Tatsache sollte man aber nicht allein als Ergebnis des persönlichen Interesses oder der Einflußnahme des Sultans interpretieren, der seine ehemalige Residenz mit dem Beginn seiner Herrschaft nachträglich favorisierte.

Darüber hinaus muß zur Erklärung auch die Entwicklung des geistigen Lebens herangezogen werden, die Amasya zur Gouverneurszeit von Prinz Bāyezīd erlebt hatte.

2.1. Die Prinzenlehrer

Im folgenden soll diese Entwicklung an einigen prominenten Figuren des geistigen Lebens exemplarisch aufgezeigt werden.

Dabei handelt es sich nicht zufällig in der Hauptsache um eine Darstellung des Lebens am "Hofe" der Residenz und nicht um Institutionen der Stadt, wie Medresen oder ähnlichen Einrichtungen. Bereits hier soll gesagt werden, daß der Ausgangspunkt für die kulturelle und geistige Blüte der Stadt im 15. und 16. Jh. von dem am Hof des Residenzherrschers blühenden geistigen und religiösen Leben ausging.

Die Ämter am Hof des Prinzen lassen sich einteilen in solche, deren Besetzung der Sultan selbst veranlaßte, deren Kandidaten auch aus der Devširme stammen konnten und oft aus der Hauptstadt in die Residenz abgeordnet wurden (zu diesen zählen u.a. der Lālā und der Nišānǧi̊), sowie andere Posten, wie die des Kātib oder die nicht fest umrissene Stellung des "Muṣāḥib", die z.T. von Angehörigen angesehener Provinzfamilien besetzt (s. Einleitung) wurden.

Zu den stets von Istanbul aus besetzten Posten gehörte auch der des Prinzen-Lehrers (Ḫoǧa-i sulṭānī oder Muᶜallim).[184]

Neben der unvollständigen Liste der Sultans- (und Šehzāde-) Lehrer in den "Siǧill-i ᶜos̱mānī"[185] versucht noch Uzunçarşılı eine Reihe der Lehrer Bāyezīds aufzustellen.[186] Sie deckt sich bis auf eine Ausnahme mit den Angaben, die Ṭašköprüzāde zu entnehmen sind. Eine zeitliche Reihenfolge ist aus ihnen allerdings nicht abzuleiten - so ist auch die Zusammenstellung bei Uzunçarşılı, wie es scheint, willkürlich.

Wesentlich zu berücksichtigen dürfte aber jeweils die Herkunft der bekannten Prinzenlehrer sein, ihre Ausbildung und spätere Laufbahn, um damit etwas über die Bedeutung dieses Amtes und die Einflüsse aussagen zu können. Außerdem ergibt sich aus den Biographien, wenn sie die Werke der Ḫoǧas erwähnen, die diese mit ihren prinzlichen Schülern studierten, immerhin ein Eindruck von Kenntnis, Interesse und Vorliebe für bestimmte geistige Strömungen der Zeit.

Ṣalāḥeddīn, Muʿallim des Prinzen Bāyezīd um 880/1475-6[187], wurde als Müderris in das Amt des Lehrers an den Hof von Amasya berufen.[188] Bei ihm studierte Bāyezīd den Kommentar des Maulānazāde al-Harawī zur "Ḥidāyat al-ḥikma", einem Werk, das nach den Biographen bekannt und beliebt war[189], und den Kommentar zu den "ʿAqā'id" des Nasafī.[190] Ṣalāḥeddīn schrieb für seinen Schüler Bāyezīd zu beiden Werken arabische Glossen.[191] Er scheint 883/1475-6 von seinem Posten abgelöst[192] und als Müderris an die Sulṭāniyye in Bursa versetzt worden zu sein. Von diesem letzten Amt wissen wir, daß es traditionell zu den hochangesehenen Müderris-Posten in der Hierarchie der Medresen gehörte.[193] An dieser unterrichteten bekannte Gelehrte wie Molla Yūsuf Bālī b. Molla Šemseddīn Meḥmed Fenāri[194] und der Šeyḫ ül-Islām Saʿdī Čelebi.[195]

Für die Wertschätzung dieser Medrese zur Zeit Meḥmeds II. ist das Beispiel eines der berühmtesten zeitgenössischen geistigen Vertreter, Ḫoǧazāde Muṣlīḥeddīn Muṣṭafā zu nennen, von dem sein Biograph sagt "Auf die Professur an der Sulṭāniyye bildete er sich mehr ein als auf seine Stellung als Heeresrichter bzw. Lehrer von Sultan Meḥmed".[196]

Die nächsthöhere Stufe in der ʿUlemā'-Laufbahn war zu dieser Zeit eine Müderris-Tätigkeit an einer der acht angesehensten osmanischen Lehranstalten, der unter Meḥmed II. eingerichteten "Saḥn-i s̱emān" Medresen in Istanbul.[197]

Setzt man diese Nachrichten zu dem Amt des Prinzen-Lālā in Beziehung, so ist vielleicht die Stellung dieses Amtes innerhalb der Gelehrtenhierarchie etwas näher gekennzeichnet.

Über einen anderen Lehrer Prinz Bāyezīds - nach Ḥüseyn Ḥüsāmeddīn war er Ṣalāḥeddīns Nachfolger[198] - haben wir durch die Biographie seines Sohnes Seyyid Maḥmūd b. Seyyid ʿAbdullāh

Nachricht.[199] Zwar liegen keine Details über die Tätigkeit Seyyid ʿAbdullāhs in Amasya vor[200], aber die Karriere seines Sohnes Seyyid Maḥmūd gibt in unserem Zusammenhang zu einigen Bemerkungen Anlaß.

In den Anordnungen des sogenannten "Qānūn-nāme Meḥmeds II." ist auch die finanzielle und gesellschaftliche Stellung von Söhnen der Sultans- bzw. Šehzāde-Lehrer geregelt: die ersteren sollten automatisch Ämter mit 60 aqče täglichem Sold erhalten, letztere Posten für 30 aqče.[201]

Auf Seyyid Maḥmūd fand diese Regelung keine Anwendung. Er begann zwar mit dem Studium der Wissenschaften bei den namhaften Gelehrten Luṭfī Toqādī und Birigīzāde. Jedoch weiß man von keinem Müderris-Posten, den er bekleidet hätte und der ihm auf Grund der Tätigkeit seines Vaters zugestanden hätte. Er wandte sich statt dessen dem Ṣūfītum zu, und auf Grund des Seyyid-Status seiner Familie machte ihn Sultan Bāyezīd im Jahre 900/1494-5 zum Haupt der Seyyids und Šerīfen, zum "Naqīb ül-ešrāf".[202] Dieses von Bāyezīd II. wieder eingeführte Amt, dessen Inhaber am Ende des 16. Jhs. nur 75 aqče bezogen haben sollen, gehörte bis zum 17. Jh. nicht zu den von den höheren ʿUlemā' angestrebten Stellungen.[203]

Nach den Angaben im Amāsyā tārīḫī blieb der Vater Maḥmūds, Seyyid ʿAbdullāh, nur ein Jahr Prinzen-Lehrer in Amasya. Seine Nachfolger waren die Gelehrten Qāsim b. Yaʿqūb el-Amāsī, genannt Ḫaṭīb Qāsim, und Sināneddīn Yusūf Muʿarrifzāde.[204]

Qāsim war zuvor Müderris an einer Medrese in Amasya gewesen. Sein Biograph[205] lobt seine Kenntnisse in verschiedenen Zweigen der Wissenschaft, durch die er für das Ḫoǧa-Amt geeignet schien. Er muß bis zur Thronbesteigung Bāyezīds im Amt gewesen sein. Nach 1481 versetzte ihn der Sultan für einige Zeit an die Murādiyye in Bursa. Schon bald darauf kehrte er allerdings auf den Posten des Ḫoǧas nach Amasya zurück, diesmal als "Muʿallim" von Prinz Aḥmed b. Bāyezīd.

Wie auch im Falle Ibrāhīm Paša Čandarlis bewies Bāyezīd damit ein weiteres Mal die Tendenz, einen Teil seiner ehemaligen Berater die gleichen Aufgaben am Hofe Aḥmeds zu übertragen, die sie dort schon zu seiner Vālī-Zeit wahrgenommen hatten. Wie stark die Bindung an den Hof in Amasya über eine Generation hinaus blieb, geht aus der Tatsache hervor, daß Qāsims 864/1459-60[206] wohl in Amasya geborener Sohn Muḥyī'ddīn Meḥmed unter Prinz Aḥmed ebenfalls Ḫoǧa wurde[207], eine Ernennung, die sicher durch die langjährige einflußreiche Tätigkeit des Vaters am Hof von Amasya vorbereitet wurde.

Auch das Beispiel des Ḫoǧa Muʿarrifzāde läßt Rückschlüsse auf eine mögliche Einflußnahme zu, die mit diesem Amt gegeben war. Muʿarrifzāde[208] stammte aus Balıkesir und war ein Schüler von Ḫiżir Beg b. Ǧelāleddīn, dem ersten Qāḍī von Istanbul.[209] Auch er wurde als Müderris zum Lehrer von Prinz Bāyezīd bestimmt.

In besonderem Maße scheint er für die religiöse Unterweisung verantwortlich gewesen zu sein. Der Sultan soll später von ihm gesagt haben, durch den Umgang mit ihm sei er "firm im Glauben" geworden.[210] Der Prinz schätzte seine Gesellschaft und suchte sie bis zum Tod des Mollas. Dessen Rat folgend[211] ernannte Bāyezīd einen Schützling Muʿarrifzādes aus den Tagen von Amasya nach der Thronbesteigung zu seinem Imām.

Dieser Mann war Bedreddīn Maḥmūd[212], Sohn eines gelehrten Šeyḫs Meḥmed aus Amasya. Wenn auch von Bedreddīns Zugehörigkeit zu einem Derwischorden nichts bekannt ist, so läßt sich doch an seinem 30 (!) Bände umfassenden Werk "fevz ve felāḥ" über die Mystik erkennen, daß er sich mit der Ṣūfik beschäftigte.[213] Dieser aus dem Derwisch-Milieu stammende Imām Bāyezīds dürfte auch Kisslings These unterstützen, daß der Sultan sich nach seiner Thronbesteigung in Istanbul mit einer Reihe von Männern umgab, die in Amasya in naher oder entfernterer Beziehung zu Derwisch-Kreisen zu sehen waren.[214]

Ehe wir uns einem speziellen Interessengebietes des Prinzen zuwenden, seien noch der Vollständigkeit halber zwei Vertreter genannt, die ebenfalls eine Zeitlang Bāyezīds "Muʿallim-i sulṭānī" waren, wie aus ihren Biographien hervorgeht.

Die bisher aufgezählten Lehrer waren ihrer Ausbildung nach in der Regel Vermittler der "Gesamtheit" der islamischen Wissenschaften, entsprechend dem an den Medresen gelehrten Unterrichtsprogramm, auf dem die "zehn Wissenschaften" standen[215]: Arab. Grammatik (Ṣarf), Syntax (Naḥv), Logik (Manṭiq), scholastische Philosophie (Kelām), klassische arabische Literatur (Adab), die drei Sparten der Rhetorik (Maʿanī, Beyān,Bedīʿ), Geometrie (Hendese) und Astronomie (Hey'et).

Uber dieses Grundwissen hinaus berücksichtigten die prinzlichen Lehrer je nach ihren Spezialkenntnissen bestimmte Sparten der im Lehrprogramm der Istanbul Achter-Medresen bereits spezifiziert und einem fortgeschrittenen Studium angemessen dargebotenen Wissenschaften. Dazu gehörte besonders die Dogmatik (Aqā'id) das Recht (Fiqh), die Traditionswissenschaft (Ḥadīs̱) und die Exegese (Teʾvīl). Molla Maḥmūd b. Meḥmed b. Qāḍīzāde-i Rūm, genannt Mirim Čelebi[216], verfügte als Müderris ebenfalls über eine breite Kenntnis der verlangten Disziplinen. Er war angeblich der Urenkel des 877/1472 nach Rūm gekommenen[217] und im gleichen Jahr nach Istanbul gegangenen Mathematikers und Astonomen ʿAlī Qušǧi aus Samarkand.[218]

Mirims Hauptinteresse galt ebenfalls den exakten Wissenschaften. Nach seinen Studien bei den Gelehrten Ḫoǧazāde (seinem Großvater) und Sinān Paša entwickelte er sich unter Bāyezīd II. zu dem führenden Mathematiker und Astronomen seiner Zeit.[219] In Bāyezīds II. Auftrag schrieb er einen persischen Kommentar zu dem Werk Uluǧ Begs "Zīǧ".[220]

Wenn auch in der Sekundärliteratur behauptet wird[221], Mirim Čelebi sei bereits zu Bāyezīds Prinzenzeit sein Muʿallim gewesen, so läßt sich dies an keiner Quelle belegen. Ṭašköprüzāde bemerkt, daß Sultan Bāyezīd (selbst) ihn zu seinem Lehrer gemacht habe. Eine solche Entscheidung trifft nur der Sultan selbst. Bāyezīd muß sich daher schon an der Regierung befunden haben.

Auch in dem Falle Molla Muḥyī'ddīns - in den Quellen ebenfalls "Muʿallim-i sulṭānī" genannt[222] - sind wir der Meinung, daß er diesen Posten erst in Istanbul inne hatte. Er war zunächst Qāḍī von Edirne und Bursa. Obwohl er sich in diesem Amt Verfehlungen hatte zuschulden kommen lassen und abgesetzt wurde, soll er doch Sultanslehrer geworden sein.

Als er auch von diesem Posten wegen Differenzen abgelöst wurde, kehrte er wieder auf seinen alten Qāḍīposten zurück, wo er allerdings wiederum nicht lange belassen, sondern bald pensioniert wurde.

Wie seine Biographen erwähnen, erhielt er die bemerkenswerte Pension von täglich 200 aqče bis zu seinem Tod. Sind diese Angaben richtig, so kann man dieser außerordentlich hohen Summe[223] wohl einen weiteren Hinweis darauf sehen, daß es sich bei Muḥyī'ddīn um einen Sultans- und nicht um einen Prinzenlehrer handelte.[224]

Ließ sich das Lehrprogramm, das der Prinz mit seinen Lehrern zu absolvieren hatte, mit dem der angesehensten Lehranstalten der Hauptstadt vergleichen, so gab es neben diesem traditionellen Kanon der Wissenschaften noch ein weites Feld spezieller Interessen, denen er sich widmete.

Eines dieser Gebiete erlangte zu Bāyezīds Gouverneurszeit in Amasya besondere Geltung und wurde sozusagen institutionalisiert. Die Kalligraphie nahm in Amasya in der zweiten Hälfte des 15. Jahrhunderts einen solchen Aufschwung, daß die Stadt in dieser Zeit als das wichtigste Zentrum dieser Kunst galt.[225]

Für diese Entwicklung war ein Mann verantwortlich, dessen Vater in der ersten Hälfte des 15. Jahrhunderts nach Amasya gekommen war und der selbst 840/1436-7 hier geboren wurde: Šeyḫ Ḥamdullāh b. Šeyḫ Muṣṭafā.[226]

Zwar gab es ungefähr gleichzeitig auch zwei andere bekannte Kalligraphen, die hauptsächlich in Edirne und später in

Meḫmeds II. Auftrag in Istanbul tätig waren: Yaḥyā b. Ṣofī und dessen Sohn ʿAlī b. Yaḥyā[227], deren Bedeutung in der Anwendung und Weiterentwicklung des Ǧelī[228], einer verzierten Form der S̱ülüs̱-Schriftart lag.

Šeyḫ Ḥamdullāh jedoch kam das Verdienst zu, eine erste osmanische Schule der Kalligraphie begründet zu haben.[229] Vorbild dafür war die unter dem letzten ʿAbbāsiden Mustaʿsim in Bagdad begründeten Schule mit ihren Regeln zur Schreibung des S̱ülüs̱ und des Nesḫī. Ihr Haupt war Yāqūt Mustaʿsimī gewesen, mit dem Beinamen "Qiblat al-küttāb" (gest. 699/1299).[230]

Nach Mustaqīmzāde war Ḥamdullāhs Vater Šeyḫ der Suhrawardiyya, und auch der Sohn soll diesem Orden angehört haben.[231] ʿĀlī berichtet[232], Ḥamdullāh habe aus einem ihm zugewiesenen Arpalïq[233] Einkünfte von täglich 30 aqče gehabt. Beruht diese Angabe auf Tatsachen, so hätten wir hier ein Beispiel für die Vergabe von Arpalïqs im 15. Jahrhundert, die nach Uzunçarşılı so selten dokumentiert ist.[234]

Ḥamdullāh, dessen Lehrer der Ḫaṭṭāṭ Ḫayreddīn Marʿašī[235] war, soll nach einer Uberlieferung den Prinzen durch Schriftproben auf sich aufmerksam gemacht haben, die er ihm in Form von "evrād" (Koranverse, die nach der Verrichtung des kanonischen Gebets rezitiert werden), "enʿām" (Koranverse, einschließlich der 6. Sūre, der Sūre-i enʿām) und anderer Verse zukommen ließ.[236] Ḥamdullāh wurde daraufhin zum "Yazï Ḫoǧasï" des Prinzen bestimmt und erhielt den Auftrag, zwei Werke für Sultan Meḥmed zu copieren.[237]

Der Šeyḫ bildete gleichzeitig eine Reihe von Schülern heran, zu denen mehrere Mitglieder seiner eigenen Familie zählten: Muṣṭafā Dede, sein Sohn[238], sein Schwiegersohn Šükrüllāh[239], die Brüder Meḫmed Ǧemāl-i Amāsī und Muḫyī'ddīn Ǧemāl-i Amāsī, Vettern von Ḥamdullāh[240] und ein anderer Verwandter ʿAbdullāh-i Amāsī[241].

Zusammen mit seinem späteren berühmten Schüler Aḥmed Qaraḥiṣarī nannte man Šeyḫ Ḥamdullāh mit diesen fünf seiner Meisterschüler die "Ustādān-i sabʿa", entsprechend dem Aufbau und der Mitgliederzahl der Bagdader Schule des Yāʿqūt[242] und übertrug ihm auch dessen Titel "Qiblat al-küttāb".

Die drei letztgenannten Verwandten Ḥamdullāhs gehörten, wie schon Kissling festgestellt hat, zu der Familie der Ǧemālīzādes. Ein Zweig dieser Sippe, die sich von Ǧemāleddīn Meḥmed el-Aqsarāyī herleitete, einem bedeutenden Gelehrten und Šeyḫ unter Murād I.[243], hatte sich in Amasya niedergelassen und dort eine Reihe von Šeyḫen der Ḫalvetiyye gestellt. Mit diesem Orden blieb die Familie immer aufs engste verbunden.[244]

Man darf annehmen, daß auch Šeyḫ Ḥamdullāh Verbindungen zu diesem Orden gehabt hat, auf Grund seiner Verwandschaft zu den Ǧemālīzādes, aber auch auf Grund der Tatsache, daß die Ḫalvetiyye der bedeutendste Orden in Amasya war[245] und die Suhrawardiyya - die ursprüngliche Ṭarīqa seiner Familie - auch eine Affinität zu diesem Orden bewies.[246]

Ḥamdullāh - wie auch seine Schüler - waren zwar in allen sechs Schriftarten der Kalligraphie[247] bewandert, doch galt er als Begründer einer osmanischen Schule des S̱ülüs̱ und des Nesḫī.[248] Seine Schule wurde der Anziehungspunkt für viele Schüler auch aus sehr entfernten Gebieten. Zu den ersten gehörte ʿAlā'eddīn ʿAlī aus Iṣfahān.[249] Nach seiner Ausbildung in Amasya blieb er im Osmanischen Reich und wurde Qāḍī von Bursa und Gebze. Ein weiterer Schüler, der selbst einer der berühmtesten Kalligraphen wurde, kam aus Turkesten nach Anatolien: Muḥammad Ḫandān.[250] Auch er blieb im Osmanischen Reich, und seine Nachkommen sind hier noch im 17. Jahrhundert als angesehene Müderrisfamilie und als Autoren bekannt.[251]

Muṣṭafā b. Naṣūḥ stammte aus Saloniki und kam zu Studienzwecken nach Istanbul.

Da aber Amasya das bedeutendere Zentrum der Kalligraphie war, begab er sich anschließend dorthin.[252] Die überragende Bedeutung der Stadt als Zentrum in diesem Sinne blieb auf Prinz Bāyezīds Vālīzeit beschränkt. Nach seiner Thronbesteigung ließ er den Šeyḫ mit den bekanntesten seiner Schüler in die Hauptstadt übersiedeln.[253)]

Es folgten ihm Aḥmed b. Ḫoǧa Yaḥyā[254)], Meḥmed Ǧemāleddīn[255)], Muṣṭafā b. Naṣūḥ[256)], sein Sohn Muṣṭafā Dede[257)], der Dichter Refīqī aus Amasya[258)], sein Schwiegersohn Šükrüllāh[259)] und ʿAbdullāh-i Amāsī[260)] nach Istanbul, wo sie vom Sultan Unterstützung und Aufträge erhielten.

In der von Sultan Bāyezīd 1486 errichteten Moschee in Amasya führten Šeyḫ Ḥamdullāh und sein Vetter Meḥmed Ǧemāleddīn noch verschiedene Arbeiten aus: Meḥmeds Werk ist die Fātiḥa-Inschrift in einem Kuppelzentrum, Ḥamdullāh setzte die Datumsinschrift[261)] und die Schrift am Miḥrāb.[262)]

2.2. Andere Hofämter

Man kann zwar annehmen, daß es in der prinzlichen Residenz - als getreuer Abbildung des Hofes in Istanbul - die gleichen wichtigen Hofämter gab, wie z.B. Wesir (= Lālā), Defterdār, Nišānǧi, Čavūšbaši etc. [263)]

Allerdings hat man nicht bei jedem Prinzen alle Ämter belegen können, aus dem einfachen Grund, weil die biographische Literatur auf die in geistigem oder literarischen Gebiet hervorgetretenen Personen Bezug nimmt, die chronistischen Werke nur die in irgendeinem politischen Zusammenhang wichtigen erwähnen.

So bietet unsere Aufzählung nicht zufällig eine Liste relativ (d.h. über den lokalen Rahmen hinaus) bedeutender Personen und hat keinen statistischen Charakter.

So finden wir in den Teẕkere-Werken als einen Defterdār am Hofe Prinz Bāyezīds Tāǧī Beg erwähnt. Seine Familie war seit langem in der Provinz Rūm ansässig und gehörte zur Militäraristokratie, er selbst soll ebenfalls Soldat gewesen sein. (Darauf weist auch der Titel "Beg".[264]) Er hatte in Bagdad studiert und zusammen mit Šeyḫ Ḥamdullāh (bei Ḫayreddīn Marʿašī) Schönschrift-Unterricht genommen.[265])

Er war auch als Dichter bekannt.[266]) Auf welche Weise er als Angehöriger der Provinzoberschicht diese relativ wichtige Hofamt bekam, ist unklar.

Aus einem anderen Fall - dem des Qāsim Paša - scheint hervorzugehen, daß es zu einer Ernennung der Protektion bedurfte, was aber bei Tāǧī Beg dahin gestellt bleiben muß.

Immerhin wird sein Amt in der Umgebung des Prinzen zu dem Aufstieg seiner beiden Söhne, Ǧaʿfer und Sāʿdī Čelebi, beigetragen haben. Beide wuchsen mit dem Prinzen zusammen auf und wurden wie er von Šeyh Ḥamdullāh unterrichtet.[267])

An dieser Stelle soll uns besonders Ǧaʿfer Čelebis Aufstieg interessieren. Nach dem Studium bei namhaften Gelehrten und der Assistentenzeit wurde er sofort Müderris an der Maḥmūd Paša Medrese in Istanbul mit einem täglichen Gehalt von 50 aqče. Dies bedeutete, daß er zwei Ränge auf der Karriereleiter der Müderris übersprungen hatte; ein Vorzug, der nur besonders bevorzugten Kandidaten - etwa Angehörigen der Sultansfamilie, die sich der ʿIlmiyye-Laufbahn zuwandten -, gewährt wurde.[268]) Auch sein weiterer Aufstieg vollzog sich rasch; er wurde Nišānǧi (mit dem Pašatitel), blieb in diesem Amt auch unter Selīm I., wurde Qāḍīʿasker von Anadolu und begleitete den Sultan 1514 auf den Zug gegen Persien.

Mit dem Vorwurf, auf der Rückkehr von dem Persienfeldzug die Janitscharen in Amasya zu einem Aufruhr aufgestachelt zu haben, wurde er schließlich hingerichtet (921/1515).[269]) Er wurde in Istanbul in seiner eigenen Mesǧid begraben.[270])

Von seinem Vater Tāǧī Beg ist wenig mehr bekannt geworden, als daß er Defterdār in der Residenz Amasya war. Nachrichten darüber, daß er unter Sultan Bāyezīd kaiserlicher Defterdār oder Nišāngi gewesen sei[271]), sind nicht belegbar. Es widersprächen dem auch die Angaben, die in einer Handschrift von Ǧaʿfer Čelebis Dīvān über seine Lebensdaten und die seines Vaters eingefügt wurden[272]: Danach lebte er von 864-921 (1459-1515), sein Vater von 836-890 (1432-85).[273]

Ein zweiter bekannter Defterdār unter Prinz Bāyezīd war Qāsim Paša. Einen möglichen Hinweis auf die Zeit seiner Tätigkeit in Amasya gibt ein Dokument von 883/1478, in dem ein Defterdār Qāsim genannt ist.[274] Sehī und ʿĀlī erwähnen ihn ebenfalls in diesem Amt.[275] Er muß der als Sohn angenommene ursprüngliche Sklave des Meḥmed al-Ǧazarī gewesen sein.[276]

Dieser war ein Sohn des berühmten Šeyḫs al-Ǧazarī Abu 'l-Ḫayr aus Damaskus, den Timur 805/1402-3 aus Anatolien mit nach Samarkand genommen hatte.[277]

Meḥmed al-Ǧazarī war Nišānǧi unter Meḥmed II., der ihn außerordentlich geschätzt haben soll und ihn nur wegen seines Opiumgenusses nicht zum Wesir beförderte.[278]

Auf seinen Einfluß soll die Ernennung Qāsims zum prinzlichen Defterdār zurückgegangen sein.[279]

Er übte dieses Amt noch unter zwei weiteren Prinzen aus. 905/1499-1500 war er, was auch durch eine Inschrift bestätigt wird, Defterdār des Prinzen Selīm (I.) in Trabzon.[280] 910/1504-5 wurde er vom Anadolu-Defterdār zu dem von Rūmili ernannt.[281] Nach Selīms I. Thronbesteigung 1512 machte ihn auch dieser Sultan wieder zum Defterdār seines Sohnes Süleymān.[282]

Seine dreimalige Ernennung auf immer den gleichen Posten könnte dafür sprechen, daß Qāsim Paša für das Amt des Finanzverwalters tatsächlich eine gute Eignung mitbrachte und nicht nur auf Grund guter Beziehungen zu einem hohen Würdenträger irgendein Amt in der Provinz übertragen bekam.

Qāsim Paša betätigte sich auch literarisch, unter dem Dichterpseudonym "Ṣāfī" schrieb er ein Dīvān.[283] Als Moscheestifter wandelte er die nach der Eroberung Salonikis (1430) lange christlich gebliebene Basilika des Hagios Demetrios 898/1494 in eine Moschee um, die Qāsimiyye.[284] In Istanbul stiftete er 907 (1501-2) eine Mesǧid in einem nach ihm benannten Stadtteil[285], sowie ein "Muʿallimḫāne".[286]

Den Posten des Qapi̊ Aġa am Hof von Amasya besetzte zeitweilig Bāyezīds II. späterer Wesir Yaʿqūb Paša.[287] Er stammte aus der Devširme und hatte zunächst im Saray in Istanbul gedient, ehe er in die Provinz geschickt wurde.

Daß ʿĀlī in seiner Biographie Yaʿqūb Paša den "Qapi̊ǧi̊baši̊" (Großkämmerer) des Prinzen nennt, muß auf einer Verwechslung mit "Qapi̊ Aġa" beruhen. Das Amt des Vorstehers der weißen Eunuchen (Qapi̊ Aġa)[288] versah in der Regel ein Verschnittener, zu denen auch Yaʿqūb Paša zählte, wie der von ʿĀlī erwähnte Beiname "Ḫādim" zeigt. Bis zur Thronbesteigung Bāyezīds scheint Yaʿqūb diese Stellung in Amasya innegehabt zu haben. Danach soll er zum Mīr-i ʿalem (Reichsstandartenträger) befördert worden sein[289], in ein militärisches Amt des "äußeren Dienstes"[290], das wohl seinen eigenen Neigungen wesentlich mehr entsprach. In dieser Stellung macht ihn Sultan Bāyezīd später zum Lālā seines Sohnes Aḥmed. Nach der gleichen Quelle[291] soll er dann Sanǧaqbeg von Aydinili und darauf Lālā des Prinzen Šehinšāh b. Bāyezīd II. geworden sein[292], der seit 888/1483 Vālī von Qaraman war.[293] In diesem Amt (?) beteiligte er sich an den kriegerischen Auseinandersetzungen mit den Mamluken in den Jahren 890-93/1485-88, schließlich seit 893/1488 als Beglerbeg von Qaraman.[294]

Yaʿqūb Paša trat unter Bāyezīd II. vor allem als erfolgreicher militärischer Führer hervor, so bei den Uberfällen auf Kroatien und die Steiermark, die er im September 1493 unternahm. Für seine Erfolge in diesen Aktionen wurde er zum Beglerbeg von Rūmili ernannt.[295]

Für den glaubenskämpferischen Eifer, in dem Bāyezīds Gefolgsmann diese Auseinandersetzungen führte, gibt sein in Versen abgefaßtes "Ẓafer-nāme" ein Beispiel. In diesem an den Sultan Bāyezīd gerichteten Werk, für das Hammer ihm einen Platz in seiner Auswahl der osmanischen Dichter einräumt[296], nennt sich der Verfasser bezeichnender Weise "Derwisch Yaʿqūb, Beg von Bosnien".[297]

Auch als Moscheestifter betätigte sich der Glaubenskämpfer: Die Urkunden zu einer in Edirne errichteten Medrese und einer Moschee in Saloniki[298], als dessen Sanǧaqbeg er starb[299], sind bekannt.

Zur gleichen Zeit wie Yaʿqūb Paša war in Amasya ein Qapïǧïbašï tätig, dessen Wirken in der Residenz und weiterem Lebensweg Kissling in seiner Untersuchung über den Ḫalvetiyye-Orden nachgegangen ist.[300] Muṣṭafā Paša stammte aus Serres und war ebenfalls im Saraydienst gewesen, ehe ihn Sultan Meḥmed als Großkämmerer an Bāyezīds Hof schickte.

Bei der Besetzung der Ämter, für die neben lokalen Beamten auch immer wieder Qapïqullarï vom Sultan aufgeboten wurden, verfolgte er offensichtlich das Ziel - neben einer besseren Kontrolle der Residenzbelange durch Leute aus der Hauptstadt -, die Bildung einer einheitlichen Hofpartei aus lokalen Anhängern um den Prinzen mit einheitlichen Interessen und Vorstellungen zu verhindern.

Im Falle Muṣṭafās gab es aber ganz sicher (in dem von Yaʿqūb Paša eventuell) ein unvorhergesehenes Interesse, das ihn als Qapïqulï mit verschiedenen Gruppen am Hof des Prinzen verband.

Wie Kissling nachweist, gehörte Muṣṭafā der Ḫalvetiyye an. Es ist möglich, daß er noch in Istanbul die Ausweisung des Ordens-Šeyḫs ʿAlā 'eddīn Ḫalvetī durch Sultan Meḥmed II. miterlebt hatte, der die wachsende Popularität des Ordensmannes bei den Notabeln und Würdenträgern mit Mißfallen betrachtete.[301]

Wahrscheinlicher ist es aber, daß eine intensive Begegnung mit dem Orden erst in Amasya stattfand, wo es seit den Tagen des Pīr Ilyās[302] - der von Timur für einige Zeit mit nach Širwān genommen worden war - eine Niederlassung der Ḫalvetiyye gab. 815/1412 soll einer der Emire von Amasya dem Orden, der jetzt von einem Nachkommen des Pīr Ilyās geleitet wurde, eine Tekke, die sogenannte Yaʿqūb-Paša-Medrese oder Čileḫāne-Tekke, errichtet haben.[303)]

Der örtliche Zweig, der über Generationen von Mitgliedern der Familie des Pīr Ilyās geleitet wurde[304)], wurde in seiner Bedeutung noch durch den Zuzug weiterer bekannter und erfolgreicher Ordensangehöriger unterstützt. Dazu gehörte Šeyḫ Ḥabīb el-ʿOmarī el-Qaramanī, einer der vier Ausgestalter des Ordens und Nachfolger des zweiten Ḫalvetiyye-Pīrs, Seyyid Yaḥyā eš-Širvānī.[305)] Nach zwölf Jahren im Dienst dieses Pīr war der Šeyḫ mit der Lehrerlaubnis in das Osmanische Reich zurückgekehrt und begann zunächst in Rūmili, Aydi̊n und Qaraman Mürīds auszubilden, schließlich kam er nach Amasya.[306)]

Das bedeutet offenbar nicht, daß man Ḥabīb Qaramanī in die lokale Hierarchie des Ordens einzuordnen hätte. In dem Menāqibnāme des Ordens wird als Nachfolger (Ḫalīfa) Ḥabīb Qaramanīs Ǧemāl Efendi genannt[307)], der seine Ausbildung noch in Qaraman erhalten haben muß.[308)]

Aber schon die Anwesenheit dieses namhaften Ordensmannes, ebenso auch das Auftreten des von Kissling ausführlich behandelten Šeyḫs Meḥmed Ǧemāleddīn el-Aqsarāyī el-Ḫalvetī[309)] in Amasya verschafften der Ḫalvetiyye verstärkten Einfluß und Geltung.[310)]

Auch Meḥmed Ǧemāleddīns, oder "Čelebi Ḫalīfas", Wirken in Amasya scheint nicht das eines Hauptes der örtlichen Gemeinde gewesen zu sein; dies war bis zu seinem Tod 903/1497-8 Pīr ʿAbdurraḥmān Čelebi Gümüšlioǧli̊[311)], seit 878/1473-4 Nachfolger von Pīr Zakāriyā.[312)]

Als Zweiggründer (für die Niederlassung des Ordens in der Hauptstadt) wird er in der Silsile-Übersicht der Ḫalvetiyye[313)] auch erst nach seiner etwa um 1489-90 erfolgten Übersiedlung von Amasya nach Istanbul[314)] aufgeführt.

Seine, sowie die Tätigkeit Ḥabīb Qaramanīs während Bāyezīds Gouverneurszeit in Amasya unterstützt die These, die Derwisch-

Freundlichkeit des Prinzen habe seine Residenz zu einem Anziehungspunkt für Ordensleute gemacht.[315)]

Der Ḫalvetiyye, dem auch zahlenmäßig stärksten Orden in Amasya[316)], scheint dabei die Rolle des "Hof-Ordens" zugefallen zu sein, in dieser Richtung würden wir jedenfalls die Tätigkeit der beiden berühmten Šeyḫe interpretieren.

In diesem Zusammenhang dürfte es nicht weiter verwundern, daß die Anhänger der Ḫalvetiyye sich auch aus den Hofleuten Bāyezīds rekrutierten. Die Herkunft - bei dem Qapïǧïbašï Muṣṭafā aus der Devširme und dem Soldatenstand - hat dabei sicher keine bestimmte Rolle gespielt. Auch bei seiner späteren Tätigkeit als Qapïǧïbašï Bāyezīds in Istanbul[317)] blieb Muṣṭafā der der Ḫalvetiyye verbunden. Er veranlaßte den Umbau eines byzantinischen Nonnenklosters in Istanbul in eine Moschee mit Medrese, die der Istanbuler Niederlassung des Ordens als neue Unterkunft diente und die mit "Qoǧa Muṣṭafā Paša" seinen Namen trug.

2.3. Die Dichter

Was oben über den Residenzhof als Mittelpunkt für Gelehrte und Angehörige religiöser Orden gesagt wurde, gilt in gewisser Beziehung auch für die Anziehungskraft der prinzlichen Residenz auf Künstler, besonders die Dichter.

Ein Unterschied ist allerdings darin zu sehen, daß das wissenschaftliche Leben in der Residenz, innerhalb dessen "das in programmäßiger Reihenfolge vorgesehene Erlernen der Wissenschaften"[318)] durch den Prinzen zu erfolgen hatte, von der Hauptstadt aus gelenkt blieb, indem die geeigneten Lehrer an den Prinzenhof geschickt wurden.

Ein Sammelplatz für Dichter wurde Amasya aber nicht durch zentrale Lenkung oder Kontrolle, sondern infolge einer Entwicklung, in deren Verlauf für einen Dichter der Erfolg und die Beachtung immer stärker mit höfischer Protektion verbunden waren.[319)] Die Residenz eines Prinzen wurde dabei von den Künstlern ebenso als

Ausgangspunkt oder Zwischenstation für eine "große Karriere" unter dem wohlwollenden Schutz des Sultans betrachtet, wie die Zugehörigkeit zur "Meǧlis" eines Würdenträgers in der Hauptstadt.[320)]

Die Existenz einer Reihe von Poeten am Residenzhof ist so an sich nichts Ungewöhnliches. Uns geht es bei der Aufzählung einiger Dichter darum zu versuchen, eventuelle Tendenzen des literarischen Lebens in Amasya aufzuzeigen.

Als Beispiel dafür, welche Rolle der Dichtung im persönlichen Fortkommen und im Existenzkampf des Einzelnen zukam, soll zunächst noch einmal der aus Amasya stammende, im Zusammenhang mit der Beschuldigung des ʿAbdurraḥmān Mü'eyyedzāde erwähnte Qāḍī Ḥalīmī Čelebi herangezogen werden. (vgl. p.37f)

Wie es zu jener Zeit üblich war, hatte Ḥalīmī als Dichter einen hochgestellten Gönner, den Großwesir Maḥmūd Paša.[321)] Nach dessen Hinrichtung 878/1474 wird er sich genötigt gefühlt haben, sich nach einem anderen Mäzen umzusehen. Die Gelegenheit ergab sich nach Ablauf seiner Amtszeit als Qāḍī von Sivas 882/1477-8, als er sich gleich mit mehreren von ihm verfaßten Werken an den Hof von Istanbul begab.[322)] Insgesamt sind uns fünf Werke überliefert.[323)]

Obwohl er die Gunst des Prinzen Bāyezīd 872/1467 mit einem ihm gewidmeten Werk "Niṯār al-mulk" (der Titel ergibt zugleich das Abfassungsdatum 872)[324)] zu gewinnen versucht hatte, konnte Ḥalīmī - wie bereits erwähnt - keinen Zugang zum engeren Kreis des Prinzen in Amasya finden. Anscheinend ließen ihn dann seine gekränkte Eitelkeit zum Mittel der Denunziation greifen, wohl in der Hoffnung, in Istanbul werde ihm die Belohnung dafür zuteil. In welcher Form (und ob überhaupt) Sultan Meḥmed die in arabische Verse gekleideten Anschuldigungen Prinz Bāyezīds tatsächlich honorierte, ist nicht bekannt geworden.

Eines der frühesten, für Prinz Bāyezīd geschriebenen Werke stammt von dem Dichter Ǧemālī aus Qaraman oder Bursa, der vor allem durch seine Meḥmed II. gewidmete Nachdichtung des persischen Epos "Humāy ve Humāyūn" bekannt geworden ist.[325]

Aus seiner Biographie bei Laṭīfī[326] geht nicht hervor, daß er irgendwelche Beziehungen zu Prinz Bāyezīd oder Amasya gehabt hätte. Aus der Berliner Hs. seines Werkes "miftāḥ al-harǧ" ergibt sich allerdings, daß er ursprünglich 860/1456 für den neunjährigen Prinzen Bāyezīd verfaßt worden ist.[327]

Da es sich dabei um ein Werk ethischen Inhalts handelt, darf man sicherlich zum Vergleich ein für den Prinzen Meḥmed (II.) verfaßtes "naṣiḥat-i Sulṭān Murād"[328] heranziehen, das Murād II. bei einem anonymen Autor für seinen Sohn in Auftrag gegeben hatte.[329] Auch dieses Werk hat belehrenden Charakter, und man darf wohl annehmen, daß derartige Bücher zur Pflichtlektüre des Prinzen und potentiellen zukünftigen Herrschers gehörten.

So ist wahrscheinlich auch Ǧemālīs "miftāḥ" auf Anweisung von Sultan Meḥmed II. entstanden, dem Ǧemālī noch weitere Werke gewidmet hatte[330], ohne daß der Autor schon zu dieser Zeit persönlichen Kontakt zu Prinz Bāyezīd gehabt haben muß.

Das Werk scheint aber Bāyezīds Interesse gefunden zu haben, denn er veranlaßte später unter seiner Regierung noch einmal eine Neubearbeitung durch denselben Autor.[331]

Vertraut man den Informationen der Teẕkeres, so hat es auch im Ermessen des Prinzen gelegen, Dichter, von deren Fähigkeiten er gehört hatte, an seinen Hof zu ziehen. Dies scheint bei dem Poeten Āftābī der Fall gewesen zu sein. Er lebte in Merzifon (in der Nähe Amasyas)[332], wo er sich zunächst mit der Wissenschaft beschäftigte, sich dann aber dem Sufitum zuwandte und auch einem Orden anschloß.[333]

Auf Grund seiner Kenntnisse und Vorzüge wurde er in den engsten Kreis des Prinzen geladen und wurde bald dessen Vertrauter.[334] Wie lange er seine bevorzugte Position behaupten konnte, ist nicht genau zu sagen. Mit Sicherheit wurde er durch Intrigen aus der Nähe Bāyezīds verdrängt, als er sich bereits in ziemlich vorgerücktem Alter befand ("pīrliġi deminde").[335]

Es ist möglich, daß dies erst unter Bāyezīds Regierung geschah und daß sich Āftābī noch in des Sultans Umgebung in Istanbul befand.

Nach seinem Fall soll er, der Verfasser eines Dīvāns, auf dem Istanbuler Bazar Buchhändler (Küttāb ṣaḥḥāfī) gewesen sein.

Anfang des Reǧeb 872/Februar 1468 wurde in Amasya der Dīvān des persischen Dichters Muḥammad Yaḥyā Sībak Nišābūrī, auch bekannt unter den Pseudonymen Fattāḥī, Aṣrārī und Ḫumārī[336] abgeschrieben.

Yaḥyā Fattāḥī wirkte unter dem Timuriden Šāh Ruḫ als Dichter[337] und bekannter Kalligraph des Taʿlīq.[338] Er starb 852/1448.

Als seine bekanntesten Werke gelten "Ḥusn u Dil" und "Šabistān-i ḫiyāl", sein Dīvān findet unter den Zeitgenossen nur bei Daulatšāh Erwähnung.[339] Wie Bausani festgestellt hat, fanden Fattāḥīs dem unmittelbaren Verständnis schwer zugängliche, mystische Werke, die einen "Index der Bildersprache der orientalischen Erotik" darstellen, wie er es nennt, in der Heimat des Dichters nicht den rechten Anklang und Verbreitung. Statt dessen hätten seine Werke eine stärkere Bedeutung für die Literatur der dem persischen Raum benachbarten Gebiete gehabt und dort länger nachgewirkt.[340]

Dies gilt, nach Bausanis Meinung, besonders für den indisch-pakistanischen Bereich, wofür er auch Beispiele anführt[341], sowie den osmanischen Raum. Allerdings wird dieser letzte Komplex von ihm nicht weiter untersucht.

Die türkische Adaptation von Fattāḥīs "Ḥusn u Dil" beginnt anscheinend mit dem Dichter Āhī[342] (st. 923/1517). Es folgen für das 16. Jahrhundert die Versionen des Lāmiʿī[343], Vālī und Levḥī.[344]

Auch das Vorbild des "Šabistān-i ḫiyāl" diente der osmanischen

Literatur als Anregung. Neben den Nachdichtungen des Šīrī, eines Sohnes von Bāyezīds II. und Selīms I. Großwesir Aḥmed Paša Hersekoġlï[345], war es wiederum der Prinzenhof von Amasya, wo man sich besonders mit dem komplizierten dichterischen Werk von Fattāḥī beschäftigte.

Am Hofe des Prinzen Muṣṭafā b. Süleymān, der von 1541 - 53 dort residierte, schrieb der Dichter S̱enāyī eine Nachdichtung "Neyistān-i zülāl" zu dem "Šabistān-i ḫiyāl".[346] Muṣṭafās berühmter Lehrer, der Gelehrte Surūrī, verfaßte zu dem persischen Original einen Kommentar.[347]

Der in Amasya kopierte Dīvān des Fattāḥī ist unseres Wissens das früheste Zeugnis dieses ohnehin recht seltenen Werkes im Osmanischen Reich.

Es ist nicht gesichert, daß es auf Anweisung des Prinzen Bāyezīd abgeschrieben wurde. Das Auftauchen des Dīvāns in der Umgebung Bāyezīds scheint uns aber symptomatisch zu sein für eine sufisch und mystisch bestimmte Literatur, die in Amasya vom Hof offenbar besonders gepflegt und geschätzt wurde.

Uber den Weg, auf dem der Dīvān des Fattāḥī nach Amasya gelangte, kann man einige Vermutungen anstellen.

Während des 15. Jahrhunderts gab es viele Beispiele für den Kontakt zwischen iranischen und anatolischen Kulturzentren.[348] Wir haben bereits einige Fälle genannt, in denen Osmanen zum Studium nach Bagdad oder Šīrāz gingen, wie der Nišānǧï Tāǧī Beg, der Qāḍīʿasker ʿAlā'eddīn ʿAlī Fenārīzāde oder Mü'eyyedzāde ʿAbdurraḥmān.

Den umgekehrten Weg nahmen Gelehrte aus dem Osten, wie ʿAlī Qušǧï oder Muḥammad Ḫandān.

Für Dichter scheint der Anreiz besonders groß gewesen zu sein, sich in das Osmanische Reich zu begeben. Wenn möglich, war die "Endstation" der Istanbuler Hof, den man mit verschiedenen Zwischenstationen in der Provinz zu erreichen suchte. Wahrscheinlich war auch die Möglichkeit bekannt geworden, am Residenzhof eines Prinzen zu Ämtern zu gelangen, die den Lebensunterhalt sicherten oder einen großzügigen Gönner zu bekommen.

In welchen Etappen sich solche Wanderschaft eines Persers durch das Osmanische Reich bis nach Istanbul vollzog, läßt sich am geradezu klassischen Beispiel des Dichters Qabūlī nachvollziehen, das sicher auch für andere Fälle gelten kann.

Qabūlī war zur Regierungszeit von Ferruḫ Yasar (867/1462-906/1500) in Širwān, eventuell stammte er von dort.[349)]

Wahrscheinlich, weil er dort keine ausreichende Förderung erfuhr, begab er sich in das Osmanische Reich, zunächst in die östliche Grenzprovinz Rūm, wo er jedenfalls 877/1472 - wenn nicht schon früher - am Hof Bāyezīds anzutreffen ist.[350)] In seinem Dīvān bezeichnet Qabūlī diese Station als die notwendige Schwelle, die zum Sultanshof führe.[351)] In dieser später dem Sultan Meḥmed II. zugeeigneten Gedichtsammlung sind fast 50 Prinz Bāyezīd gewidmete Qaṣīden enthalten, so daß man in Qabūlī schon den offiziellen Lobdichter des Prinzen("Vāṣıf") sehen kann.

In den persisch geschriebenen Gedichten wurden - neben überschwenglicher Panegyrik - auch Tagesereignisse, wie das Ende des Ramażān, sowie das Qurbān-Fest beschrieben.[352)] Auch persönliche Interessengebiete des Prinzen kommen zur Sprache, z.B. Taqvīm (Geschichtstafeln).[353)] Außerdem beschreibt er die Zerstreuungen ("ayš ve nūš"), die er in der"Meǧlis" des Prinzen mit erlebte.[354)]

Auch die Eroberung von Aǧriboz (Negroponte) 1470 und die Einnahme der Festungen Fīrūzlu und Yemišlü (nach einem Chronogramm: 876/1470-71)[355)], waren für Qabūlī Anlaß für Lob-Qaṣīden auf den Prinzen.[356)]

Qabūlī hielt sich ungefähr drei Jahre am Hof in Amasya auf[357)]; gestützt wird diese Annahme eventuell auch durch die Tatsache, daß der Dichter dem Prinzen je drei Qaṣīden zu den Festen des Ramażān und des Qurbān widmete. Sein Ziel scheint aber immer Istanbul gewesen zu sein. Noch im Jahr seiner Ankunft sandte er aus Amasya dem Sultan eine Qaṣīde, um sich am Hof der Hauptstadt einzuführen.[358] Er wird schließlich 880/1475-6 dorthin gekommen sein, in diesem Jahr wurden jedenfalls sein dem Sultan Meḥmed gewidmeter Dīvān in Istanbul abgeschrieben.[359] Aber auch in der Hauptstadt vergaß Qabūlī seinen früheren Gönner nicht, wie mehrere aus Istanbul an den Prinzen Bāyezīd gerichtete Gedichte beweisen.[360]

Von einem anderen Dichter sind weit weniger Nachrichten über seine Tätigkeiten an Bāyezīds Hof bekannt. Er soll Bāyezīds Nišānǧi gewesen sein.[361] Quṭbī Paša Čelebi, der Enkel[362] des Šeyḫs Quṭbeddīn Iznīqī (gest. 821/1418-9)[363], soll auf Grund eines Werkes, das er Bāyezīd widmete, an dieser Stelle erwähnt werden.

Er verfaßte 891/1486[364] für den Sultan ein persisches "Hawasnāme" als "Naẓīre" zu dem 826/1422 geschriebenen "Anīs al-ʿuššāq" von Šaraf ad-dīn Rāmī über die Rhetorik (Güzellik).[365]

Quṭbī ist darüber hinaus noch als Autor eines türkischen Dīvāns bekannt geworden.[366] Auch seine Beredsamkeit wird in Sehīs Teẕkere besonders hervorgehoben ("belīġ kiši idi").[367] Leider geht aus dieser Angabe nicht hervor, ob Quṭbīs rhetorische Fähigkeit sich ebensfalls an den Wortspielen und Metaphern der persischen Sprache orientierte, so wie sich sein "Buch der Leidenschaft" an ein berühmtes persisches Vorbild hielt. Das persisch geschriebene Hawasnāme sollte aber nicht automatisch zu der Annahme verführen, in dieser Zeit hätten die osmanischen Autoren in ihren literarischen Werken dem Persischen unbedingt den Vorzug vor dem Türkischen gegeben. Mündliche und schriftliche Zeugnisse und Proben des Könnens mögen dabei verschieden (d.h. sowohl persisch wie türkisch) ausgefallen sein. Außerdem kann im Falle Quṭbīs das direkte Vorbild von Šaraf ad-dīn Rāmī besonders stark gewirkt haben[368], was die Verwendung des Persischen in diesem einen Fall vielleicht erklärt, ohne daß dies für die Gattung insgesamt Geltung hätte.

Wenn der Gegenstand des "Hawasnāme" auch die "Schönheitssprache" ist, so wurde es auf Grund seines allegorischen Charakters[369] doch auch als mystisches Werk gekennzeichnet.[370]

Nach Gibbs Meinung ist zwar die mystische Thematik in der osmanischen Literatur dieser Epoche zurückgegangen.[371] Die Entwicklung ist aber in den verschiedenen Kulturzentren des Reiches offenbar unterschiedlich verlaufen, was man etwa an der Beschäftigung mit dem Werk Fattāḥīs in Amasya ablesen kann. Es ist deshalb durchaus denkbar, daß Quṭbī den Anstoß zu seiner Nachdichtung des "Anīs al-ʿuššāq" noch in Amasya am Hof von Prinz Bāyezīd erhielt, dessen eigene sowie die Interessen seiner Umgebung für die Mystik unbestritten waren. Von da her ist dann wohl auch die Interpretation der Allegorien in Quṭbīs Werk als "mystische Tendenz" erklärlich.

Erwähnenswert mag erscheinen, daß wenige Jahre später, 899/1493-4 von Tāǧīzāde Ǧaʿfer Čelebi, einem anderen Vertrauten Bāyezīds aus der Zeit in Amasya, ein zweites türkisches "Hawasnāme" geschrieben wurde.[372] Nach unserer Kenntnis sind Quṭbīs und Ǧaʿfer Čelebis Werke die beiden einzigen dieses Namens im Bereich der osmanischen Literatur. Es ist nicht ausgeschlossen, daß Tāǧīzāde auch das Werk seines Vorgängers mit einschloß, wenn er im "Hawasnāme" eine heftige Kritik an früheren literarischen Größen ausspricht.[373]

2.4. Zerstreuungen am Prinzenhof

Prinz Bāyezīd galt nicht nur als Mäzen begabter dichterischer Talente, sondern war auch selbst als Dichter unter dem Mahlas "ʿAdlī" bekannt.[374] Entgegen früheren Annahmen ist er aber nicht der Autor eines türkischen Dīvāns[375]; es existierten vielmehr nur einzelne Gedichte von ihm.[376]

Wie ein Biograph hervorhebt, hatte sich Bāyezīd neben anderen Kunstfertigkeiten besondere Fähigkeiten im Bogenschießen erworben[377], was zu den traditionellen, für einen Prinzen vorgeschriebenen Disziplinen gehörte.[378] In Istanbul gab es die bekanntesten Ausbilder in dieser Kunst, aber auch Bāyezīd hatte einen bekannten "Champion" an seinem Hof, den aus Persien stammenden "Pehlevān" Bāyezīd.[379]

Ähnlich wie für den Hof in Istanbul gehörte auch in der Residenz Amasya ausgedehnte Jagden zu den feststehenden höfischen Vergnügungen. Als Jagdgebiet der Provinz Rūm galt das Gebiet um Merzifon. In dieser Gegend siedelte ein aus Persien eingewanderter Mann, der im Ruf der Wundertätigkeit und Heiligkeit stand, der Vater des bekannten Gelehrten Seyyid Ibrāhīm oder "Emīr Efendi".[380] Ihn pflegte der Prinz oft zu besuchen und wurde dabei von dem Gelehrten vor seiner Jagd-"Leidenschaft" gewarnt.

Wie am Sultanshof, so nahm auch im prinzlichen Haushalt der Kostenaufwand für die Hofküche einen beträchtlichen Posten im Prinzenhaushalt ein, der im Bedarfsfall auch von der Pforte erhöht wurde, wie man aus der Bewilligung von 100 000 zusätzlichen aqče für "kilārı̊nı̊ñ iḫrāǧāti ve siʿat" (Kosten und Annehmlichkeit der Küche) durch den Sultan ablesen kann.[381]

KAPITEL II.

Prinz Aḥmed b. Bāyezīds II. Statthalterschaft (886/1481 - 919/1513)

Prinz Bāyezīd wurden während der 27 Jahre seiner Gouverneurszeit in Amasya 8 Söhne geboren. Er war für die nächsten Jahrhunderte der letzte osmanische Herrscher, der als Prinz mit einer freigeborenen Fürstentochter verheiratet worden war.[1] Danach wurde es der von ihm selbst eingeführte Brauch, die Prinzen mit Sklavinnen oder Verwandten aus der Sultansfamilie zu vermählen.[2]

Bāyezīds ältester Sohn war Prinz ʿAbdullāh[3], der 876/1471 zusammen mit seinem Oheim Prinz Ǧem in Istanbul beschnitten wurde.[4] Daß die Verleihung von Statthalterschaften eher von den aktuellen politischen Erfordernissen abhängig war und keineswegs immer einer starren Regel entsprechend der älteste Prinz ein bestimmtes Sanǧaq erhielt (etwa Amasya), läßt sich am Beispiel ʿAbdullāhs gut nachweisen.

Einige Zeit nach der Eroberung Trabzons wurde er dort der erste Prinz-Gouverneur.[5]

Als 1466 Prinz Muṣṭafā b. Meḥmed (II.) zum Statthalter des eroberten Qaraman nach Konya versetzt wurde, übernahm ʿAbdullāh seinen leergewordenen Gouverneursposten in Manisa.[6]

Prinz Aḥmed - nach Šehinšāh Bāyezīds dritt-ältester Sohn[7] - wurde 885/1480 mit seinen Brüdern Šehinšāh, Qorqud, Maḥmūd, ʿAlemšāh und seinem Vetter Oġuzḫān, dem Sohn Prinz Ǧems, in Istanbul beschnitten; nach den Feierlichkeiten wurde er zum Statthalter von Çorum (bei Amasya) bestimmt[8] (s. Einleitung).

Nach Bāyezīds Thronbesteigung wurde der sechzehnjährige Aḥmed Gouverneur von Amasya.[9]

1. Die politischen Ereignisse

Die Lālās

Bei einer Behandlung der dreißigjährigen Statthalterschaft Aḥmeds sollen Fragen der kulturgeschichtlichen Entwicklung der Stadt in diesen Jahren im Vordergrund stehen gegenüber den politischen Ereignissen, in denen der Prinz am Ende der Regierung Bāyezīds eine Rolle in den Auseinandersetzungen um die Thronfolge spielte. Diese Begebenheiten der letzten Regierungsjahre Bāyezīds II. sind bereits auf Grund neu zugänglich gemachter Dokumente ausführlich in mehreren Darstellungen behandelt[10]; wir werden uns darauf nur insoweit beziehen, als sie für die Erörterung der kulturellen Verhältnisse von Belang sind.

Wenn trotzdem die politischen Berater des Prinzen, die Lālās, soweit sie bekannt sind, aufgeführt werden sollen, so deshalb, weil sie auch als bedeutende Persönlichkeiten des geistigen Lebens eine Rolle spielten.

Als einer der einflußreichsten Berater ist wiederum Ibrāhīm Paša Čandarli̊ zu nennen, von dem die Quellen berichten, daß Bāyezīd ihm nach seiner Thronbesteigung wieder den Posten des Lālās, jetzt am Hof von Prinz Aḥmed, übertragen hatte.[11] Bis 890/1485-6 blieb er in diesem Amt, dann wurde er Qāḍī῾asker, ein Jahr später Wesir und 903/1497-8 Großwesir.

Eine Begebenheit, die Ṭašköprüzāde in der Biographie des Muftis Ibn Kemāl erzählt, scheint uns bezeichnend zu sein für Ibrāhīms Interesse und Vorliebe am Umgang mit Gelehrtenkreisen und vielleicht auch seine persönlich höhere Wertschätzung der Gelehrten-Laufbahn gegenüber der militärischen Karriere.

In einer von Ibrāhīm Paša veranstalteten Gelehrtenversammlung soll der junge Ibn Kemāl, der die Soldatenlaufbahn eingeschlagen hatte, miterlebt haben, mit welcher Ehrerbietung und Hochachtung der Gelehrte Molla Luṭfī Toqādī, der nur einen mit 30 aqče bezahlten Müderrisposten hatte, behandelt wurde und wieviel mehr Beachtung diesem ärmlich wirkenden Mann von der Versammlung zuteil wurde als dem hohen Aqı̊nǧı̊-Kommandanten Aḥmed Beg Evrenosoġlı̊. Der Quelle zufolge soll Ibn Kemāl nach diesem Erlebnis beschlossen haben, seine Militärlaufbahn aufzugeben und sich ebenfalls der ʿIlmiyye zuzuwenden.[12)]

Diese Anekdote, die sich woll schon unter Ibrāhīm Pašas Wesirat zugetragen hat[13)], gibt nach unserer Meinung einen guten Eindruck von den Wertvorstellungen bestimmter Kreise in der osmanischen Gesellschaft dieser Zeit.

Es soll hier nicht "gewaltsam" nach Rivalitäten zwischen den Angehörigen der ursprünglich muslimischen Familien geforscht worden, denen im osmanischen Staatsaufbau die nicht-militärischen, zivilen und religiösen Ämter vorbehalten waren, und den Mitgliedern der Devširme-Organisation, die das besoldete Militär und die hohen politischen Posten besetzten. Vom Vorhandensein solcher Antinomien ist İnalcık noch für die Zeit Fātiḥs überzeugt[14)], und am Ende von dessen Regierung sieht er diese Ideen besonders von Ibrāhīm Paša verkörpert.[15)] Einen Einfluß solcher Wertvorstellungen auch auf die ihm in Amasya anvertrauten Prinzen Bāyezīd und Aḥmed anzunehmen, erscheint uns daher sehr gerechtfertigt.

Als Ibrāhīm zum Qāḍīʿasker von Rūmili ernannt wurde, wurde Meḥmed Paša, der Sohn des oben erwähnten Begs von Amasya, Ḫı̊żı̊r Beg (s.p.23ff) sein Nachfolger als Lālā in Amasya.

Bei Sultan Bāyezīds Thronbesteigung war Meḥmed, der Sohn seines früheren Lālās Ḫı̊żı̊r, Sanǧaqbeg von Semendria.[16)] 887/1482-3 wurde er Beglerbeg von Rūmili, ein Jahr später zum Wesir befördert.[17)] Im Jahr darauf kam er nach Amasya.

Obwohl diese Ernennung vor allem als Anzeichen für die Verbundenheit des Sultans mit der Familie Meḥmeds angesehen werden kann, die bereits früher zwei Prinzen-Lālās gestellt hatte (der Onkel Yürgüč Paša war Erzieher Murāds (II.) gewesen), kann man an der Berufung eines "Wesirs" auf diesen Posten außerdem ablesen, daß das Prestige dieses Amtes gegenüber der Regierungszeit Meḥmeds II. noch gestiegen war.

Meḥmed blieb in Amasya bis zum Ausbruch des Krieges zwischen Mamluken und Osmanen. 891/1486 beteiligte er sich nach Auskunft einiger Quellen an diesen Auseinandersetzungen als "Beglerbeg von Rūmili (!)" mit den entsprechenden Truppenkontingenten.[18)]

Hier muß eine Verwechslung der Begriffe "Rūmili" und "Rūm" vorliegen, denn als Vormund des Prinzen Aḥmed war Meḥmed Paša Beglerbeg von Rūm. In dieser Eigenschaft beteiligte er sich zusammen mit dem Beglerbeg von Qaraman unter dem Oberbefehl des Beglerbegs von Anadolu, Hersekoġlı Aḥmed Paša, an dem Krieg gegen die Mamluken.

Durch die Unterordnung unter den Befehl des jüngeren Aḥmed Paša fühlte sich Meḥmed, als sonst enger Vertrauter des Sultans, übergangen und gekränkt und führte durch sein Verhalten in der entscheidenden Schlacht um die Festungen Adana und Tarsus die Gefangennahme Hersekoġlıs mit herbei.[19)] Auf Grund dieser Vorkommnisse wurde er zunächst nach Amasya zurückgeschickt.[20)]

Noch einmal wurde er von Bāyezīd in diesem Krieg aufgeboten, als er 895/1490 dem mit den Osmanen verbündeten Ẕū 'l-Qadır Fürsten Budāq gegen den Widerstand seines Bruders ʿAlā'addaula, der die Partei der Mamluken ergriffen hatte, zur Herrschaft in seinem Fürstentum verhelfen sollte. Aber auch bei diesem Unternehmen war Meḥmed nicht erfolgreich.[21)]

Es hat nicht den Anschein, als ob während des über fünfjährigen Krieges, in den die Osmanen mit den Mamluken verwickelt waren (890/1485-896/1491), einer der Söhne Bāyezīds an den Kämpfen aktiv beteiligt gewesen wäre. Wie Jahre zuvor an des damaligen Šehzāde Bāyezīds Stelle sein Lālā Raqqāṣ Sinān die Kämpfe in Georgien geführt hatte, so begegnen uns auch in diesem Krieg die Lālās der Prinzen Aḥmed und Šehinšāh an Stelle der Sultanssöhne. Sie waren die Befehlshaber der Truppenkontingente jener

Provinzen, deren Gouverneure nominell die Prinzen waren: Šehinšāhs Lālā Yaʿqūb Paša war Beglerbeg von Qaraman[22], Aḥmeds Vormund Meḥmed Paša war Beglerbeg von Rūm.

Unter Bāyezīds II. Regierung verstärkte sich die Tendenz, die Prinzen nicht direkt an den Feldzügen teilnehmen zu lassen, sondern ihren Lālās die militärischen Aufträge zu übertragen, die mit dem Statthalterposten einer Provinz verbunden waren.

Diese Regelung mochte ihren Sinn darin haben, bei auswärtigen kriegerischen Verwicklungen, an denen das kaiserliche Heer beteiligt war, die Prinzen mit einem Teil der Truppen als Schutz ihrer Provinz zurückzulassen.

Dies entnehmen wir den Ereignissen des Jahres 906/1500, als das osmanische Heer und die Flotte mit der Belagerung und Einnahme Modonis und Koronis auf Morea beschäftigt waren.

Währenddessen erhoben sich in Qaraman die Stämme der Ṭurġutlu und Varsaq, die von dem nach Persien entflohenen Nachkommen der qaramanischen Fürsten Muṣṭafā b. Ḥāǧǧī Ḥamza zum Aufruhr angestachelt worden waren. Mit der Niederschlagung dieses Aufstandes wurden der Statthalter von Amasya, Prinz Aḥmed, und der Gouverneur von Qaraman, Prinz Šehinšāh, mit seinem Sohn Meḥmed Šāh und einigen aus Reitern und Qapïqullarï bestehenden Truppen beauftragt.[23] Bei diesem Unternehmen gerieten die prinzlichen Heerführer allerdings in schwere Bedrängnis, wobei der Grund auch in der nicht ausreichenden Truppenzahl liegen mochte. Jedenfalls wurde der gerade von der Pilgerfahrt zurückkehrende Großwesir Mesīḥ Paša in aller Eile vom Sultan zum Oberbefehlshaber der Truppen von Anadolu und Qaraman ernannt, um sich dann nach Larende zu begeben. (Ramażān 906/ beg.21.3.1501.) An ihm zusätzlich unterstehenden Kontingenten zählen die Quellen Silāḥdāre (Schwertträger), ʿulufeǧi Bölüks (Söldnerabteilungen), Janitscharen und ʿAzāben (Leichtbewaffnete) auf[24], woraus sicher zu schließen ist, daß diese Truppen den Prinzen nicht zur Verfügung gestanden hatten. Bei der Niederwerfung der Stämme, die letztlich dem Eingreifen Mesīḥ Pašas und der Truppenverstärkung zu verdanken war, scheint nach Auskunft der Chroniken kein Prinzen-Lālā beteiligt gewesen zu sein.

Aḥmeds Erzieher Meḥmed Paša war im Dienste des Prinzen im Jahr 904/1498-9 gestorben und in der Umfriedung seiner 891/1486 in Amasya erbauten Moschee begraben worden.[25)]

Für einige Jahre bleibt unklar, wen der Sultan als Nachfolger in diesem Amt bestimmt hatte. In den letzten Jahren seiner Regierung[26)] neigten die Sympathien Bāyezīds in der Frage der Nachfolge immer deutlicher Prinz Aḥmed zu. Deutlich geht dieses bereits aus einer venezianischen Relation von 1503 hervor, in der Andrea Gritti von der Bevorzugung Prinz Aḥmeds durch den Sultan berichtet und als Begründung dafür den bekanntermaßen ruhigen und gemäßigten Charakter des zweitältesten,noch lebenden Sohnes[27)] ins Feld führt. Als Quelle seiner Information führt Gritti den Wesir Aḥmed Paša an, der auch die Furcht des Sultans vor der Wildheit seines Sohnes Selīm ihm gegenüber erwähnt habe.[28)] Man könnte hinzufügen, daß aus der Tatsache, daß Bāyezīd seinem Sohn z.T. dieselben Berater an die Seite gab, die ihm aus seiner eigenen Prinzenzeit besonders nahestanden, eine besondere Zuneigung zu diesem Sohn schon früher abzulesen war.

Auch die osmanischen Quellen erwähnen die Bevorzugung Aḥmeds.[29)]

Viele der Männer, die in Bāyezīds prinzlichen Diensten in Amasya gewesen waren oder dort in irgendeiner Beziehung zu seinem Hof gestanden hatten und dann unter seiner Regierung zu hohen Āmtern gekommen waren, konnten als beinahe selbstverständliche Parteigänger von Prinz Aḥmed gesehen werden. Dies galt z.B. für den einflußreichen Heeresrichter ʿAbdurraḥmān Čelebi Mü'eyyedzāde[30)], wie den Nišānǧi Tāǧībegzāde Ǧaʿfer Čelebi[31)] oder auch Muṣṭafā Paša, den ehemaligen Qapiǧi Baši Bāyezīds und späteren Wesir.[32)] Auch Sultan Bāyezīds zweimaliger Großwesir Ḫādim ʿAlī Paša[33)] galt als Aḥmeds persönlicher Freund. Seine Unterstützung ging offensichtlich auf Auseinandersetzungen mit Prinz Qorqud zurück, die dieser mit ʿAlī Paša während dessen erster Amtszeit um den Besitz von Ländereien gehabt hatte. Diese Ländereien gehörten zu den traditionell den Großwesiren zustehenden Ḫāṣṣ-Besitzungen in Izmir, die Prinz Qorqud in der angrenzenden Statthalterschaft für sich beanspruchte.[34] Er zog sich damit die beständige Feindschaft ʿAlīs zu, der zum nachdrücklichsten Parteigänger Aḥmeds wurde.[35]

Der Statthalter von Amasya verfügte somit über eine einflußreiche und starke "Saray-Partei".

In Saʿdīs Selīmnāme heißt es, daß Aḥmed es ganz den Wesiren überließ, ihn beim Sultan beliebt zu machen und ihm den Weg zur Herrschaft zu bereiten, und daß er persönlich wenig Anteil an den Regierungsgeschäften seiner Provinz nahm, sondern Vergnügungen und dem Lebensgenuß nachhing.[36]

Dies bedeutet wohl auch, daß Aḥmed in Amasya weitgehend von seinen Ratgebern abhängig gewesen ist. Sein Lālā war ungefähr seit 909/1503-4[37] der aus der Devširme stammende[38] ehemalige Qapïǧï Bašï des Prinzen Ǧem[39], Yulār Qïṣdī Sinān Paša, der als Sanǧaqbeg von Kayseri 893-4/1488-9 am Mamlukenkrieg teilgenommen hatte, auf Grund seines wenig ehrenvollen Abschneidens sich in Istanbul verantworten mußte und dort bestraft wurde.[40]

Als Beg von Amasya war er Befehlshaber der Truppen von Rūm und in dieser Funktion an der militärischen Aktion beteiligt, zu der sich die Zentralregierung gegen die aufständischen Qïzïlbaš in Anatolien gezwungen sah. Diese hatten sich die Auseinandersetzungen zwischen Bāyezīds Söhnen um die Nachfolge auf den Thron im letzten Regierungsjahr des Sultans zunutze gemacht. Der Großwesir war im Rabīʿ I 917/Juni 1511 zu einer Strafexpedition gegen die Rebellen aufgebrochen, nachdem sie zwei Monate zuvor im Gebiet von Kütahya den Beglerbeg von Anadolu mit seinen Truppen zur Schlacht herausgefordert und geschlagen hatten.[41]

Die Quellen sprechen davon, daß Prinz Aḥmed den Befehl erhielt, mit den Truppen der Provinz Rūm den Großwesir zu unterstützen.[42] Sehr wahrscheinlich hatte Yulār Qïṣdī den Oberbefehl über die Truppen dieser Provinz. Dies geht jedenfalls aus einer Quelle, dem Selīmnāme, hervor, wo es heißt, der Lālā des Prinzen sei für die Niederlage und den Tod des Großwesirs ʿAlī Paša mitverantwortlich gewesen.[43)]

Die Truppen der Zentrale und die der Provinz Rūm waren bei Altıntaş (in Germiyan) zusammengetroffen und hatten die Rebellen in ihr Stammgebiet in Teke Ili verfolgt. Auf die Nachricht hin, dem Hauptteil der Aufrührer sei ein Ausfall gelungen und er sei nach Kayseri geflohen, hatte sich der Großwesir - begleitet nur von berittenen Truppen - auf die Verfolgung gemacht und die Qızılbaš bei Čıbuq (in der Nähe von Sivas) zur Schlacht gezwungen (5. Rabīʿ II. 917/2.7.1511).[44)] Da seine Truppen von der Verfolgung dezimiert und erschöpft und außerdem von den Kontingenten aus Qaraman und Rūm weitgehend abgeschnitten waren[45)], endete die Schlacht mit einer Katastrophe für das osmanische Heer durch den Tod ʿAlī Pašas, der als erster osmanischer Großwesir auf dem Schlachtfeld fiel.[46)] Es ist möglich, daß sich der bei Šükrī geäußerte Vorwurf gegen Yulār Qıṣdī auf seine Teilnahme an dieser Schlacht bezieht. Zwar war Prinz Aḥmed in der Gegend von Altıntaş zurückgeblieben, um die in diesem Gebiet noch verbliebenen Rebellen weiter zu verfolgen, doch ist es in Anbetracht der Aussagen im Selīmnāme denkbar, daß Sinān Paša Yulār Qıṣdī die Verfolgung mit dem Großwesir zusammen aufgenommen hatte und während der entscheidenden Schlacht Überläufer in den Reihen seiner eigenen Soldaten nicht zurückhalten konnte.

Prinz Aḥmed verlor in dieser Schlacht nicht nur einen seiner treuesten und einflußreichsten Anhänger. Die Niederlage und die Tatsache, daß sein Lālā und er nichts unternahmen, um den Großwesir zu rächen[47)], kosteten ihn die Sympathien des Heeres, die ohnehin stärker dem tatkräftigeren und militärisch erfolgreicheren Selīm zuneigten.

Als Aḥmed im September 1511[48)] nach Üsküdar kam, um auf die Möglichkeit zu warten, in die Hauptstadt überzusetzen und sich als neuen Sultan ausrufen zu lassen, schickte er zunächst seinen Lālā Sinān Paša, um die Stimmung - besonders die Haltung der Janitscharen - zu erforschen und für ihn günstig zu beeinflussen. Trotz seiner Bemühungen hatte Sinān aber gerade bei den Janitscharen-Corps keinerlei Erfolge. In deren Augen muß er der denkbar ungeeignetste Mann gewesen sein, um für den ohnehin beim Heer unbeliebten Aḥmed erfolgreiche Propaganda betreiben zu können. Zu frisch waren noch die Erinnerung an seine Flucht vor den mamlukischen Truppen und seine anschließende Verurteilung.[49] Wie es scheint, hat Aḥmed die Fürsprache seines Lālās, dem man Feigheit und militärische Unfähigkeit vorwarf[50], bei den Janitscharen eher geschadet als genützt. So kam es am 21. Sept. zu einem Janitscharenaufstand, in dessen Folge die Häuser von hochgestellten Anhängern Aḥmeds gestürmt und geplündert wurden, darunter die des Großwesirs Hersekoġlï Aḥmed, des Wesirs Muṣṭafā Paša, des Beglerbegs Ḥasan Paša, des Qāḍī῾askers Mü'eyyedzāde und des Nišānǧï Tāǧīzāde Ǧa῾fer Čelebi.[51] Prinz Aḥmed mußte daraufhin wieder abziehen und sah sich in der Auseinandersetzung um den Thron zur offenen Revolte veranlaßt, die in dem Versuch bestand, die anatolischen Zentren einzunehmen.[52]

Ohne auf die Einzelheiten jener Politik einzugehen, sollte mit dieser Episode angedeutet werden, wie sehr von Anhängern und Gegnern Ziele und Person des Prinzen mit denen seines Lālās und dessen Mißerfolgen identifiziert wurden.

Die Unfähigkeit des Prinzen Aḥmed und Sinān Pašas, mit den besonders in der Provinz Rūm - dem Nachbar - und Einflußgebiet des safavidischen Persien - immer stärker werdenden Qïzïlbaš-Verbänden fertig zu werden, die sich die Thronstreitigkeiten der Prinzen und die damit verbundene Unruhe in Anatolien zunutze machten, brachte in den Auseinandersetzungen der Söhne Bāyezīds die entscheidende Wende. Zu ihrer Bekämpfung hatte Sultan Bāyezīd Anfang 1512 seinen jüngsten Sohn Selīm aus dessen Statthalterschaft Kaffa rufen lassen. Die bedrängte Lage des Sultans angesichts der überall im Lande schwelenden Unruhen und offener Aufstände wußte Selīm zu seinen Gunsten auszunutzen und seinen Vater zur Abdankung zu zwingen (24.4.1512).[53]

Um seine Thronansprüche geltend machen zu können, hatte Aḥmed seine Residenz verlassen müssen. Als seinen Vertreter hatte er seinen ältesten Sohn Murād[54] in Amasya mit allen Vollmachten zurückgelassen.[55] Als Murād erkannt hatte, daß sich die Chancen seines Vaters, den Trohn zu gewinnen, immer mehr verringerten, versuchte er die verworrene Lage in der Provinz Rūm auszunutzen und sich mit Unterstützung der aufständischen Qïzïlbaš und des sie unterstützenden Safavidenschahs Isma'īl die Herrschaft in diesem Teil des Landes zu sichern.[56] Mitte April 1512 konnten die Rebellen mit Hilfe Murāds die Stadt Amasya besetzen.[57]

Aḥmed, der die Ereignisse von der Provinz Qaraman aus verfolgte, entsandte seinen Lālā Sinān Paša mit einem Truppenaufgebot,durch das die Macht der Rebellen in Rūm gebrochen werden sollte; daraufhin floh ein Teil der Aufrührer in Richtung auf die persische Grenze, unter ihnen auch der Statthalter Prinz Murād.[58]

In der Nähe von Niksar traf Sināns Heer am 20. Ǧemāẕī I. 918/ 20.7.1512[59] auf die flüchtenden Qïzïlbaš.[60] Sinān Paša wurde geschlagen und fiel[61], Aḥmeds Sohn Murād gelang die Flucht nach Persien.[62]

Nach der erneuten Niederlage seiner Truppen war Aḥmeds Schicksal besiegelt. Seine Anhängerschaft und militärischen Reserven reichten nicht mehr aus, um sich seinem auf dem Thron befindlichen Bruder in einer offenen Schlacht mit Aussicht auf Erfolg zu stellen. Vor der Truppenmacht Selīms, die dieser im Frühling 1513 gegen ihn aufbot, mußte er kapitulieren: In einer Schlacht östlich von Bursa wurde er gefangen und getötet[63], sein Leichnam wurde in Bursa, in einer von seiner Mutter Bülbül errichteten Türbe, bestattet.[64]

Die unglückliche politische Rolle, die der Prinz im Kampf um den Thron gespielt hat, sollte hier nur in großen Zügen nachgezeichnet werden. Es ging darum aufzuzeigen, daß es keineswegs nur seine eigene Person und sein Charakter waren, dem besonders vom Militär Widerstand entgegen gebracht wurde. Die Tatsache, von einem ebenfalls erfolglosen Berater umgeben und auch abhängig zu sein, schadete seiner Position zusätzlich. Hinzu kommt außerdem als außenpolitisches Moment der Einfluß der seit 1501 établierten Safavidenmacht.

Entgegen dem Bild, das Amasya am Ende der Regierungszeit Sultan Bāyezīds als umkämpfte Stadt in einer von Unruhen erschütterten Provinz erscheinen läßt, muß die Statthalterschaft Prinz Aḥmeds insgesamt als Zeit kultureller Blüte und wirtschaftlichen Aufschwungs betrachtet werden. Am deutlichsten manifestierte sich dies in der Bautätigkeit.

2. Die Bedeutung der Stiftertätigkeit für die kulturelle Entwicklung der Stadt Amasya.

Die Stadt hat unter Prinz Bāyezīd keine nennenswerten baulichen Erweiterungen erfahren, und das geistige Leben spielte sich weitgehend am Hof des Prinzen ab (s. dazu den Plan bei Gabriel II 12 f.).

Als Residenz diente ihm das sogenannte "Begler Sarayı̂". Von dem Gebäudekomplex, der auf der rechten Flußseite des Yeşil İrmak, im Nordosten etwas oberhalb der Stadt auf einer "künstlich applanierten Terrasse" errichtet worden war, standen 1858 nur noch die Grundmauern.[65] Er scheint mehrfach umgebaut worden zu sein und wurde durch Erdbeben in den Jahren 1147/1734-5 und 1241/1825-6 schließlich völlig zerstört.[66] Nach einer Beschreibung Dernschwams aus dem Jahre 1555 unterschied sich das aus Holz und Stein gebaute Domizil der Prinzen kaum von anderen Wohngebäuden der Stadt.[67] Nach Angaben von Ḥ. Ḥüsāmeddīn umfaßte es einen Harem, ein "Selāmlık", drei große Gärten. Umgeben war es mit einer steinernen Mauer, zwei Türme gehörten dazu.[68] Auch Evliyā erwähnt das Saray, allerdings ohne weitere Beschreibung.[69]

Unter Prinz Aḥmed erlebte die Bautätigkeit in Amasya einen ausserordentlichen Aufschwung und verlieh der Stadt auch äußerlich den Charakter einer osmanischen "Provinz-Metropole".

Die Tatsache, daß Amasya zu dieser Zeit sowohl ehemalige Residenz eines jetzt regierenden Herrschers als auch Verwaltungszentrum eines gegenwärtig dort amtierenden Prinzen war, erhöhte seine Bedeutung in den letzten 20 Jahren des 15. Jhs. ganz fraglos gegenüber der Zeit von Bāyezīds Statthalterschaft.

Der Plan Bāyezīds, in seiner ehemaligen Residenz einen "Külliye-Komplex" (Moschee mit Medrese, Mekteb, ʿImāret, Bibliothek) bauen zu lassen[70), muß für mehrere Männer aus der Umgebung des Sultans in Istanbul ein Zeichen gewesen sein, in der von Bāyezīd favorisierten Stadt ebenfalls Bauten errichten zu lassen. Nicht in jedem Fall lassen sich alte Beziehungen dieser übrigen Moscheestifter zu Amasya oder der Provinz Rūm feststellen, denn manche kamen aus der Devširme. Bei ihnen ist wohl eher das Bestreben zu konstatieren, ihre Verbundenheit mit dem Sultan auch durch frommen Stiftungen zu manifestieren.

Gerade mit den Moschee- und Medresenstiftungen begann sich nach unserer Meinung Amasyas Charakter als vorwiegend höfisch bestimmtes Kulturzentrum zu verändern.

Damit ist nicht gemeint, daß dies eine absichtlich herbeigeführte oder gesteuerte Entwicklung gewesen sei. Vielmehr muß man sich vergegenwärtigen, daß in dem sehr stark zentralistisch geleiteten osmanischen Bauwesen[71) jeder Plan eines Prinzen, in der Provinz eine Moschee zu errichten, der Genehmigung aus der Hauptstadt bedurfte. Eine solche Erlaubnis konnte durch die langsam arbeitende Bürokratie oft um Jahre aufgeschoben werden.[72)

Während so jedes Vorhaben eines Prinzen einer umständlichen Kontrolle unterlag, wurden natürlich die Pläne und Anordnungen eines Sultans schneller verwirklicht. So ist die zu Beginn der Regierung Bāyezīds plötzlich einsetzende Bautätigkeit in Amasya zu verstehen, so auch die unter Aḥmed zu verzeichnende Veränderung des überwiegend höfischen Gepräges des Kulturlebens durch die Eröffnung mehrerer Lehranstalten.

Die wichtigsten in Amasya neuerrichteten Bauten sollen an dieser Stelle angeführt werden, da sie die kulturelle Entwicklung belegen.

Die Errichtung der Sultan-Bāyezīd-Moschee gab wahrscheinlich den Anstoß zur Verwirklichung weiterer Bauvorhaben in der Stadt. Sie wurde im Reǧeb 891/beg. 3. Juli 1486 vollendet[73], ihr Bau dauerte möglicherweise fünf Jahre.[74]

Zu dem Gebäudekomplex, einer sog. "Külliye"-Anlage zählten neben der Moschee eine Medrese sowie Zāviye, Ḫāngāh, Mekteb und ʿImāret[75]. Zur Ausstattung von Moschee und Medrese gehörte auch eine Bibliothek.[76] Das bei Evliyā erwähnte Tābḫāne (Hospital oder geheizter Aufenthaltsraum)[77] wurde - wie Goodwin zu Recht anmerkt[78] - von Gabriel wohl mit "Ṭabʿḫane" (Druckhaus!) verwechselt und irrtümlich als Kalligraphenschule bezeichnet.[79]

Als Architekten dieses Komplexes hat man den zu Bāyezīds Zeit berühmtesten Baumeister Ḫayreddīn vermutet[80] - auf Grund der mit der Bāyezīd-Külliye in Edirne (errichtet 1484-8)[81] identischen Anlage am Fuße eines Hügels mit Blick auf den Fluß.

Auch Aḥmed ʿAṭā' nimmt in seiner Geschichte den Architekten für Bauten in Amasya in Anspruch[82], obwohl er gesichert nur mit der Anlage in Edirne in Verbindung zu bringen ist.[83]

Später begonnen, aber früher vollendet (890/1485) wurde die Moschee des Selīm Aġa, eines unter Bāyezīd II. in den Istanbuler Saray-Küchen tätigen Beamten.[84]

Aus dem gleichen Jahr stammt die sog. "Ṣofular Ǧāmiʿi".[85]

Ebensfalls im Jahr 890 restaurierte Aḥmed Paša aus der Familie der Gümüšlizāde eine von seinem Vorfahren 725/1324-5 errichtete und 818/14156 in einem Erdbeben zerstörte Moschee, die Gümüšlioġlı̊-Moschee und erweiterte sie um ein Minarett.[86]

891/1485 wurde der Komplex der Meḥmed Paša Ǧāmiʿi, des Lālās von Prinz Aḥmed, vollendet. Zur Anlage gehörten ebenfalls eine ʿImāret und eine Medrese,sowie eine Türbe, in der nach der Überlieferung der Vater des Lālās, Ḫı̊żı̊r Beg, bestattet sein soll; außerdem befindet sich innerhalb der Moschee-Umfriedung das Grab des Lālās mit der später hinzugefügten Inschrift.[87] Bemerkenswert ist der von 901/1495 datierte Mimber aus Marmor. Wegen seines reichen kufischen Schriftdekors und seiner Konstruktion mit zwei schwingenden Türen ist er in seiner Art einzigartig in der Türkei.[88]

Als Stifter mehrerer bedeutender Werke in der Provinz Rūm trat der aus der Devširme stammende Qapi̊ Aġa Bāyezīds II., Ḥüseyn Aġa b. ʿAbdülmuʿīn, hervor. 892/1487 errichtete er in Sonusa eine Moschee.[89] 894/1489 wurde seine unter dem Namen "Qapi̊ Aġa", "Büyük Aġa" oder "Ḥüseyniyye" bekannte Medrese in Amasya fertiggestellt.[90]

Außerdem stiftete er 888/1483-4 den Bedesten der Stadt.[91]

Im Jahre 900/1494-5 ließ Bāyezīds II. "Küčük Qapi̊ Aġa" Ayās eine Moschee mit Medrese errichten.[92]

Als letztes Werk in den rund 35 Jahren lebhafter Bautätigkeit sei noch die Moschee der Mutter Prinz Aḥmeds, Bülbül Hatun, genannt. Sie ist ein schlichter Bau oberhalb des linken Flußufers der Stadt und hat keine Bauinschrift. Auf Grund eines Vaqf-Dokumentes ist sie wohl in das Jahr 915/1509 zu datieren.[93] Dazu gehörte aus eine Schule; außerdem wurde von Bülbül noch eine "Češme" gestiftet.[94]

3. Prinzenlehrer und städtisches Gelehrtenleben

Nichts zeigt den Prestigegewinn, den Amasya besonders seit der Errichtung der Bāyezīd-Külliye zu verzeichnen hatte, deutlicher als die Einstufung ihrer Professoren in eine der höchsten Besoldungsklassen des osmanischen Medresensystems. Ein Müderris an der Bāyezīdiyye erhielt ein tägliches Gehalt von 80 aqče.[95] Er übernahm mit diesem Posten gleichzeitig das Mufti-Amt der Stadt.

Aus der bei Ṭašköprüzāde zu findenden Biographie des Mollas ʿAlāʾeddīn ʿAlī el-Ǧemālī[96] geht sehr klar hervor, in welchem

Maße Amasya innerhalb weniger Jahre an Bedeutung gewann.

Noch vor Fertigstellung der Bāyezīdiyye, jedoch schon zur Regierungszeit Sultan Bāyezīds, war der der bereits erwähnten Familie der Ǧemālīzāde angehörenden Gelehrte Mufti in Amasya gewesen, für ein tägliches Gehalt von 30 aqče. 891/1486 wurde er dann an der neueröffneten Bāyezīd-Medrese der erste Müderris und erhielt täglich 50 aqče mehr.

Es liegt nahe, daß es zwischen den solcherart in der Bedeutung aufgewerteten Medreselehrern der Stadt (dazu gehörten alle neuerrichteten Lehranstalten) und den am Prinzenhof tätigen Gelehrten aus Istanbul zu Rivalitäten und Reibereien kommen konnte.

Der ehrgeizige und auf Einflußmöglichkeiten bedachte Mufti ʿAlāʾeddīn scheute den Zusammenstoß mit dem Hof nicht, da er einflußreiche Kreise in der Stadt hinter sich wußte.[97)]

An den Prinzenhof war 895/1489-90 der junge Gelehrte Muṣliḥeddīn Muṣṭafā Birgilizāde[98)] als Nachfolger von Aḥmeds verstorbenen erstem "Muʿallim - i sulṭānī", Ḫaṭīb Qāsim[99)], gekommen.

Bei den Vorbereitungen zu den Sünnet-Feierlichkeiten von Aḥmeds ältestem Sohn Murād[100)] kam es zum Eclat. Die städtischen Gelehrten, angeführt von dem Mufti ʿAlāʾeddīn und Molla ʿAbdī Mü'eyyedzāde, einem Bruder des Qāḍīʿaskers ʿAbdurraḥmān[101)], fühlten sich am Hof hinter dem jungen Ḫoǧa Birgilizāde zurückgesetzt, und aus Protest legte ʿAlāʾeddīn seine beiden Ämter nieder und begab sich nach Istanbul. In der Hauptstadt blieb er wegen seines eigenmächtigen Handelns ein halbes Jahr ohne Amt und Gehalt. Dann schickte ihn der Sultan als Müderris an die Sulṭāniyye-Medrese in Bursa. ʿAlāʾeddīn muß diese Ernennung als Strafversetzung empfunden haben, denn wie Ṭašköprüzāde ausdrücklich betont, war zu dieser Zeit ein Amt an der einst so renommierten Lehranstalt in Bursa mit dem Rang der Bāyezīdiyye in Amasya nicht mehr zu vergleichen[102)].

Auf Grund dieser Vorkommnisse wurde auch Birgilizāde aus Amasya abberufen. Er erhielt dann ein Amt an einer der Ṣaḥn-i s̱emān-

Medresen in Istanbul[103], im Jahr 900 soll er nach Meǧdī anstelle von ʿAbdurraḥmān Mü'eyyedzāde Qāḍī von Edirne geworden sein.[104] Nicht immer war das Verhältnis von den an den verschiedenen Medresen der Stadt tätigen ʿUlemāʾund den unmittelbar zum Hof gehörenden Gelehrten in gleicher Weise gespannt.

Ein Mann, der unter den Gelehrten eine so unumstrittene Geltung besaß wie Muḥyī'ddīn Meḥmed b. Ḫaṭīb Qāsim[105] zog durch seinen Ruhm noch weitere Gelehrte nach Amasya. Er war in dieser Stadt geboren und auch Müderris gewesen. Nach der Lehrtätigkeit in Bursa und Istanbul wurde er zum Prinzenlehrer in Amasya ernannt.[106]

Er war in allen Wissensgebieten bewandert, in den exakten Wissenschaften ebenso wie im Ḥadīs̱, der Musik und den historischen Wissenschaften. Er verfaßte türkische und arabische Qaṣīden sowie Predigten.[107]

Ḫaṭībzāde ist bis zum Tode Aḥmeds dessen Lehrer gewesen, danach ging er nach Istanbul,erhielt aber unter Selīm I. wieder ein Amt in Amasya. Er wurde Müderris und Mufti an der Bāyezīdiyye.

Ihm schlossen sich zahlreiche Gelehrte an, von denen einige dann ebenfalls in Amasya zu Ansehen gelangten. Zu ihnen gehörte ʿIbrīzāde[108], der schließlich als Lehrer an der Ḥüseyniyye in Amasya blieb und dort Tafsīr (Korankommentar) und Taṣnīf (Kompositionslehre) unterrichtete. Er verfaßte dort einen Korankommentar.[109]

Ein anderer Schüler Ḫaṭībzādes, der ebenfalls zeitweilig in Amasya tätig war, ist der spätere Qāḍīʿasker Rukneddīn Zeyrekzāde.[110] Nach Professuren in Bursa, Kütahya und Iznik wurde er unter Sultan Bāyezīd Müderris und Mufti in Amasya. Es ist möglich, daß der Sultan ihn schon als Studenten Ḫaṭībzāde in Amasya kennen gelernt hatte.

Für Gelehrte, deren Kontakt mit dem Hof einmal hergestellt war, scheint sich diese Beziehung auch für ihre weitere Karriere günstig ausgewirkt zu haben. Als Beispiel wäre hier der bereits erwähnte zeitweilige Lehrer des Prinzen Qorqud in Amasya, Seyyid Ibrāhīm, zu nennen. Nach seiner Tätigkeit als Ḫoǧa des Prinzen gelang es ihm nach der Lehrtätigkeit an den wenig bedeutenden Medresen von Merzifon und Karahisar, an die Muṣṭafā-Paša-Medrese und darauf and die hochdotierte Bāyezīdiyye in Amasya zu kommen. Nach Aufgabe dieser Stellung bekam er am Ende der Regierungsziet Bāyezīds die (für seine letzte Stellung) ungewöhlich hohe Pension von 100 aqče[111], was ebenfalls auf seine guten Verbindungen zum Hof hindeutet.

Häufig erhielt ein Müderris an der Bāyezīdiyye eine Berufung an eine der Achter-Medresen der Hauptstadt, die Besoldung blieb allerdings bei täglich 80 aqče. Dies entnehmen wir z.B. der Biographie des Ḥüsāmeddīn Ḥüseyn b. ʿAbdurraḥmān.[112]

Aber auch umgekehrt war eine Ernennung von einer der Ṣaḥn-i s̱emān-Medresen an die Sultan-Bāyezīd-Medrese möglich, wie das Beispiel des "Paša Čelebi" genannten Mollas Ġiyās̱eddīn[113] und das des Gelehrten Nūreddīn Ḥamza oder "Uč Baš"[114] zeigt. Beide waren bis zu ihrer Pensionierung Müderris und Mufti in Amasya und bezogen danach je 70 aqče Ruhegeld.

Der einzige uns namentlich bekannte "Ḥāfiẓ-i Küttāb" an der Sultan-Bāyezīd Bibliothek war ebenfalls als Gelehrter bekannt. Muṣliḥeddīn Mūsā[115] stammte aus Amasya. Seine Tätigkeit an der Bibliothek gab er auf, um Studienreisen nach Persien und Arabien zu unternehmen. Nach seiner Rückkehr kam er wieder nach Amasya, bekleidete aber kein Amt mehr, sondern widmete sich seinem Spezialgebiet, dem Fiqh, und erteilte Kindern und Studenten Fetwas und Unterricht. Er hatte noch bei Šeyḫ Ḥamdullāh Unterricht genommen und galt als guter Kalligraph.[116]

4. Dichter und Künstler

Von Prinz Aḥmed ist, im Gegensatz zu seinen Brüdern Qorqud[117] und Selīm[118], kein eigenes wissenschaftliches oder dichterisches Werk erhalten.

Auch ohne seine Fähigkeiten zu kennen, wird man annehmen dürfen, daß er sich ebenfalls - zumindest gelegentlich - dichterisch betätigt hat, da dies zum "Kanon der fürstlichen Beschäftigungen" gehörte. Dies wird auch durch ein Ġazel des Qāḍī ͑askers Mü'eyyedzāde unterstützt, das dieser wohl als eine Art "Antwortgedicht" auf einen an ihn gerichteten Brief Prinz Aḥmeds verfaßte.[119)]

Ob Aḥmed sich aus wirklichem Interesse für ihr Werk als Mäzen von Dichtern und Künstlern betätigte, bleibt dahingestellt. In jedem Fall scheint auch der Prestigegewinn eine Rolle gespielt zu haben, die eine Residenz durch die Anwesenheit eines berühmten Dichters oder Künstlers zu verzeichnen hatte.

Als Schüler des berühmsten Herater Malers Behzād war der "Ressām" Šāh Quli̊[120)] aus Tabrīz, der als Dichter auch unter dem Pseudonym "Penāhī" bekannt wurde[121)], eine solche umworbene Größe, die der Prinz in seiner Residenz zu halten suchte.

Nach dem Tode Aḥmeds begab er sich in die Hauptstadt, wo er unter Selīm bald "Baš Naqqāš" wurde.[122)]

An Aḥmeds Hof kam auch der berühmte Kemanča-Spieler (dreisaitige Violine) Zeyn al-͑Ābidīn aus Persien, der in seiner Heimat an der Residenz Ḥusayn Bayqaras verkehrt hatte und erteilte dort Unterricht. Er erhielt von dem Prinzen eine tägliche Besoldung von 50 aqče, sowie freie Verpflegung. Sein Ruhm verbreitete sich rasch, so daß Prinz Qorqud seinen Bruder in einem Brief darum bat, ihm den Künstler für einige Zeit an den Hof von Manisa zu schicken. Aḥmed kam diesem Wunsch nach und "lieh" den Musiker seinem Bruder vorübergehend für einige Konzerte (Faṣi̊l) aus. Mit einem großen vergoldeten Silbertablett, das ganz mit Silbermünzen gefüllt war, soll ihn Qorqud wieder (zu Aḥmed) entlassen haben.[123)]

Ebenfalls aus Persien nach Amasya kam der anonyme Verfasser eines Fürstenspiegels "Zubdat an-naṣā'iḥ min aṣ-ṣaḥā'iḥ", den der Autor im Ša͑bān 906/Febr. 1501 in Amasya beendete und dem Prinzen widmete. Er bezeichnet sich in seinem Werk als wandernden sunnitischen Derwisch, der schon in Herat von Aḥmed gehört und sich dann zu ihm aufgemacht hatte.[124)]

Aus Šīrāz stammte der Dichter Maqāmī. Er war an verschiedenen Orten Ḫaṭīb gewesen, ehe er in Amasya Imām des Prinzen wurde. Auch an seinem Beispiel wird deutlich, daß trotz der Förderung am Provinzhof der Zug, in die Hauptstadt zu gehen, stärker war. So begab sich Maqāmī später nach Istanbul (vom Prinzen weiter empfohlen?) und wurde im Saray Lehrer der "inneren Pagen" (İčoġlan). Darauf (bereits unter Sultan Süleymān) unterrichtete er auch die Söhne der bekannten Würdenträger Ibrāhīm Paša und Iskender Čelebi im Lesen des Korans.[125)]

Zu den Lobdichtern ("Vāṣıflar") des Prinzen, die sich länger in seiner Umgebung aufgehalten zu haben scheinen, gehörte der aus Amasya stammende Münīrī. Nach dem Urteil Laṭīfīs, der ihm zwar Bildung und einiges Wissen bescheinigt, muß es sich bei ihm um einen Dichter von (höchstens) lokaler Bedeutung gehandelt haben.[126)] Neben einer juristischen Abhandlung, einer osmanischen Geschichte, sowie zwei epischen Werken[127)] hinterließ er einen türkischen und einen persischen Dīvān mit zahlreichen Qaṣīden auf Sultan Bāyezīd und Prinz Aḥmed.[128)] Er starb 927/1520.[129)]

In den Kreis der Dichter um den Prinzen Aḥmed gehörte auch Mihrī Hatun, die Tochter eines Qāḍīs aus Amasya. Nach Evliyā stammte sie aus der Familie des Pīr Ilyās, bei dessen Türbe sie auch begraben ist.[130)] Sie scheint mit dem etwa gleichaltrigen, später nach Istanbul gegangenen Qāḍīʿasker Mü'eyyedzāde in Amasya aufgewachsen zu sein. An ihn richtete sie auch mehrere ihrer Gedichte.[131)]

Die meisten ihrer Dichtungen sind "Naẓīres" (Parallelgedichte) auf die Gedichte ihres berühmten Dichterkollegen Neǧātī. Ihm schickte sie alle ihre Werke zur Kritik zu[132)], die allerdings wenig freundlich ausfiel. Dies mochte seinen Grund weniger in mangelnder dichterischer Qualität haben, die sie durchaus besessen zu haben scheint.[133)] Eine Rolle spielte bei ihrer Beurteilung eher, daß sie als Dichterin von ihren männlichen Kollegen nicht so recht ernstgenommen wurde. Ein anderer Grund dürfte gewesen sein, daß Mihrī eine Dichterin der Provinz war, ohne Erfahrungen in den Poeten-Kreisen der Hauptstadt. Über diese Tatsache sollte nicht hinwegtäuschen, daß Mihrī zu Aḥmeds Hofzirkel in Amasya gehörte und daß auch Neǧātī an den Höfen der Prinzen ʿAbdullāh und Maḥmūd tätig war.[134] Den Unterschied machte aus, daß Neǧātī vom Sultan den Prinzen sozusagen als "offizieller Gesellschafter" zur Verfügung gestellt worden war und daß er zwischendurch immer wieder in die Hauptstadt zurückkehrte und mit ihren Zirkeln verbunden blieb. Hingegen gehörte Mihrī eher zufällig - da sie aus Amasya stammte - zu dem Dichterkreis der Residenz. Wie zu verzeichnen ist, betrachteten die meisten Dichter den Prinzenhof nur als Zwischenstation auf dem Weg nach Istanbul. Die besten dieser Poeten wurden auch wirklich in die Hauptstadt weiter lanciert, nur die mittelmäßigen blieben. Das Odium, nirgendwo anders als in der Provinz Erfahrungen gesammelt zu haben, wird auch Mihrī angehangen haben, trotz ihres freundschaftlichen Kontaktes zu anderen Dichtern.

5. Zur wirtschaftlichen Lage der Prinzenresidenz Soziale und wirtschaftliche Einrichtungen (Bīmārḫāne und Bedesten)

Die Jahre, in denen die Errichtung zahlreicher neuer Sakralbauten und Lehranstalten in Angriff genommen und in denen weitere Lehrer und Studenten in die Stadt gezogen wurden, waren auch eine Periode des wirtschaftlichen Aufschwungs.

Ihren deutlichsten Ausdruck fand diese Entwicklung in der Errichtung des Bedesten (888/1483), dem zentralen Gebäude des städtischen Marktes, das nach dem konventionellen Schema mit rechteckigem Grundriß errichtet und mit vier eisernen Toren versehen war.[135]

In der klassischen muslimischen Stadt stellte der Bedesten, um den herum sich die Wirtschaftsbetriebe, Ḫāne und kleinere Bazare gruppierten, das kommerzielle Zentrum dar, so wie die Haupt-

Moschee (oft die Ulu Ǧāmiʿ) den geistigen Mittelpunkt bildete.[136] Viele osmanische Städte verdankten ihre Entwicklung zu einem wirtschaftlichen Zentrum erst der Existenz eines solchen geschlossenen Marktes, und Evliyā Čelebi teilt im 17. Jh. die Städte ihrer Bedeutung nach in solche mit oder ohne Bedesten ein.[137]

Wegen seiner Lage an der alten Seidenstraße von Persien nach Bursa[138] galt Amasya zwar schon in vorosmanischer Zeit als wichtige Durchgangsstation für den Handel.[139]

Ein Blick auf andere Städte des Osmanischen Reiches zeigt allerdings, daß in Zentren wie Bursa und Edirne, aber auch in Saloniki und Ankara schon wesentlich früher als in Amasya ein Bedesten erbaut worden war.[140]

Daß Amasya erst zu Anfang der Regierung Bāyezīds II. seinen Bedesten erhielt, hängt wohl zum einen mit dem starken Aufschwung zusammen, den gerade der Seidenhandel unter diesem Sultan erfuhr[141], so daß die Städte an der Seidenroute in der 2. Hälfte des 15. Jh. zu den nach Bursa bedeutendsten ökonomischen und kulturellen Zentren Anatoliens wurden.[142] Zum anderen wird auch gerade der Prinzenhof mit seinen speziellen Bedürfnissen an Luxusgütern zur Förderung des örtlichen Handels beigetragen haben.

Die noch von Evliyā geobachtete auffallend hohe Zahl von Schneidern unter den städtischen Handwerkern[143] deutet auf den wichtigsten Industriezweig Amasyas, die Textilherstellung. Darunter fiel nicht nur die Seidengewinnung, sondern auch die von Leinen (Bez) und Baumwolle (Pamuk)[144], von Atlas (Benek)[145] oder einer speziellen roten Brokatart, dem "Amasya qi̊rmi̊zı kemḫāsi̊".[146] Hinzu kamen entsprechende Industriezweige, wie z.B. Färbereibetriebe.[147]

Der Seidenhandel wurde ausschließlich über Bursa abgewickelt, d.h. alle Erzeugnisse - auch Importe - mußten zur dortigen "Ḥarīr mīzāni̊" gebracht werden, auch dann noch, als unter Meḥmed II. eine "Seiden-Waage" in Tokat und später eine weitere in

Erzincan geschaffen worden war.[148]

Wie wir wissen, wurde der Haushalt eines Prinzen im 15. Jahrhundert hauptsächlich aus den Einnahmen der "Seiden-Mīzān" in Bursa und Tokat finanziert.[149] Die bedeutete jährliche Einkünfte (Sālyāne) anstelle monatlicher Bezüge aus den Steuererhebungen der Provinz. Unter Bāyezīd II., zur Zeit des prosperierenden Seidenhandels, scheinen die Zahlungen für die Prinzen in dieser Form die Regel geworden zu sein.[150]

Daß die Einkünfte Tokats bis zum Anfang des 17. Jahrhunderts (!) den Prinzen zustanden, könnte durch eine Angabe erhärtet werden, aus der hervorgeht, daß einige etwa um 1608 von Amasya nach Tokat übersiedelnde jüdische Familien ihre Steuern weiterhin nach Amasya zahlten. In diesem Sinne hatte der für Amasya zuständige Rabbiner von İzmir entschieden, denn "die Einkünfte aus Tokat standen dem Thronfolger zu, die aus Amasya der Regierung". Damit der Reichsfiskus keinen Schaden erlitt, sollten sie ihre Steuern, wie früher, an die Stadt Amasya entrichten.[151]

Es scheint darüber hinaus noch weitere Beziehungen von Prinzen zum Seidenhandel in Bursa gegeben zu haben.

Daß sowohl der Sultan selbst als auch viele seiner Würdenträger sozusagen als private Handelsherren auftraten, ist bekannt.

So stammte z.B. das türkische Getreide, das im 16. Jh. nach dem Westen exportiert wurde, von den großen Landgütern Sultan Süleymāns in Thrakien, Makedonien, Negroponte und Morea.[152]

Auch Rüstem Paša, Süleymāns Großwesir, betrieb umfangreiche Handelsgeschäfte.[153]

Aus einem Dokument von 1508/913, in dem sein Name erwähnt wird, scheint hervorzugehen, daß auch Prinz Aḫmed durch einen Vermittler mit dem Seidenhandel in Bursa verbunden war.[154] Dies bedeutete für ihn eine gute und sichere zusätzliche Einnahmequelle angesichts der zunehmenden Geldknappheit, die den Staatshaushalt durch zu hohe Ausgaben unter Bāyezīd II. kennzeichnete.[155)]

Neben der Textilindustrie scheint auch die Lederverarbeitung für die Wirtschaft der Stadt eine gewisse Rolle gespielt zu haben. Unter Meḥmed II. war in der Provinz Rūm mit der Herstellung von in bestimmter Weise gegerbtem und gefärbtem Leder gegonnen worden.[156)] Über die zahlenmäßige Stärke der Organisation der damit beschäftigten "Dabbāġ" (Gerber) in Amasya war unseren Quellen nichts zu entnehmen. Wohl aber läßt sich einiges über die Geltung dieser Zunft in der zeitgenössischen Literatur sagen.[157)]

Das ungünstige Bild, das Evliyā im 17. Jh. von den Mitgliedern der hauptstädtischen Gerberzunft als rohen ungebildeten Leuten entwirft[158)], findet sich auch schon in der Literatur des 16. Jhs. Z.B. wird bei ʿAlī Mi̊ni̊q in der Biographie des ehemaligen Gerbers Dede Ḫalīfa dessen Begegnung mit einem gelehrten Mufti und Notabeln in einer "Meǧlis" in Amasya beschrieben.[159)] Der Gerber wird darin als der Prototyp des rohen, unwissenden Handwerkers gekennzeichnet, dem die Mißachtung und der Spott der Gelehrten zuteil werden, nach deren Meinung ihm auch jeglicher Zugang zu Bildung und "höherem Wissen" versperrt ist.

Zwar werden in den osmanischen Gelehrtenbiographien recht wenige Beispiele für ʿUlemāʾ aufgeführt, die Handwerkerkreisen entstammten, (im Gegensatz etwa zu den Dichtern war ihre soziale Schichtung ziemlich einheitlich). Dennoch glauben wir nicht, daß im Fall Dede Ḫalīfas die negative Kennzeichnung des Gerbers den Beruf des Handwerkers "par excellence" meint, denn andere handwerkliche Tätigkeiten werden nicht so abschätzig beurteilt.[160)] Ein anderer, offenbar in Amasya ziemlich stark vertretener Handwerkszweig, der gleichfalls von der Lederverarbeitung lebte, war das Sattlergewerbe. Die "Sarrāǧlar" verfügten in der Stadt über eine eigene, wohl zur Zeit Prinz Aḥmeds errichtete Moschee, die Sarrāǧḫāne Ǧāmiʿi.[161)] Einer ihrer "Šeyḫe" - diesen Titel führte das Oberhaupt einer Gilde, dem auch die Lehrlingsausbildung anvertraut war[162)] - wurde auch als Ṣūfī-Šeyḫ und Anhänger der Ḫalvetiyye in Amasya bekannt.[163)]

Eine Einrichtung, deren Bedeutung ebenfalls über den Rahmen der Stadt hinaus ging, war das Krankenhaus, "Bīmārḫāne" oder "Dār ūs-šifā" genannt, dessen Gründung noch in die Regierung des Mongolenherrschers Ölğeytü (reg.703-16/1304-16) fiel. Seit Meḥmed II. gelangte dieses medizinische Zentrum durch mehrere bekannte Ärzte zu neuer Blüte. Sie konnten während ihrer Tätigkeit in Amasya auch das Interesse des Sultans, bzw. der Prinzen für ihre Arbeit erringen.

Der bekannteste unter ihnen war Šerefeddīn Ṣabunğıoğlı aus Amasya, der zur Zeit Prinz Bāyezīds 14 Jahre Oberarzt ("Bašḥekīm") am Krankenhaus der Stadt war.[164] Um wichtige medizinische Werke, die arabisch oder persisch geschrieben waren, auch "den vielen Menschen in Rūm, die diese Sprache nicht verstehen" zugänglich zu machen, machte er sich, wie er selbst schrieb, an die Übersetzung solcher Werke ins Türkische.[165]

Nachdem er Sultan Meḥmed durch ein ihm gewidmetes Werk über Operationstechnik und Instrumentenkunde "Ğerrāhiye-i Ilḫāniyye" auf sich aufmerksam gemacht hatte[166], bearbeitete er 872/1467-8 für den Prinzen Bāyezīd ein Werk "Müfīd" seines Schülers und Mitarbeiters Muḥyī'ddīn Meḥī.[167] Dieser brachte auf den Rat seines Lehrers das medizinische Traktat eines Ḥāğğī Paša "Tesḥīl" in Verse und widmete es einem Sohn Prinz Bāyezīds, wahrscheinlich Prinz Aḥmed.[168] Der Autor könnte mit Bāyezīds II. späterem "Ḥekimbašı" Muḥyī'ddīn identisch sein, der 910/1504-5 starb.[169]

Ein anderer in Amasya tätiger Arzt, Meḥmed b. Luṭfullāh, schrieb für Aḥmed ein arabisches Werk über die Heilkunde mit dem Titel "Müfredāt aṭ-ṭibb" und für einen anderen Gönner, den Qāḍī'asker Mü'eyyedzāde verfaßte er ebenfalls ein arabisches Werk über Knochenkrankheiten.[170]

Hinter den Bemühungen der verschiedenen, am Bīmārḫāne von Amasya praktizierenden Ärzte, die Gunst des Hofes durch für ihn verfaßte oder gewidmete Werke zu erlangen, mag immer der Wunsch gestanden haben, dadurch vielleicht in die Hauptstadt an das berühmte "Dār ŭš-šifā" berufen zu werden. Dies hat sich aber - außer vielleicht im Fall Muḥyī'ddīns - für keinen von ihnen erfüllt.[171)]

KAPITEL III.

Prinz Muṣṭafā b. Süleymāns Statthalterschaft (948/1541 - 960/1553)

1. Die politischen Ereignisse

Als Prinz Muṣṭafā im Muḥarrem/Mai 948/1541[1] zum Statthalter der Provinz Rūm ernannt wurde, war er 25 Jahre alt. Er war der älteste Sohn Sultan Süleymāns, seine Mutter war Maḥīdevrān Sulṭān.[2] Wenn auch in diesem Fall wieder nach dem Brauch verfahren worden zu sein scheint, den ältesten Sultanssohn in die Residenz Amasya zu schicken, so ist doch seine Ernennung nicht mit der der früheren Gouverneure, Bāyezīd und Aḥmed, zu vergleichen. In den 25 Jahren, die seit dem Tod des letzten Prinzen-Statthalters Aḥmed vergangen waren, hatte sich die Bedeutung der Residenzstadt infolge der politischen Ereignisse entscheidend verändert, so daß auch Muṣṭafās Ernennung in einem anderen Licht erscheint. Zur Beurteilung dieser veränderten Situation ist es nötig, die politische Vorgeschichte zu skizzieren.

Als sich Selīm I. nach der Beseitigung seiner Brüder Qorqud und Aḥmed im Frühjahr 1513 seiner Herrschaft ganz sicher sein konnte, ließ er seinen Sohn Süleymān aus dessen bisheriger Statthalterschaft Kaffa nach Istanbul kommen. Noch im selben Jahr ernannte er ihn zum Sanǧaqbeg von Manisa, einem seit dem Tod Qorquds unbesetzten Posten.[3] Damit hatte zum ersten Mal seit Bestehen der Einrichtung der osmanischen Prinzenresidenzen ein Sultan darauf verzichtet, der Provinz Rūm mit ihrer Residenz Amasya einen Prinzen als Statthalter zu geben.[4]

Die Gründe für Selīms Entscheidung sind in der seit dem Ausbruch der Qi̊zi̊lbaš-Unruhen und der Thronkämpfe unstabilen und verworrenen politischen Lage der Provinz zu sehen. Durch rigorose Strafmaßnahmen,wie Einkerkerung und Hinrichtung aller feststellbarer Qi̊zi̊lbaš-Anhänger in den Provinzen, denen Tausende zum

Opfer fielen, hatte Selīm die Verhältnisse in Anatolien wieder unter Kontrolle zu bekommen versucht.[5] Dennoch kam es auch unter seiner Regierung, vor allem in Rūm, zu einer Reihe weiterer Aufstände, zu denen religiöse Fanatiker aufriefen und denen sich hauptsächlich die sozial unzufriedene Landbevölkerung anschloß..[6]

Im Winter 1519/20[7] konnte ein "Ǧelāl" genannter Aufrührer ("Ǧelālī" wurde später zum Synonym für Rebell)[8] mit einigen tausend Anhängern plündernd die Provinz durchziehen, ohne daß der Beglerbeg von Rūm mit seinen Truppen ihrer Herr wurde. Gleichzeitig verbreitete sich das Gerücht, Prinz Aḥmeds nach Persien geflohener Sohn Murād sei zurückgekehrt, halte sich in Amasya versteckt und wiegele das Volk auf.[9]

Diese Nachricht stellte sich zwar als unwahr heraus, doch der vom Sultan zur Niederschlagung des Ǧelālī-Aufruhrs entsandte Beglerbeg von Rūmili, Ferhād Paša, hielt über Amasya ein grausames Strafgericht ab, bei dem 5-6000 Einwohner getötet worden sein sollen und bereicherte sich an den Gütern der Wohlhabenden.[10] Als weitere Folge dieser Ereignisse trat wahrscheinlich 924/1518 eine Verwaltungsmaßnahme in Kraft, die Sivas zum "Paša Sanǧaġı̊" (Sitz der Beglerbegs) von Rūm anstelle der bisherigen Residenz Amasya bestimmte. Deren Rang sank zu dem eines Distrikt-Zentrums herab (Livā Merkezi).[11]

Diesen Status scheint die Stadt noch gehabt zu haben, als mehr als 20 Jahre später Prinz Muṣṭafā zu ihrem Statthalter ernannt wurde. Eigens für ihn scheint man vorübergehend eine Art künstliche, von Sivas nominell unabhängige Verwaltungseinheit geschaffen zu haben, die die Bezirke Amasya, Canık, Çorum und Şarki Karahisar aus dem Eyālet Rūm umfaßte. Ob dies auf sein Drängen geschah, ist nicht bekannt.[12]

Zwar bezeichnet Bōstān Muṣṭafās Versetzung von Manisa[13] nach Amasya als "Beförderung" (mezīd-i rütbet), die mit finanziellen Einkünften von 500 000 aqče aus Tīmāren verbunden war.[14]

Jedoch darf diese stereotyp auch für den Ämterwechsel der Wesire verwandte Formel über den tatsächlichen Charakter der Ernennung nicht hinwegtäuschen: Als ältester Sohn Sultan Süleymāns hatte er 940/1533 zunächst die Statthalterschaft von Ṣarūḫān (Manisa) erhalten, in der er zur Prinzenzeit seines Vaters aufgewachsen war.[15)]

Einer seiner einflußreichsten Gönner und Vertrauten war der Großwesir (von 1523-36) Ibrāhīm Paša, der sich seit Süleymāns Statthalterschaft in Manisa im Dienst des Sultans befand.[16)] Das enge Vertrauensverhältnis zwischen Muṣṭafā und dem Großwesir wird aus mehreren Dokumenten deutlich, in denen z.B. der Prinz Ibrāhīm Pašas Rat und Unterstützung für die Durchführung einiger Verwaltunsmaßnahmen in seinem Sanǧaq Manisa erbittet und darauf auch finanzielle Zuwendungen von dem Großwesir erfährt.[17)]

Man hat sicherlich zu Recht einen Zusammenhang zwischen Ibrāhīms Sturz und Hinrichtung (1536) und Prinz Muṣṭafās späterer Versetzung nach Amasya gesehen. Trotz seiner großen Beliebtheit in vielen Bevölkerungskreisen, besonders auch bei den Truppen[18)], hatte er in Istanbul einflußreiche Gegner, die sich um Sultan Süleymāns Favoritin Ḫürrem Sulṭān und ihren Schwiegersohn Rüstem Paša scharten, deren Ziel die Beseitigung des erstgeborenen Prinzen Muṣṭafā und die Durchsetzung der Thronansprüche für einen der Söhne Ḫürrem Sulṭāns war.[19)]

Für das Mißtrauen, das die Zentrale schon frühzeitig gegen Muṣṭafā hegte, spricht die Tatsache, daß der Prinz (anders als seine Brüder) bei keinem auswärtigen Feldzug des Sultans zum Muḥāfiẓ von Rūmili ernannt wurde; wahrscheinlich befürchtete man, daß dieses Amt, in dem die Prinzen als Stellvertreter des Sultans repräsentierten, mit seiner Machtfülle Muṣṭafā zu Rebellion und Umsturz verleiten könnte.[20)] (s. Einleitung).

1534, während des Krieges gegen Persien und den ʿIrāq und 1538, anläßlich des Unternehmens gegen die Moldaufürstentümer, wurde dem Prinzen lediglich der "Schutz von Klein-Asien" anvertraut. Dies bedeutete aber in der Praxis anscheinend, daß er Manisa nicht zu verlassen hatte.[21)]

Die Verleihung der in ihrer Bedeutung gesunkenen Statthalterschaft von Amasya lag somit völlig auf der Linie der gegenüber dem Prinzen betriebenen Politik der Pforte. Daß man in der Hauptstadt auch mit Aktionen von seiner Seite gegen diese Ernennung rechnete, zeigt ein Sultanserlaß vom Muḥarrem 948/Mai 1541 mit dem strikten Befehl an den Prinzen, während der Dauer des europäischen Feldzugs, zu dem Süleymān aufbrechen wollte, Amasya keinesfalls zu verlassen.[22)]

Welche Pläne Muṣṭafā nach seiner Versetzung tatsächlich verfolgte, läßt sich nicht mit Bestimmtheit sagen. Im folgenden Jahr 949/1542 wurde Süleymāns Lieblingssohn Meḥmed mit Bezügen von jährlich 3 Mio aqče zum Sanǧaqbeg von Manisa ernannt und galt damit als desigierter Thronfolger.[23)]

Zu diesem Zeitpunkt scheint Muṣṭafā erkannt zu haben, daß er sich zunächst mit seinem Aufenthalt in Amasya abzufinden hatte.

Wahrscheinlich einerseits, weil er den Sultan doch noch von seinen Fähigkeiten überzeugen wollte, andererseits wohl, um durch häufigeren Kontakt mit den Truppen noch stärkeren Rückhalt bei ihnen zu gewinne, bot er sich dem Sultan immer wieder als Heerführer (Serdār) an. Er forderte zu einer energischen Politik gegenüber den Safaviden und zu einem baldigen Kriegszug gegen sie auf.[24)]

Daß der Prinz sich mit solchen Anfragen und Vorschlägen an die Zentrale wandte, erscheint uns auch in Anbetracht der Einschätzung Amasyas interessant. Man hat den Eindruck, als sollte damit der alte Gedanke des Uč-Begliks wieder belebt werden, in dem noch die "Grenzkämpfer"-Ideologie eine Rolle spielte (s. Einleitung). Obwohl seit 1514 Rūm nicht mehr die östliche Grenzprovinz des Reiches darstellte, verstand Muṣṭafā es doch, sein Amt als Statthalter von Amasya im Sinne eines "Šarq ḥudūdi muḥāfiẓi" zu interpretieren. Jahre später (1558), als Prinz Bāyezīd nach Amasya versetzt wurde, wurde der Gedanke des Granzsanǧaqs auch von ihm aufgegriffen. Nach seiner Meinung besaß Amasya (nach 1555) diesen Status nicht mehr, statt dessen gebührte Bagdad und

Erzincan diese Bezeichnung. Um sich als Grenzkämpfer bewähren zu können, erbat er seine Versetzung in eines dieser Sanǧaqs.[25)]

Muṣṭafās Äußerungen zum militärischen Vorgehen gegenüber den Persern stellten natürlich eine Art politisches Konzept dar. Es sollte die Kräfte, die zum Krieg gegen die Perser drängten, an ihn binden und den Großwesir, der seine Angebote ablehnte, bloßstellen.[26)]

Die Pforte verfügte allerdings über eine weitgehende Kontrolle des Residenzhofes durch den von Istanbul aus besetzten Hofstaat, so daß solche Pläne Muṣṭafās nicht verborgen blieben. Zwar kann man grundsätzlich annehmen, daß neben den Amtsträgern am Prinzenhof, die in offiziellem engen Kontakt mit Istanbul standen, wie z.B. der Lālā, auch andere Würdenträger die Verpflichtung hatten, geheime Rapporte nach Istanbul zu senden. Im Falle Muṣṭafās sind Kontrolle und Eingriffe der Zentrale allerdings so evident wie in kaum einem anderen Fall. So wurden z.B. innerhalb weniger Jahre zwei Lālās, Ǧaʿfer Paša und Aḥmed Paša, die ursprünglich von Rüstem Paša für diesen Posten ausersehen waren, durch ihn wieder abberufen, da er zwischen dem Prinzen und seinen Beratern eine zu große Übereinstimmung befürchtete.[27)]

Zu diesem Komplex hat Gökbilgin ein Dokument bekannt gemacht, aus dem hervorgeht, welche Anstrengungen der Großwesir unternahm, um einen plausiblen Vorwand für die endgültige Ausschaltung des Prinzen in die Hände zu bekommen.[28)]

Gökbilgin äußert die Vermutung, daß in den Kreis der Informanten, die der Pforte Bericht zu erstatten hatten, auch Muṣṭafās langjähriger Lehrer und Freund, der Gelehrte Muṣliḥeddīn Surūrī, gehörte.[29)] Diesem Mann vertraute der Prinz ganz uneingeschränkt, und er hat wohl niemals die Doppelrolle des Gelehrten durchschaut, die dieser - wenn die Vermutung zutrifft - während seines Aufenthaltes in Amasya spielte.[30)]

Gökbilgin hält ihn für den Briefschreiber, der nach dem Tod des Prinzen in einem Bericht an den Sultan darüber Aufschluß gibt, daß mit Rüstem Pašas Hilfe ein gefälschtes Schreiben mit verfänglichem Inhalt, das mit dem Siegel des Prinzen versehen wurde, durch einen Mittelsmann an den persischen Schah geschickt wurde. Über denselben Zwischenträger gelangte die Antwort des Persers an den Großwesir, der damit das "verrätische Indiz" in Händen hatte.[31)]

Die osmanischen Historiker erwähnen diese Vorfälle nicht, berichten aber, daß Rüstem Paša im Winter 1552-3/960 den Sipāhī-Aġa Šemsī, den Süleymān sehr schätzte, aus dem Truppenlager in Aksaray nach Istanbul entsandte. Er sollte dem Sultan einreden, Muṣṭafā plane den Umsturz, die Janitscharen seien auf seiner Seite und stünden kurz vor der Meuterei.[32)]

Die europäischen Beobachter, die sich in den fünfziger Jahren des 16. Jahrhunderts im Osmanischen Reich aufhielten, verfolgten das immer gespanntere Verhältnis des ältesten Sultanssohnes zu seinem Vater mit großer Aufmerksamkeit. Von allen werden Muṣṭafās Beliebtheit, seine Fähigkeit und vor allem sein gutes Verhältnis zum osmanischen Militär vermerkt.[33)] Aus dem Bericht des venezianischen Bailos spricht sogar Verwunderung, daß sich dieser fähigste der Prinzen nicht des unschätzbaren Vorteils bediene, das Militär hinter sich zu wissen und nicht die Rebellion gegen den Vater wage.[34)]

Die wahrscheinlichste Antwort darauf ist, daß der Prinz das Ausmaß der gegen ihn gerichteten Intrigen nicht durchschaute und den Zeitpunkt zu handeln noch nicht für gekommen hielt. Anders als später sein Halbbruder Bāyezīd scheint er nicht von sich aus in großem Stil Verbündete für sich geworben zu haben.[35)] Dies spricht eher dafür, daß Muṣṭafā auf die Sympathien der Janitscharen im Falle von Auseinandersetzungen mit seinen Brüdern nach dem Tode des Sultans vertraute, als daß er eine Rebellion noch zu Lebzeiten des Vaters plante.

Die Zahl der Truppen, die ihm in seiner Statthalterschaft zur Verfügung standen, scheint für ein militärisches Unternehmen auch recht gering gewesen zu sein.

Er verfügte, einer anonymen Relation von 1553 zufolge, nur über etwa 5000 allerdings sehr schlagkräftige Reiter[36], der Oberbefehl über die Truppen der Provinz lag dagegen bei dem Beglerbeg von Rūm, der in Sivas residierte.

Nachdem der Sultan im Spätsommer 1553 zum Feldzug gegen Persien nach Anatolien aufgebrochen war und Muṣṭafā aufforderte, vor ihm in Ereğli (b. Konya) zu erscheinen, folgte dieser dem Befehl ohne Widerstand oder besondere Vorkehrungen, zu denen ihm seine Vertrauten in Amasya geraten hatten.[37] Am 27. Šavvāl 960/ 6.10.1553 wurde er im Heerlager auf Geheiß des Sultens erdrosselt. Mit ihm starben u.a. zwei seiner engsten Vertrauten, sein Oberstallmeister (Mirāḫor) Maḥmūd und der Fahnenträger (ʿAlemdār) Aḥmed Paša.[38]

Wie man weiß, führte diese Bluttat zur Absetzung Rüstem Pašas von seinem Posten als Großwesir, wozu die Janitscharen den Sultan in ihrer Erbitterung zwangen.[39] In der Tat waren, wie die im IV. Kap. beschriebenen Ereignisse zeigen werden, die Folgen der Ermordung Muṣṭafās für den Sultan weiterreichend und gefährlicher, als es der lebende Prinz gewesen war.

Zwar fällt es schwer, noch zu Lebzeiten Muṣṭafās von einer "Bewegung" des Prinzen mit konkreten Zielen zu sprechen: Zu allgemein wird in den Quellen lediglich von seiner Begünstigung durch das Militär und seinen "Sympathien beim ganzen Volk" gesprochen.

Nach seinem Tod verdeutlichen einige Maßnahmen des Sultans, welche Bevölkerungskreise - neben den Janitscharen - in besonderem Maße ihre Hoffnungen auf Muṣṭafā gesetzt hatten und darum beschwichtigt und unter Kontrolle gehalten werden mußten. Noch im Heerlager von Ereğli erhielten mehrere "Sipāhī" aus der Umgebung des Prinzen größere Tīmāre und Ziʿāmets.[40]

Lehensbesitzer aus verschiedenen Teilen des Osmanischen Reiches, die sich in wirtschaftlichen Schwierigkeiten befanden, zählte auch Busbeck zu den Anhängern des Prinzen, die nach dessen Tod eine ständige Quelle des Aufruhrs bildeten.[41] Sehr große Unruhe scheint Muṣṭafās Tod unter der Bevölkerung Rūms ausgelöst zu haben. Die vom Beglerbegsitz in Sivas unabhängige Statthalterschaft Amasya mit ihren Bezirken wurde erneut der Verwaltung von Sivas unterstellt.[42] Auf der Rückkehr vom Feldzug gegen Persien kam Süleymān im Ẕī'l-ḥiǧǧe 961/Okt. 1554 für länger als 6 Monate nach Amasya, um persönlich für die Beruhigung der gespannten Situation zu sorgen. Allen Tīmārbesitzersn der Provinz gewährte er eine Zulage von 100 aqče, den Ziʿāmetinhabern 200 aqče. Der Bevölkerung (Amasyas?) gestand er eine einjährige Steuerbefreiung zu. Den Wohlhabenden und Gelehrten der Stadt erwies er besondere Vergünstigungen. Einige von Muṣṭafā besonders favorisierten Leute übernahm er in seinen Dienst.[43] Mit den nächsten Angehörigen verfuhr man nicht so milde. Sein ungefähr 11 oder 12jähriger Sohn wurde nach Bursa gebracht und ebenfalls erdrosselt.[44] Die Mutter Maḥīdevrān wurde mit einem kleinen Gefolge nach Bursa geschickt und lebte dort in dürftigen Verhältnissen, da sie anscheinend kaum finanzielle Unterstützung erhielt. Erst 981/1573-4 wurde dort auf ihr Betreiben für Muṣṭafā eine Türbe errichtet. Sie starb 988/1580-1 und wurde neben ihrem Sohn bestattet.[45]

2. Das kulturelle Leben der Stadt

Für das kulturelle Leben Amasyas unter Prinz Muṣṭafā scheint uns zweierlei charakteristisch gewesen zu sein. Betrachtet man die Nachrichten der Biographien zum Gelehrtenleben in der Mitte des 16. Jhs., so fällt auf, daß weit weniger namhafte Gelehrte in Amasya tätig waren als etwa am Anfang des Jahrhunderts, zur Regierungszeit Bāyezīds II. Sicherlich hing diese Tatsache mit der am Anfang dieses Kapitels beschriebenen Entwicklung der Stadt zusammen, die nicht mehr das politische und verwaltungsmäßige Zentrum der Provinz war. Erst mit der Ernennung Muṣṭafās zum Vālī bildete die Stadt erneut einen gewissen Anziehungspunkt, in stärkerem Maße für die Dichter als für Gelehrte.

Damit ist das zweite Charakteristikum angesprochen. Wieder, wie zu Prinz Bāyezīds(II.) Zeit, blühte das kulturelle Leben vor allem am Hof der Residenz. Viele Repräsentanten dieses höfischen Lebens hatten schon in Manisa zu Muṣṭafās Dichter- oder Künstlerkreis gehört, waren ihm in sein neues Sanǧaq gefolgt und hatten dort Hofämter übernommen. Weit weniger als etwa zur Zeit Prinz Aḥmeds zählten unter Muṣṭafā "einheimische" Künstler oder Gelehrte zu seiner engeren Umgebung. Dies, wie auch die Tatsache, daß es in Amasya keine Stiftung von ihm gibt[46], deutet auf seine (sicherlich durch seine politischen Pläne motivierte) Distanz zu seiner zweiten Statthalterschaft.

2.1. Die Dichter

Muṣṭafās besondere Neigung galt der Dichtung, an deren theoretischen[47] und praktischen Problemen er großes Interesse zeigte, da er sich auch selbst dichterisch betätigte.[48]

Viele Dichter in seiner Umgebung bekleideten gleichzeitig ein Hofamt. Gegenüber dem 15. Jh. sind die Dichter, die sich lediglich als "Vāṣifs" (Lobdichter) am Hof aufhielten, viel seltener geworden, die meisten Poeten befanden sich in einer fest besoldeten Beamtenstellung.

Das könnte mit den erhöhten Ausgaben zusammenhängen, die die Hofhaltung der Prinzenresidenzen verursachte, so daß zusätzlich zu dem übrigen Hofstaat finanzierte und unterhaltene Dichter zu kostspielig wurden und man sie deshalb lieber mit einem regulären Amt betraute.

Einen solchen Beamtendienst versahen einige Dichter nacheinander an mehreren Prinzenhöfen. Sicherlich, weil sie sich dichterischen Ruhm erworben hatten, übernahm man sie in den Staatsdienst, unabhängig davon, ob ihr letzter Dienstherr gerade wegen politischer Mißliebigkeit beseitigt worden war und er doch als sein potentieller Verbündeter gelten konnte.

Dies wird an dem Beispiel des Dichters Fażlī[49] deutlich, der als Dīvānsekretär zunächst an Prinz Meḥmed b. Süleymāns Hof kam, danach in Amasya bei Muṣṭafā war und nach dessen Tod in den Dienst des Prinzen Selīm übernommen wurde.[50]

Der Grad der Berühmtheit war sicher ein entscheidendes Kriterium, das einem Dichter die Möglichkeit sicherte, auch nach dem Dienst bei dem "falschen Herrn" unbehelligt seine Karriere fortsetzen zu können. Der Dichter Zemānī, der sich an Bekanntheit mit Fażlī nicht messen konnte, hatte es nach Muṣṭafās Tod, an dessen Hof er "Segbānlar Kātibi" gewesen war, schwer, eine neue Stellung zu finden. Schließlich nahm sich (Šemsī) Aḥmed Paša, der Beglerbeg von Rūmili, seiner an, durch dessen Vermittlung er später ein Lehen erhielt.[51)]

Der Dichter Ṣenāyī hatte einiges Ansehen als Poet in seiner Heimat Manisa erlangt, als Prinz Muṣṭafā auf ihn aufmerksam wurde. Er verschaffte ihm daraufhin einen Qāḍīposten in der Gegend, nahm ihn aber mit in sein neues Sanǧaq, als er nach Amasya versetzt wurde. Er blieb am Hof des Prinzen bis zu dessen Tod. Auf dessen Anregung verfaßte er wahrscheinlich eine türkische Nachdichtung "Neyistān-i zülāl" zu Fattāḥīs "Šabistān-i ḫiyāl".[52)] In zwei anderen Werken wandte er sich religiöser Thematik zu: Er übersetzte eine Abhandlung des Persers Nūraddīn ʿAbdurraḥmān Ǧāmī über die Himmelfahrt des Propheten ins Türkische "Terǧüme-i ševāḥid en-nübüvve"[53)] und verfaßte eine Heiligenvita des Šeyḫs Emīr Buḫārī[54)] "Menāqib-i Emīr Sulṭān Meḥmed Šemseddīn Buḫārī".[55)]

Einige interessante Hinweise auf die literarische Produktionsweise jener Tage ergeben sich aus dem Werk des Dichters "Dervīš Čelebi" auch "Māšīzāde" oder "Fikrī" genannt. er stammte aus einer angesehenen, ursprünglich in Amasya beheimateten Qāḍīfamilie.[56)] Fikrī begann seine Karriere in Istanbul als Dīvān-Sekretär von Sultan Süleymāns Wesir Güzelǧe Qāsim Paša. Danach wurde er "Re'īs ül-küttāb" am Prinzenhof Muṣṭafās. In Istanbul, eventuell aber auch in Amasya (da beide durch ihre Familien Beziehungen zu dieser Stadt hatten)[57)], lernte Fikrī Ṣāliḥ Čelebi Ǧelālzāde kennen, den Bruder des berühmten Staatsmannes und Historikers Ǧelālzāde Muṣṭafā, genannt Qoǧa Nišānǧi.[58)] Auch Ṣāliḥ Čelebi gehörte zu den berühmten Gelehrten unter Sultan Süleymān[59)] und hatte von diesem den Auftrag erhalten, einige persische Werke ins Türkische zu übersetzen. Wie es bei ʿAlī Mīnīq heißt, habe Ṣāliḥ diesen Auftrag schnell erfüllt (offenbar zur Zufriedenheit des Sultans) und sei dafür an die Sultan-Bāyezīd-Medrese in Edirne berufen worden. Unter den zahlreichen wissenschaftlichen Werken des Gelehrten werden seine Übersetzungen aus dem Persichen ins Türkische heute für die wichtigsten und originellsten gehalten.[60] Jedoch scheinen nicht alle diese Übertragungen, für die ihm viel Lob zuteil wurde, aus Ṣāliḥs eigener Feder geflossen zu sein. ʿĀšīq Čelebi jedenfalls berichtet, daß zu der Übersetzung des Prosawerkes "Qiṣṣa-i Fīrūz Šahī" der Dichter Fikrī einige Bände beitrug und daß er dafür die Einträge des Qāḍīamtes von Yanbolu erhielt.[61] Der Ruhm für dieses Werk, als dessen Autor er bis heute noch gilt, scheint allerdings Ṣāliḥ Čelebi zuteil geworden zu sein. Fast ist man geneigt, dies für ein Charakteristikum der Arbeitsweide Ṣāliḥs und vielleicht auch manches anderen "vielbeschäftigten großen Gelehrten" jener Tage zu halten. Denn auch aus einer Handschrift einer anderen ihm zugeschriebenen Übersetzung[62] geht hervor, daß Ṣāliḥ den ihm von einem der Söhne Süleymāns, Prinz Bāyezīd, erteilten Auftrag nicht zu Ende führte, so daß Jahre später ein anderer Autor die Übertragung vollenden mußte.[63]

Natürlich könnte erst eine detaillierte Beschäftigung mit den beiden erwähnten Übersetzungen (unter Berücksichtigung der Tatsache, daß mehrere Autoren daran beteiligt waren), Aufschluß darüber ergeben, welches Verdienst dem Prosaschriftsteller Ṣāliḥ Čelebi nun tatsächlich zukommt. Vielleicht ergibt sich aus Fällen wie diesen auch ein revidiertes Urteil über manchen bisher für provinziell oder zweitrangig gehaltenen Autor, dessen Produktion lediglich nicht in vollem Umfange,oder unter anderem Namen bekannt war.

Auf Grund solcher, noch nicht ausreichender Werkkenntnis ist es einigermaßen schwierig, ein abschließendes Urteil über die dichterische Bedeutung einzelner Vertreter aus dem Poetenkreis des Prinzen Muṣṭafā zu fällen. Man bleibt dabei auf die Kriterien ihrer Biographen angewiesen.

Am Beispiel gerade dieses Prinzen läßt sich dafür aber eine Erscheinung verdeutlichen, die wesentlich zur Erörterung des Verhältnisses von "Prinz zu Dichtern" dazu gehört. Seine Person, genauer sein Tod machten zweierlei deutlich: Neben den sozusagen "privaten" Beziehungen eines Prinzen-Statthalters, die zu den an seinem Hof meist in einem Dienstverhältnis stehenden Poeten bestanden, gab es über den Rahmen seiner Provinz hinaus gehende starke Bindungen zwischen dem Prinzen und von ihm ganz unabhängigen Dichtern. So entstanden nach seinem Tod mehrere Elegien, in denen die Person des Prinzen als Symbol aller Hoffnungen und Verkörperung idealer Eigenschaften verherrlicht[64], zugleich aber die Schuldigen an seiner Ermordung, Ḫürrem Sulṭān und Rüstem Paša, deutlich angeprangert wurden. Diese Gedichte fanden unter der Bevölkerung und im Heer weite Verbreitung.[65] Zweifellos war der durch viele geistige und körperliche Vorzüge ausgezeichnete Prinz ein besonders geeignetes Objekt für dichterische Verherrlichung und Stilisierung. Man erkannte aber in Istanbul die politische Wirkungskraft solch literarisch Aussagen und suchte die weitere Verbreitung der Gedichte zu unterbinden.[66] Wie man jedoch aus späteren Ereignissen weiß, blieb das Interesse der Dichter nicht auf die besonders glanzvolle Erscheinung Prinz Muṣṭafās beschränkt. Lebhaften Anteil nahmen sie später auch an den Plänen und dem Schicksal Prinz Bāyezīd b. Süleymāns, dem Nachfolger Muṣṭafās in Amasya. Die Wirkung solcher Dichtungen scheint tatsächlich nicht gering gewesen zu sein.[67]

Wir halten es daher für sehr wahrscheinlich, daß die Verherrlichung der Prinzen durch die Dichter sehr wesentlich zu dem idealisierten Bild beitrug, das die Bevölkerung von ihnen gewann und das dann in ihr weiter lebte. Im Fall Muṣṭafās geschah dies vorwiegend nach seinem Tod, verstärkte aber unter den Bewohnern Anatoliens und Rūmilis die Erwartung eines neuen Helden. Bei Prinz Bāyezīd wirkt das heroisierte Bild, das die Poeten von ihm verbreiteten, wie die gewaltsame Stilisierung zu einem Helden. Eine Rolle, die er - wie das nächste Kapitel zeigen wird -

nicht richtig ausfüllen konnte und von der man tatsächlich den Eindruck hat, daß sie von außen an ihn herangetragen wurde.

2.2. Die Prinzenlehrer

Muṣṭafā hatte während seiner Statthalterzeit in Amasya zwei uns namentlich bekannte Prinzenlehrer.

Der erste, der dieses Amt möglicherweise schon in Manisa innehatte und dann mit Muṣṭafā nach Amasya geschickt wurde, war der Gelehrte Ḫayreddīn Ḫiżir. Als Verfasser einiger Studien zu wissenschaftlichen Einzelfragen scheint er sich einen gewissen Namen unter den zeitgenössischen Gelehrten erworben[68], jedoch keineswegs zu den hervorragenden Geistern seiner Zeit gehört zu haben. Er blieb wohl bis zu seinem Tod 953/1546-7 im Amt. Sein Nachfolger, Muṣliḥeddīn Muṣṭafā Surūrī, ist wohl im Jahr der Rückkehr Sultan Süleymāns von seinem zweiten Persien-Feldzug 957/1550 zum Ḫoǧa des Prinzen in Amasya ernannt worden.[69] Mit ihm hatte der Sultan einen Mann ausgesucht, dessen intellektuelle Fähigkeiten den Anforderungen und Vorstellungen des Prinzen genau zu entsprechen schienen. Er galt bereits als namhafter Wissenschaftler, Kommentator und Dichter[70], als er an den Prinzenhof kam. Wie bereits angedeutet, scheint Surūrī mit seiner offiziellen Tätigkeit zugleich die Aufgabe der Uberwachung und Kontrolle, sowie die Berichterstattung an die Pforte zugefallen zu sein. Neben den später zu erörternden Indizien, die Gökbilgin zu dieser Uberzeugung führten, sei auch auf die Tatsache hingewiesen, daß Surūrī das ihm vom Sultan angetragene Amt, das traditionell große Geltung besaß, zunächst ablehnen wollte. Erst auf Zureden seiner Freunde nahm er die Ernennung schließlich an.[71] Man könnte diese Haltung als Zögern gegenüber seinen künftigen Aufgaben interpretieren.

Einmal in Amasya, widmete er sich anscheinend mit großer Intensität der wissenschaftlichen Unterweisung des Prinzen, was aus einer Reihe für Muṣṭafā verfaßter Werke hervorgeht. Aus der Thematik dieser Werke ergeben sich gewisse Rückschlüsse auf die

Pflichtlektüre des Prinzen bzw. vielleicht auch auf seine besonderen literarischen Interessen.

Das erste, Muṣṭafā gewidmete Werk (es wurde bereits im Ṣafer 956/März 1549 beendet und dann dem Prinzen zugeeignet) ist eine türkisch geschriebene Studie über die osmanische Poetik: "Baḥr el - meʿārif".[72] Sie scheint eine weite Verbreitung gefunden zu haben, so befand sich eine Abschrift davon später im Besitz des Defterdārs von Ofen, ʿAlī Čelebi.[73] Am Ende des Rabīʿ II 957/Mitte Mai 1550 beendete er für den Prinzen einen arabischen Kommentar zu Saʿdīs Gulistān: "Šarḥ Gulistān li-Surūrī". Im Vorwort dazu erläuterte der Gelehrte die Absicht, die er mit diesem Werk verfolgte: Das persische Original erfordere zum Verständnis unbedingt eine Erläuterung. Er unternehme diesen Kommentierungsversuch, um damit auch die Fehler zu berichtigen, die der Kommentar eines früheren Autors, Maulā Ibn Sayyid ʿAlī[74] enthielt, der mit den persischen Wortspielen nicht vertraut gewesen sei.[75] Allerdings mußte sich auch Surūrī selbst eine ähnliche Kritik (mangelnde Kenntnis der persischen Idiome) von seinem Biographen Qïnalïzāde gefallen lassen![76] Zu Saʿdīs Bustān schrieb Surūrī, gleichfalls zur Belehrung seines Schülers, einen persischen Kommentar.[77] Zwar sind auch eigene Dichtungen des Autors bekannt, die in einem Dīvān gesammelt wurden[78]; das Schwergewicht seiner literarischen Produktion lag aber bei Übersetzungen und Kommentaren. Dies mag z.T. mit den persönlichen Neigungen des Autors zusammengehangen haben, der nach dem Urteil ʿAlī Mïnïqs ein "Vielschreiber" war - auf das Bücherschreiben versessen - ohne sich immer Zeit zur kritischen Ausarbeitung zu lassen. Gerade Surūrīs Übertragungen und Kommentare scheinen aber den Bedürfnissen und Interessen seiner Zeitgenossen entgegen gekommen zu sein, denn offenbar waren sie schnell vergriffen und schließlich nur noch für sehr viel Geld zu bekommen.[79]

Zur belehrenden Literatur der "Siyāsetnāmes" (Fürstenspiegel) und damit sicher zur Pflichtlektüre eines Prinzen gehörte die

Übersetzung des persischen Werkes "Ẓāhirat al-mulūk" von Sayyid ʿAlī Hamadānī (786/1384 gest.), die bei Surūrī für den Prinzen in Auftrag gegeben wurde. Seine türkische Version wurde aber erst im Jahre 963/1556 nach Muṣṭafās Tod abgeschlossen.[80)]

In anderen Fällen ging der Übersetzungsauftrag vom Prinzen selbst aus: Von einem reisenden arabischen Kaufmann aus Mekka hatte er wohl kurz vor seinem Tod eine Handschrift der arabischen Kosmographie des Abu Yaḥyā al-Qazwīnī (1287 gest.) "Kitāb ʿaǧā'ib al-maḫluqāt" erhalten. Surūrī übernahm die Übersetzung ins Türkische,"unter Weglassung überflüssiger Passagen und Einfügung weiterer nützlicher Informationen", wie er in seinem Vorwort schrieb. Jedoch blieb das Unternehmen unvollendet, da der Gelehrte unter dem Eindruck der Ermordung des Prinzen die Arbeit daran aufgegeben hatte.[81)]

Nach dem Tod des Prinzen verlor Surūrī die Gunst des Sultans und mußte sich bis zu seinem Tod 969/1561-2 mühsam (durch das Kopieren von Handschriften) den Lebensunterhalt verdienen.[82)] Diese unglücklichen Lebensumstände zeigen mit den Angaben des Schreibers des von Gökbilgin bekannt gemachten Briefes[83)] deutliche Übereinstimmungen.[84)] Außerdem weisen einige Äußerungen den Schreiber als Mann aus der engsten Umgebung des Prinzen aus. Dies ließe den Prinzenlehrer Surūrī immerhin als möglichen Autor des Briefes erscheinen, aus dem zwar die Mitwisserschaft des Schreibers an dem Komplott gegen Muṣṭafā hervorgeht, gleichzeitig aber die heftigsten Anklagen gegen Rüstem Paša, den Initiator der Intrigen, ausgesprochen werden. Eine solche Parteinahme könnte der Grund für die vom Sultan deutlich bekundete Ungnade gegenüber dem Lehrer seines Sohnes sein, die in der Tat anders schwer zu erklären ist. Denn in keiner Quelle wird ein offizieller Verdacht oder eine Anklage erwähnt, die das armselige Dasein des vordem gefeierten Gelehrten in seinen letzten Lebensjahren gerechtfertigt hätten.[85)]

Der Fall des Prinzenlehrers Surūrī, der wohl nicht in allen Einzelheiten geklärt ist, kann natürlich nicht ohne Weiteres verallgemeinert werden. Doch erscheint es uns wahrscheinlich, daß von der Zentrale in Istanbul häufiger als nur in diesem einen Fall versucht wurde, Vertrauensstellungen am Prinzenhof mit Personen zu besetzen, die die Verpflichtung zum Rapport nach Istanbul hatten und deren Funktion der Prinz nie durchschaute.

2.3. Die Gelehrten.

Wenn auch für einige Jahren, in denen Prinz Muṣṭafā in Amasya residierte, die Stadt noch einmal Anziehungspunkt für einige Dichter und Künstler wurde, so läßt sich nicht in gleicher Weise von einer Blüte des städtischen Gelehrtenlebens sprechen.

Zwar konnte ursprünglich die Errichtung zahlreicher Medresen und Moscheen, die auf die Initiative Sultan Bāyezīds II. zurückging, als Beginn eines florierenden Lehrbetriebes angesehen werden, der der Stadt sozusagen "neben" der Anziehungskraft ihres Prinzenhofes große Geltung verschaffte. Seit wann diese Entwicklung stagnierte, läßt sich nach der Kenntnis unserer Quellen nur vermuten. Daß in der Mitte des 16. Jahrhunderts nach Auskunft der Biographien viel weniger bedeutende Gelehrte in Amasya unterrichteten oder ein Richer- bzw. Muftiamt dort bekleideten, ist auffallend. Auch die unter Sultan Bāyezīd II. und zunächst auch Selīm I. sehr häufige Reihenfolge der Berufungen, in denen der Lehrtätigkeit an der Bāyezīdiyye in Amasya die Ernennung an eine der acht angesehensten Medresen des Reiches in der Hauptstadt folgte, bzw. auch umgekehrt die Berufung von den Achter-Medresen nach Amasya als Auszeichnung angesehen wurde, kann in dieser Zeit nicht mehr so oft beobachtet werden.

Diese Entwicklung ist sicherlich - wie auch die Veränderung des Verwaltungsstatus der Stadt und der Verlegung des Beglerbeg-Sitzes nach Sivas - ein Ausdruck für das veränderte Verhältnis des Sultans zu der Prinzenresidenz, seit hier gefährliche politische Tendenzen aufgetreten waren, die seit dem Ende der Regierungszeit Selīms I. mit allen Mitteln bekämpft wurden.

Sehr eng mit dieser Politik hing wohl auch der Bedeutungsschwund zusammen, den Amasya während dieser Jahre als wissenschaftliches Zentrum zu verzeichnen hatte.

Ohne daß wir unseren Quellen direkte Aussagen darüber entnehmen konnten, vermuten wir doch, daß sich diese Tendenz auch in der Besoldungsregelung für die Medreselehrer der Stadt niedergeschlagen hat. Die wenigen in den Biographien erwähnten Muftis dieser Zeit erhielten beispielsweise nie eine höhere Pension als täglich 70 aqče[86], hingegen waren am Anfang des Jahrhunderts manchem Gelehrten in Amasya 100 aqče gezahlt worden.[87]

Angesichts des auch finanziell in viel bescheidenerem Rahmen verlaufenden Wissenschaftsbetriebes erregten wohl manche Erscheinungen des höfischen Lebens in der Stadt unter den Gelehrten Anstoß. Der bereits erwähnte (s. p. 91) ehemalige Gerber und spätere Medreselehrer Dede Ḫalīfa, der zur Zeit Muṣṭafās für 25 aqče Gehalt an der Büyük-Aġa (Ḥüseyniyye)- Medrese in Amasya unterrichtete, empfand z.B. das Hofleben des Prinzen als zu luxuriös und verschwenderisch. Seine Kritik daran brachte er in einem dem Šehzāde dedizierten Werk "Maṣārif-i beyt ül-māl" (Ausgaben der Staatskasse) zum Ausdruck.[88]

Gelegentliche Differenzen um einen zu aufwendigen Lebensstil täuschten jedoch nicht darüber hinweg, daß sich Prinz und in der Stadt tätige Gelehrte gleichermaßen durch die Politik der Zentrale zurückgesetzt fühlten und daß eine Verbesserung des Status von Amasya letztlich ihr gemeinsames Anliegen gegenüber der Pforte war.

Zwei Gelehrte, die als Prediger (Vāʿiẓ) und Mufti[89] nach Amasya versetzt worden waren und diese Ämter noch unter Prinz Bāyezīd bekleideten, verdeutlichen, daß zwischen dem Prinzenhof und der höheren Beamtenschaft der Stadt sehr wohl ein Gefühl der Solidarität bestand. Beide Männer hatten die Entwicklung der Stadt unter den Söhnen Süleymāns, Muṣṭafā und Bāyezīd, miterlebt und wußten aus eigener Anschauung, daß die Bevölkerung die Thronansprüche der in Amasya residierenden Prinzen unterstützte, da sie von ihnen künftig eine Verbesserung ihrer wirtschaftlichen und sozialen Lage erhoffte.

Als das Verhältnis zwischen Prinz Bāyezīd und der Pforte bereits so gespannt war, daß er ohne die Vermittlung Dritter kein Gehör mehr beim Sultan zu finden befürchtete, schickte er die beiden Gelehrten, Ǧurǧānī und Ḫayreddīn Ḫiżir, sowie einige andere Bürger der Stadt nach Istanbul, um Verständnis für seine Lage zu gewinnen[90] (s. p. 127). In der Hauptstadt vermochten diese Vermittler jedoch nichts auszurichten, was das Verhältnis nicht nur zum Prinzenhof, sondern auch zur Bevölkerung Amasyas verdeutlichte.[91] Solche Anzeichen mußten zwangsläufig zu einer stärkeren Solidarisierung der Bevölkerung mit den Zielen der rebellischen Prinzen führen.

KAPITEL IV.

Prinz Bāyezīd b. Süleymāns Statthalterschaft (965/1558 - 966/1559)

Bāyezīds Statthalterschaft von Amasya dauerte nur knapp ein Jahr und war damit kürzer als die aller seiner Vorgänger. Er wurde am 6.9.1558/23. Ẕī 'l-qaʿde 965 zum Vālī von Amasya ernannt und brach im Juli/Anfang Šavvāl des folgenden Jahres zur Flucht nach Persien auf.

Die wenigen Monate seines Aufenthaltes in der Stadt reichten für die Konsolidierung einer geregelten Hofhaltung, wie wir sie bei den anderen Prinzen-Gouverneuren beobachten konnten, nicht aus. Seine Vālīzeit kann und soll deshalb nicht unter den gleichen Gesichtspunkten betrachtet werden wie die seiner Vorgänger.

Im Zentrum der Erörterungen soll statt dessen die Frage stehen, mit welchen Intentionen der Zentralgewalt die Verleihung des Statthalterposten an den Prinzen verbunden war und in welcher Form die schon gegenüber Prinz Muṣṭafā eingeleitete Politik Bāyezīd gegenüber fortgesetzt wurde. Dabei wird die politische Geltung zur Sprache kommen, die die Stadt unter ihrem letzten Prinz-Gouverneur besaß und welche Entwicklung zur Entscheidung der Pforte führte, nach Bāyezīd keinen Prinzen-Statthalter mehr nach Amasya zu senden.

Ein Ausblick auf die unmittelbaren Folgen der Rebellion Bāyezīds soll deren Rückwirkungen auf die Bevölkerung Anatoliens zeigen, sowie die enge Verknüpfung der Ansprüche eines Prinzen gegenüber der Zentralgewalt mit Tendenzen sozialer und wirtschaftlicher Unzufriedenheit unter den Einwohnern seiner Provinz.

Da sich die Rebellion des Prinzen nicht nur auf den Status der Stadt Amasya auswirkte, sondern Rückwirkungen auf ganz Anatolien hatte und schließlich auch die politischen Möglichkeiten des Prinzen Selīm in besonderer Weise beeinflußte, sollen in diesem Kapitel der Vorgeschichte, sowie den Nachwirkungen der Statthalterschaft Bāyezīds besonderes Gewicht beigemessen werden.

1. Die politischen Auseinandersetzungen der Prinzen Bāyezīd und Selīm um die Thronfolge

Als 960/1553[1)] Prinz Ǧihāngīr, der jüngste Sohn Süleymāns I., während des Feldzuges gegen Persien, auf den er den Sultan begleitet hatte, in Aleppo starb[2)], waren von den acht Söhnen des Sultans[3)] nur noch die Prinzen Selīm und Bāyezīd am Leben. Beide waren nach dem Tod von Süleymāns ältestem Sohn Muṣṭafā (am 27. Šavvāl 960/6.10.1553) auch zu Ǧihāngīrs Lebzeiten bereits die Anwärter auf die Nachfolge Süleymāns gewesen. Ǧihāngīr kam als Thronfolger kaum in Betracht[4)], da er schwächlich und krank und deswegen auch nicht zur Verwaltung eines Sanǧaqs in die Provinz entsandt worden war.[5)]

Es läßt sich den Quellen nicht viel darüber entnehmen, ob Süleymān bis zu dieser Zeit einen der beiden Söhne, die beide Ḫürrem Sulṭān zur Mutter hatten, besonders begünstigt hätte. Der Historiker ʿĀlī erwähnt allerdings in einer allgemeinen Charakteristik[6)], daß zu der Zeit, als Ǧihāngīr und Muṣṭafā noch lebten, Bāyezīd das Wohlwollen des Sultans, der Mutter und auch des Großwesirs Rüstem Paša besessen habe, während der ältere Selīm[7)] als Thronanwärter nicht sehr aussichtsreich gewesen sei.[8)]

Die Ernennung zum Statthalter von Manisa (Ṣarūḫān) - wahrscheinlich in der ersten Hälfte des Jahres 1544[9)] - hatte Selīm allerdings in eine günstige politische und geographische Position versetzt. Hammer[10)] nennt diese Statthalterschaft "die Brücke zu Einfluß und Herrschaft" auf Grund ihrer günstigen Lage zur Hauptstadt, die der jeweilige prinzliche Gouverneur von hier aus bei einem Thronwechsel schneller erreichen konnte als von anderen Residenzen, z.B. Konya oder Amasya aus.

In dieser Position war Selīm 1548/955[11)] vom Sultan, der sich

- begleitet von Prinz Ǧihāngīr - auf dem Feldzug gegen Persien befand, zum "Muḥāfiẓ" von Rūmili ernannt und nach Edirne geschickt worden. Auch Bāyezīd wird erwähnt, jedoch lediglich als Gouverneur von Konya[12], dem der Vater "die Gnade des Handkusses" erwies.

Es scheint, daß während der folgenden Jahre, als die "Saray-Partei", die die Söhne Ḫürrem Sulṭāns gegen den älteren Prinzen Muṣṭafā begünstigte und deren Häupter die Ḫāṣṣekī Sulṭān selbst, sowie Rüstem Paša waren, sich hauptsächlich auf die Beseitigung Muṣṭafās konzentrierte und es noch keine ausgeprägte Rivalität zwischen den beiden Brüdern Selīm und Bāyezīd gab. Als Sultan Süleymān im August 1553 (Ramażān 960) wieder zum Feldzug gegen Persien aufbrach, wurde er von seinen Söhnen Ǧihāngīr und Selīm begleitet, den Prinzen Bāyezīd schickte er als "Rūmili Muḥāfiẓī" nach Edirne.[13]

Während dieses Feldzuges entledigte sich der Sultan auf Betreiben des Großwesirs und Ḫürrem Sulṭāns[14] seines ältesten Sohnes, Prinz Muṣṭafā, da er als Statthalter von Amasya eine große Anhängerschaft unter den unzufriedenen Sīpāhīs Anatoliens und außerdem die Sympathie der Janitscharen gewonnen hatte.[15]

Mit Muṣṭafās Ermordung waren aber keineswegs alle Unruheherde beseitigt, als deren Ursache der Prinz angesehen worden war: In Anatolien, besonders in der Gegend um Amasya, wuchs die Unzufriedenheit so an, daß sich der Sultan entschließen mußte, auf seiner Rückkehr aus Persien mehrere Monate in dieser Stadt Quartier zu nehmen.[16] Unruhe und Aufstände griffen jedoch nicht nur in Anatolien um sich, sie breiteten sich vielmehr auch in Rūmili aus: in der Gegend von Yenişehir und Saloniki sammelte sich eine Menge von 10 000 Anhängern um einen "Aufrührer", der sich als Prinz Muṣṭafā ausgab.[17]

Mit einer Anhängerschaft von 40 000 Mann zog er schließlich gegen Edirne[18], wo Bāyezīd als "Muḥāfiẓ" von Rūmili residierte. Dieser berichtete dem Vater, der sich auf der Rückkehr von Amasya befand, von den Vorfällen und bestimmte zugleich den Sanǧaqbeg von Niǧbolu, Meḥmed Ḫān, gegen die anrückenden Aufrührer vorzugehen.[19] Noch ehe der vom Sultan zur Unterstützung Bāyezīds ausgesandte dritte Wesir Meḥmed Ṣoqollı̊ mit seinen 3000 Janitscharen in Edirne eingetroffen war, hatte Meḥmed Ḫān bereits mit Erfolg einige der engsten Anhänger des "Düzme Muṣṭafā" durch Versprechungen zu Verrat und Preisgabe ihres Anführers bewegen können[20], der nun dem Wesir zur Überführung nach Istanbul übergeben wurde, wo er im August 1555/Ramażān 962 hingerichtet wurde. Der während dieser Zeit in Istanbul weilende kaiserliche österreichische Gesandte Busbeck[21] fügt der Schilderung dieser Begebenheiten einige interessante Einzelheiten hinzu[22], von denen uns die osmanischen Historiker nichts melden: Bei einer eingehenden Untersuchung der Vorfälle in Istanbul und den Verhören der Gefangenen habe sich ergeben, daß Prinz Bāyezīd Verbindung mit den Verschwörern aufgenommen hatte. Er habe sich ihrer großen Masse versichern wollen, um mit einer eindruckswollen Menge gegen die Hauptstadt zu ziehen oder Aktionen gegen den Bruder Selīm zu unternehmen. Allein das schnelle Eingreifen des Sultans habe diese Pläne vereitelt.

Zur Stützung dieses westlichen Berichts könnte ein osmanisches Dokument dienen, ein 'ʿarż tez̲keresi', so meint der türkische Gelehrte Turan[23], aus dem tatsächlich hervorgeht, daß der Prinz heimliche Verhandlungen mit den Verschwörern geführt habe. Auch ein später an den Sultan geschickter Brief Bāyezīds[24], in dem von einem "Vergehen" die Rede ist, könnte dafür sprechen, daß der Prinz heimliche Pläne verfolgt hatte.

Sicherlich nicht zu Unrecht erinnert Turan daran, daß mehrfach in der vorosmanischen Geschicht als "Taḫt Muḥāfiẓı̊" eingesetzte Prinzen diese Stellung dazu benutzten, sich als Thronfolger proklamieren zu lassen.[25]

Will man Busbeck glauben, so war es allein der Vermittlung Ḫürrem Sulṭāns zu danken, daß Bāyezīds Verhalten während der Unruhen um den "falschen Muṣṭafā" keine direkten Folgen für ihn hatte.[26]

Dennoch schien jetzt klar erkennbar, so berichtet der Botschafter[27], daß nach dem Willen Süleymāns Prinz Selīm ihm auf den Thron folgen solle, während Ḫürrem Sulṭān und Rüstem Paša als Parteigänger Bāyezīds zu bezeichnen seien.

Den tatsächlich stärksten Verbündeten hatte Bāyezīd in seiner Mutter. Bei der Einschätzung Rüstem Pašas ist sicherlich zu beachten, daß er auf Grund seiner Verwicklung in die Affäre, die 1553 zur Ermordung von Prinz Muṣṭafā geführt hatte, zunächst gezwungen war, von seinem Posten als Großwesir abzutreten.[28] Zwar erhielt er dieses Amt am Ende des Jahres 962/1555 zurück [29], doch war er in seiner Parteinahme reservierter geworden, was Bāyezīd besonders nach dem Tode seiner Mutter deutlich werden sollte.[30]

Immerhin wird man es als Erfolg seiner "Saray-Partei" betrachten können[31], wenn der Prinz in dieser Zeit - wahrscheinlich nach Rüstem Pašas erneuter Ernennung zum Großwesir[32] - von Konya nach Kütahya versetzt wurde, während man Selīm in Manisa beließ.

Die Versetzung in eine Stadt, von der aus die Hauptstadt noch schneller zu erreichen war als von Manisa, konnte durchaus als Bevorzugung Bāyezīds vor seinem Bruder interpretiert werden[33] und die Hoffnung des Jüngeren auf die Thronnachfolge bestärkt haben.[34]

2. Bāyezīds Ernennung zum Statthalter von Amasya

Mit dem Tod der Ḫürrem Sulṭān im März oder April 1558 (Ǧemāẕī'l-āḫir 965)[35] verlor Bāyezīd seine stärkste Unterstützung in Istanbul.[36]

Andererseits hatte Prinz Selīm inzwischen in Lālā Muṣṭafā Paša einen Berater erhalten, der den Kampf um die Thronfolge nicht unwesentlich beeinflussen sollte. Es soll hier nicht in allen Einzelheiten nachgezeichnet werden, wie es dem 963/1556[37] zu Selīms Lālā ernannten früheren Bediensteten Bāyezīds in einer Art doppeltem Spiel gelang, letzteren zur Rebellion gegen den

Sultan und zu Aktionen gegen den Bruder in Manisa zu verleiten - und andererseits Süleymān durch fingierte und umgeleitete Briefe immer heftiger gegen den jüngeren Sohn aufzubringen. Die osmanischen Chroniken widmen den Unternehmungen "des verräterischen, listenreichen" Lālās breitesten Raum[38], so daß die beiden um die Nachfolge kämpfenden Prinzen vielleicht allzusehr als Spielball eines einzigen ehrgeizigen[39] Mannes erscheinen und ihre eigenen Intentionen dabei fast in den Hintergrund treten. Die Erkenntnis, daß zur Durchsetzung seines Zieles, Großwesir zu werden, der leicht beeinflußbare, eher an "Müßiggang und Schwelgerei" als an Politik interessierte Prinz Selīm gerade das geeignete Werkzeug sei, mochte Muṣṭafā Paša sehr bald zum festen Verbündeten des Prinzen in Manisa gemacht haben. Andererseits schienen seine Briefe, in denen er mit Wissen Selīms Bāyezīd zur Opposition gegen den Bruder ermunterte[40], das Selbstbewußtsein des Prinzen in Kütahya tatsächlich soweit zu stärken, daß dieser zur offenen Herausforderungen des Bruders überging.[41] In einem Brief an den Sultan[42] beschwerte sich Selīm darüber, daß Bāyezīd bereits unter den Qapïqullarï Anhänger gewonnen habe. Auch Busbeck[43] berichtete von solchen Anhängern, mit deren Hilfe Bāyezīd plane, nach einem Marsch auf İstanbul sich dort zum Sultan proklamieren zu lassen.

Die Gefahr, in eine ähnliche Situation zu geraten wie Sultan Bāyezīd II., gegen den Selīm I. erfolgreich rebelliert hatte, veranlaßte Süleymān, für seine beiden Söhne einen Wechsel der Statthalterschaft anzuordnen[44]: am 23. Ẕī'l-qaʿde 965/6.9. 1558[45] wurde Bāyezīd zum Statthalter von Amasya bestimmt, Selīm wurde Vālī von Konya. Zugleich wurden der Sohn Selīms, Murād (III.), zum Sanǧaqbeg von Akşehir und Bāyezīds ältester Sohn Orḫān zum Sanǧaqbeg von Çorum ernannt.[46] Mit dem Wechsel der Provinzen verband der Sultan eine Zuwendung von je 300 000 aqče für seine beiden Söhne.[47] Einem "ʿarīża" des Beglerbeg von Anatolien, Ǧenābī Aḥmed Paša, an den Sultan ist zu entnehmen[48], daß Bāyezīd seine Versetzung nach Amasya als deutliche Benachteiligung gegenüber dem Bruder empfand. Der Beglerbeg wies auch auf die Möglichkeit hin, daß Bāyezīd Truppen sammeln und mit ihnen gegen seinen Bruder ziehen könne.

In der Tat lassen die zahlreichen Beschwerden, die Bāyezīd gegen Anordnungen des Sultans vorbrachte, sowie die Ausflüchte, mit denen er seinen Aufbruch aus Kütahya immer wieder hinauszuzögern suchte[49], vermuten, daß der Prinz Zeit gewinnen wollte: Sei es, daß er tatsächlich hoffte, den Sultan durch Bitten und Weigerungen noch umzustimmen, sei es, um Vorkehrungen für eine militärische Auseinandersetzung zu treffen. In jedem Fall scheint in seiner Vorstellung eine Statthalterschaft in Amasya das Ende jeder realen Möglichkeit bedeutet zu haben, einmal den Thron zu besteigen. Das unglückliche Schicksal der beiden letzten prinzlichen Gouverneure dieser Stadt, Muṣṭafā b. Süleymān und Aḥmed (b. Bāyezīd)[50], mochte dabei neben dem Argument, der Weg in die Hauptstadt sei von Amasya aus länger als beispielsweise von Konya oder Manisa[51], der entscheidende Grund für Bāyezīds ablehnende Haltung sein; entscheidender wohl als der Einwand, den er offiziell in einem Brief an den Sultan vorbrachte[52]: Amasya habe gegenüber früheren Zeiten seine Bedeutung als Grenzprovinz verloren, deshalb sei dort die Anwesenheit von Prinzen nicht mehr nötig. Diese Argumentation erscheint uns sehr wichtig, weil in ihr das historische Beispiel einer "idealen Vergangenheit" benutzt wurde, um eine Kritik an "gegenwärtigen Regelungen" zu formulieren.

Im übrigen sind es finanzielle Forderungen, mit denen Bāyezīd in zahlreichen Eingaben und Beschwerden auf seine Versetzung nach Amasya reagierte[53]: Anstelle der ihm von der Pforte bewilligten 300 000 aqče forderte er für sich eine Erhöhung der Zuwendung auf 1 Mio. aqče, sowie für seine Söhne ʿAbdullāh und Maḥmūd je ein Ḫāṣṣ mit 200 000 und für seinen Sohn ʿOsmān ein "müḥāsib sanǧaq" in der Gegend von Amasya.[54] Zwar war er nach einem Ultimatum des Sultans gezwungen, fast zwei Monate nach dem ersten Befehl, am 15. Muḥ. 966/28.10.1558[55], Kütahya zu verlassen. Er marschierte jedoch immer noch auffallend zögernd und langsam in Richtung Amasya und benutzte den Aufenthalt auf mehreren Stationen seines Weges - z.B. in Eskişehir - dazu, seine Forderungen an den Sultan zu erneuern und seinen Weitermarsch von deren Erfüllung abhängig zu machen.[56)] Auf die ausweichende Antwort des Sultans, Bāyezīds Wünsche würden - wenn er dem Befehl entsprechend sich ohne Verzögerung nach Amasya begebe - schon erfüllte werden[57)], begab sich der Prinz zunächst nach Ankara. Unterwegs fügte er seinen Forderungen neue finanzielle Wünsche für seinen Lālā, seinen Defterdār, sowie das Gefolge seines Sohnes Orḫān hinzu.[58)]

Inzwischen hatte Süleymān zur Bekräftigung seiner Anordnungen zwei seiner Wesire ausgesandt[59)]: den 3. Wesir Meḥmed Ṣoqollı̊ Paša nach Bursa, wo sich Selīm auf dem Weg nach Manisa befand, und den 4. Wesir Pertev Paša in das Lager Bāyezīds, der den Rangunterschied der beiden Wesire recht deutlich empfunden haben mag und Pertev Paša daher entsprechend unfreundlich empfing; der Wesir stellte Bāyezīd die Erfüllung seiner Wünsche in Aussicht, falls er sich nach Amasya[60)] begebe und konnte damit den Prinzen zum Weitermarsch bewegen.

Obwohl er mehrfach betont hatte, er werde Amasya nicht betreten[61)], bevor man ihm nicht alle Forderungen erfüllt habe, traf er nach 55 Tagen schließlich doch in seiner neuen Statthalterschaft ein: zwar gedrängt aber kaum beschwichtigt von den Ermahnungen des Sultans.[62)]

Seine Forderungen, die inzwischen auf 1 300 000 aqče sowie 30 000 altı̊n für sich selbst, die Verleihung von 300 - 350 000 aqče einbringenden Ḫāṣṣ für seine Söhne, die Einsetzung seines Sohnes ʿO̱smān als Sanǧaqbeg von Kastamonu, sowie verschiedene finanzielle Zuwendungen für Männer aus dem eigenen und dem Gefolge seiner Söhne gestiegen waren[63)], wiederholte Bāyezīd auch von Amasya aus. Süleymān erfüllte von diesen jedoch nur einen Teil.[64)] Auch eine Bitte um Unterstützung beim Sultan, die Bāyezīd an Rüstem Paša richtete[65)], blieb ohne Erfolg.

Betrachtet man die zahlreichen Dokumente, in denen es immer wieder um die Forderungen und Bedingungen des Prinzen geht, kann man sich wohl der Vermutung von Turan[66] anschließen, die zusammen mit dem Befehl des Sanǧaqwechsels angekündigten finanziellen Zuwendungen seien zunächst nur Prinz Selīms Partei[67] zugute gekommen.

2.1. Bāyezīds Soldaten-Werbung unter der sozial unzufriedenen Bevölkerung Anatoliens

Zur Begründung der Frage, ob der Sultan den Prinzen Bāyezīd tatsächlich schon zu der Zeit, als ihm ein Sanǧaq-Wechsel seiner Söhne richtig erschien, für so gefährlich hielt, daß er ihn eindeutig benachteiligte, müssen einige Informationen berücksichtigt werden, die Süleymān sicherlich mißtrauisch gemacht hatten. Nach dem Bericht des Gesandten Quṭb ed-dīn Mekkī[68] besaß der Prinz bereits in Kütahya eine Truppe von 7000 Bābā Yiǧit. Möglicherweise schon, während er seinen Aufbruch aus diesem Sanǧaq noch unter allen möglichen Vorwänden hinauszögerte, sicherlich aber auf seinem oft unterbrochenen Marsch nach Amasya hatte er begonnen, in Gruppen von 50-100 Mann Anhänger um sich zu sammeln, was auch Prinz Selīm nicht entgangen war.[69] Diese Leute, die ihm, wie es schien, in großer Zahl von selbst zuliefen[70], gehörten keineswegs nur zu "räuberischem Gesindel", wie es einige Chronisten beschreiben[71], sondern rekrutierten sich vornehmlich aus der Schicht der Lehensbesitzer, den "Erbāb-i tīmār", deren wirtschaftliche Lage in Anatolien um die Mitte des 16. Jhs. sehr schwierig geworden war.[72] Später in den Stand der Qapïqullarï aufgenommen zu werden, - wie Bāyezīd es ihnen in Aussicht stellte[73] - mußte ihnen als Ausweg aus ihrer bedrückenden Situation erscheinen. Hinzu kam, daß ihnen der Prinz für ihre gegenwärtigen Dienste Sold versprach[74]; das machte die Eingliederung in sein Heer besonders anziehend.[75]

Von diesen Voraussetzungen ausgehend, gewinnen die Forderungen Bāyezīds an den Sultan zentrale Bedeutung. Für die Anwerbung und Ausrüstung eigener Truppen benötigte der Prinz immer größere finanzielle Mittel. Süleymān aber mußte klar sein, welches

Machtmittel ein Truppenkontingent aus "Yevimlü" oder "ʿUlūfeǧi" in der Hand seines Sohnes bedeutete, denn ähnliche Söldner hatten ja schon in den Thronkämpfen zwischen Sultan Selīm I. und seinen Brüdern eine Rolle gespielt.[76] Es ist daher erklärlich, daß er die finanziellen Zuwendungen so lange wie möglich verweigerte.

Auf allen Stationen seines Marsches nach Amasya hatte Bāyezīd mit seinen Versprechungen oder dem Ruf, der ihm vorauseilte, großen Zulauf: "Sipāhīs" und Gruppen von "Levendāt" schlossen sich seinem Heer in Kütahya, Afyon-Karahisar, Konya, Eskişehir, Ankara, Bozok, Çorum, Kastamonu und Yeşilırmak an.[77] Ein großer Teil von ihnen war bereits an den Unruhen um Prinz Muṣṭafā und den "Düzme Muṣṭafā" beteiligt gewesen.[78] Die Niederschlagung dieser Unruhen und die folgenden Strafmaßnahmen hatten ihre Lage noch verschlimmert und sie in ihrer Opposition gegen die Zentralgewalt nur bestärkt.

Bāyezīd verstand es ebenfalls, sich den Einfluß zunutze zu machen, über den viele der unzufriedenen Lehensbesitzer bei der Bevölkerung Anatoliens verfügten. Mehreren von ihnen verlieh er hohe Stellungen in seinem Heer und beauftragte sie mit der Anwerbung und Organisierung weiterer Söldner.

So ernannte er die Ziʿāmet-Besitzer Aqsaq Seyfeddīn, Qudūz Ferhād und Ṭurġuṭoġlı̊ Ḥüseyn zum ʿAzāblar Aġa, Sipāhī Aġa bzw. Silāḥdār Aġa[79]; Duqāgīnoġlı̊ Ḥasan Ketḫudā begann im Namen des Prinzen in Šām und in der Gegend von Aleppo Truppen zu sammeln.[80] Auch unter den Angehörigen bestimmter, schon traditionell als unruhig geltender Stämme[81] konnten viele Anhänger gewonnen werden: z.B. bei den Bozqı̊rlı̊, Ṭurġuṭlı̊, Duqāgīnlı̊, Dārendeli und den Ẕū'l-Qadı̊rlı̊.[82]

Daß die Anhängerschaft des Prinzen zu einer richtigen Volksbewegung anzuwachsen drohte, hatte der Beglerbeg von Anatolien, Ǧenābī Aḥmed Paša, schon frühzeitig erkannt. In einem Brief an den Sultan berichtete er von der Sympathie, die Bāyezīd überall finde und davon, daß bereits einige Dichter den Prinzen mit

Sultan Selīm, seinem Großvater, verglichen und ihm Qaṣīden widmeten.[83]

Innerhalb kurzer Zeit war die Zahl der angeworbenen Yevimlü auf 10 000 angestiegen[84], und die Entlohnung einer so beträchtlichen Menge von Söldern begann ein Problem zu werden. Aus gutem Grund war der Sultan, wie erwähnt, nicht auf Bāyezīds hohe finanzielle Forderungen eingegangen, und so war der Prinz schließlich gezwungen, bei einigen wohlhabenden Lehensbesitzern der Provinz Anleihen aufzunehmen.[85]

Für den Sultan mußte die Entwicklung allmählich untragbar werden, zumal da erkennbar war, daß auch hochgestellte Beamte in der Provinz bereits zu den Parteigängern seines rebellischen Sohnes zählten. Unter ihnen waren der Qāḍī von Kütahya, die Ketḫūdās von Anadolu und Diyarbekir und der frühere Sanǧaqbeg von Iskenderīye (Alexandria).[86] Die Reaktion Süleymāns zeigt, für wie gefährlich er diese Anzeichen hielt: Duqāgīnoġlı Ḥasan ließ er wegen seiner Söldnerwerbung hinrichten[87], die Qāḍīs von Ankara und Konya wurden als Parteigänger des Prinzen abgesetzt.[88]

Außerdem schien dem Sultan schon zu diesem Zeitpunkt (Anfang 1559/966) die Möglichkeit eines Ausweichens seines Sohnes in die arabischen Länder oder nach Persien drohend vor Augen gestanden zu haben.[89] Mit einer unmißverständlichen Warnung ließ er durch den Großwesir darauf hinweisen, daß Schah Ṭāhmasp schon Interesse an den Vorgängen im Osmanischen Reich gezeigt habe; ihm kämen die inneren Auseinandersetzungen nur gelegen, für die Osmanen brächten sie bloß Schaden.[90]

Um die Ausweitung des Konfliktes und außenpolitische Konsequenzen zu verhindern, griff die Zentralregierung nun erstmals a k t i v in den Bruderzwist ein. Zur Unterstützung der Prinzen Selīm wurden die Beglerbege von Qaraman, Ferhād Paša, Anatolien, Ǧenābī Aḥmed Paša, und Marʿaş (Ẕū'l-Qadır), ʿAlī Paša, mit ihren Truppen nach Konya bzw. Afyon-Karahisar und Kayseri entsandt.[91] Augenscheinlich, weil ihm die Stärke und Kampfkraft von Bāyezīds Heer nicht recht kalkulierbar erschien, tat dann der Sultan einen weiteren folgenschweren Schritt. Er veranlaßte, daß Selīm zusätzlich zu den regulären Truppen der Bege unter der Bevölkerung Anatoliens ebenfalls Söldner (Yevimlü) anwarb.[92] Diese Werbung unterstützte Süleymān mit großen finanziellen Mitteln.[93] Daher wurden diese Söldner auch besser ausgerüstet als die Leute Bāyezīds. Sie wurden nach ihrer Kriegstüchtigkeit ausgesucht, und viele von ihnen besaßen Pferde.[94] Wichtig ist, daß man ihnen - neben dem täglichen Sold - die gleichen Versprechungen machte, mit denen auch Bāyezīd seine Leute gewonnen hatte.[95] Die wichtigste Rolle spielte dabei die Aufnahme unter die Qapi̊qullari̊. Natürlich mußte diese Aussicht die traditionellen Angehörigen jenes Standes um ihre Privilegien fürchten lassen. Die Verwirklichung bedeutete eine grundsätzliche Veränderung im Kräfteverhältnis von "Erbāb-i̊ tīmār" (Lehensbesitzer) zu den "Oğaqli̊ riğāl" (besoldete, stehende Truppen). Man muß sich fragen, warum sich die Qapi̊qullari̊ gegenüber Maßnahmen loyal verhielten, die die Rivalität zwischen den Ständen begünstigten, zu ihren Ungunsten verschoben und praktisch eine "Aufwertung" der Yevimlü bedeuteten. Theoretisch wäre es in diesem Fall ja auch denkbar gewesen, daß die Pfortendiener Bāyezīd in größerer Zahl unterstützt hätten. Als Antwort und als Begründung dagegen läßt sich aber wohl anführen, daß die "Unterwanderung" der Qapi̊qullari̊ schließlich von Bāyezīd ausgegangen war; er hatte mit der Anwerbung unter den "Erbāb-i̊ tīmār" und den "Reʿāyā" (Untertanen) begonnen und nicht der Sultan. So mußten die Pläne des Prinzen grundsätzlich umwälzend wirken, und sie wurden auch so ernst genommen, daß zu ihrer Verhinderung alle Maßnahmen der Zentralgewalt von den Qapi̊qullari̊ unterstützt wurden.[96] Tatsächlich scheinen die meisten Lehensbesitzer die Durchsetzung ihrer Belange von Bāyezīd und nicht von Selīm erwartet zu haben. Denn trotz der weit größeren Mittel, die ihm zur Verfügung standen, konnte Selīm nur etwa halb soviele Yevimlü anwerben wie sein Bruder.[97]

Auf diese Nachricht hin ordnete Süleymān noch weitere Truppen ab: Der Vālī von Adana, Ramażānoġlı̊ Pīrī Paša[98]), sollte sich bei Selīm einfinden, außerdem hatten sich die Beglerbege von Erzurum, Sivas, Van, Aleppo und Šām mit ihren Soldaten bereitzuhalten. Allen Truppen, die sich unter Selīms Befehl begaben, wurden finanzielle Aufbesserungen gewährt.[99]) So erhielten die Beglerbege je 100 000 aqče, die Sanǧaqbege je 30 000, die Zü'emā 300 und die Sipāhīs 200 aqče.

Am 30. Reǧeb 966/8. Mai 1559 wurden schließlich noch der Beglerbeg von Rūmili, Muṣṭafā Paša, mit seinen Truppen, sowie der 3. Wesir Meḥmed Ṣoqollı̊ mit 3 000 Janitscharen zu Prinz Selīm nach Konya geschickt.[100])

Zu dieser Maßnahme sah sich der Sultan genötigt, als er erfuhr, daß Bāyezīd mit einem mehr als 15.000 Mann starken Heer aus "etrāk-i firū-māyegāndan suvār ve piyāde" im letzten Drittel des Reǧeb[101]) aus Amasya in Richtung Konya aufgebrochen war. Zur Entlohnung seiner Truppen nahm er auch während seines Marsches in den Durchzugsgebieten Kredite auf.[102])

Wohl aus dem Bestreben heraus, gegenüber den nicht genau einschätzbaren Truppen seines rebellischen Sohnes keinesfalls ein Risiko einzugehen, hatte Süleymān Prinz Selīm ein Aufgebot aus allem, was unter den Militärs im Osmanischen Reich Rang und Namen hatte, zur Seite gestellt. Auf die Bevölkerung mußten seine Maßnahmen wie die Vorbereitung auf einen ausgedehnten auswärtigen Kriegszug wirken. Diesen Eindruck schien der Sultan zunächst vermeiden zu wollen.[103]) Rüstem Paša aber zerstreute seine Skrupel und empfahl ihm, nichts auf "die Meinung der Leute" zu geben: "...sefer-i humâyûn Sultan Bāyezīd üzerinedir deyü halk söylermiş buyurulmuş. Halkın sözleri çokdur, her kişi bir dürlü söyler, anlarun sözlerine i'tibâr yokdur".[104]) Aus dieser Bemerkung des Großwesirs geht hervor, daß er sich der in den Quellen erwähnten früheren Warnung des Sultans[105]) entsprechend nicht mehr in die Auseinandersetzung zwischen den Prinzen einmischte (gemeint ist natürlich: zu Gunsten Bāyezīds!). Eine Parteinahme hätte seine eigene Stellung gefährdet, und so hatte Rüstem Paša die Fronten gewechselt.

Für den entscheidenden Schlag gegen seinen Sohn wollte sich Süleymān aber in noch stärkerem Maß absichern. Es lag ihm daran, daß das Verhalten Bāyezīds als eindeutig der Šarīʿa widersprechend und daher als "todeswürdig" verurteilt wurde. Ein gleichlautendes Urteil über die Anhänger des Prinzen hatte Aussicht, den Zustrom der Yevimlü in Bāyezīds Heer vielleicht etwas einzudämmen, wenn sie erst einmal sicher sein mußten, daß sie nach dem Gesetz als Anhänger eines Rebellen den Tod verdienten. Wahrscheinlich, weil er sich neben seiner eigenen Rückversicherung aus eine günstige Reaktion bei der Bevölkerung auf ein eindeutiges Urteil versprach, beauftragte der Sultan den Mufti Ebu's-Suʿūd[106)] mit der Erteilung eines Fetwās.[107)] Darin wurde entschieden, daß der Prinz auf Grund folgender Vergehen schuldig sei: wegen des Ungehorsams gegen den Sultan, des unrechtmäßigen Aushebens von Soldaten und finanzieller Erpressung der Bevölkerung. In Ubereinstimmung mit der Šarīʿa dürfe deshalb das Schwert gegen ihn erhoben werden.[108)]

Einen Beweis dafür, welches besondere Gewicht Süleymān der (staatspolitischen?),juristisch(?)-religiösen Rechtfertigung seines Vorgehens beimaß, liefert der Umstand, daß zu dieser Frage noch 11 weitere Fetwās von anderen Gelehrten eingeholt wurden. Alle fällten über Bāyezīd und seine Anhänger das gleiche Urteil.[109)] Als Gründe für den Wunsch des Sultans, sich in jede Richtung abzusichern, nennt Busbeck das Verhalten der kaiserlichen Truppen.[110)] Selbst wenn sich diese Behauptung nicht nachprüfen läßt, kann doch eines mit Sicherheit gesagt werden: Von Seiten der Zentralgewalt entsprach dem hohen Einsatz auf militärischer die starke Betonung der staatspolitischen auf religiösen Gesetzetreue auf der anderen Seite; damit wurde der Prinz in die Rolle des Außenseiters gedrängt, der sich mit seiner Rebellion gegen alle Grundpfeiler der staatlichen Ordnung stellte.

2.2. Die Schlacht bei Konya und ihre Folgen

Am 22. Šaʿbān 966/30. Mai 1559 trafen die beiden feindlichen

Heere vor Konya zusammen.[111] Obwohl Prinz Selīm als Oberbefehlshaber über ein Heer von ca. 30.000 Mann verfügte[112] und über die besten militärischen Führer, war er keineswegs von einem für ihn erfolgreichen Ausgang des Kampfes überzeugt.[113]

Obwohl sich während der Schlacht Bāyezīds Reiterei durchaus als tapfer und wendig erwies[114], unterlag seine 15.000 Mann starke Truppe am zweiten Kampftag doch der zahlenmäßigen und besserausgerüsteten Übermacht des Sultanheeres unter dem nominellen Kommando seines Bruders. Auf beiden Seiten gab es erhebliche Verluste.[115] Als Bāyezīd am Ende des zweiten Tages seine Lage übersah, verließ er mit seinem Sohn Orḫān und den ihm gebliebenen Truppen das Schlachtfeld und floh nach Amasya.[116]

Nach Angaben des Historikers ʿĀlī waren einige Hunderte von Bāyezīds Anhängern gefallen.[117] Auf Grund dieser Verluste und weil möglicherweise ein Teil sich nach den Wirren der Niederlage von dem Hauptheer trennte (vgl. p.150f), bedurfte sein restliches Heer dringend der Reorganisierung und Ergänzung im Falle weiterer Aktionen. Dafür mußte Bāyezīd aber vor allem Zeit gewinnen. Vor diesem Hintergrund scheint es erklärlich, daß er dem Sultan von Amasya aus in mehreren Briefen seine Reue bekundete und ihn um Verzeihung für sein Verhalten bat; er ging sogar auf das Verlangen des Vaters ein und bestrafte einige Ratgeber seiner Umgebung als "Müfsid" (Rebellen), die ihn irregeleitet hätten, mit dem Tode.[118] Zu gleicher Zeit aber sammelten seine Alāy Bege (Oberstleutnant) Qudūz Ferhād und Aqsaq Seyfeddīn erneut eine Anhängerschaft von 1000 Mann für ihn in Amasya.[119]

Zur Beschwichtigung des Sultans schickte Bāyezīd außerdem den Mufti von Amasya, Muḥyī'ddīn Ğurğānī, mit dem Vāʿiẓ Šeyḫ Ḫayreddīn İğyādī und einigen anderen angesehenen Bürgern der Stadt nach Istanbul, um dort für ihn zu vermitteln.[120] Diese Tatsache macht deutlich, daß der Prinz zu diesem Zeitpunkt über eine feste Anhängerschaft in Amasya verfügt haben muß. Wichtige Posten hatte er mit seinen Leuten besetzt[121], und auch ein großer Teil der übrigen Bevölkerung scheint ihm soviel Sympathie entgegen gebracht zu haben (ähnlich wie im Gebiet von Tokat, Çorum und Ankara)[122], daß sich sein ursprünglich zwiespältiges Verhältnis zu der Stadt Amasya gänzlich gewandelt haben muß.

So war es ihm von hier aus auch möglich, verhältnismäßig schnell eine neue Söldner-Armee zusammenzubringen[123], die recht bald schon wieder 10.000 Mann umfaßte.[124] Er scheint auch in Amasya schon mit einem Sendboten des Schahs von Persien zusammengetroffen zu sein, der ihn aufforderte, sich mit seinen Truppen in den Schutz Ṭahmāsps zu begeben.[125] Von allen diesen Vorkehrungen erhielt der Sultan natürlich auch Nachrichten.

Daß nach der Niederlage des Prinzen seine Flucht in ausländischen Schutz von der Zentralregierung als möglich angesehen wurde, beweist eine Reihe von Instruktionen, die an die Gouverneure von verschiedenen Grenzprovinzen geschickt wurden. Solche Anweisungen gingen nach Diyarbekir[126], Erzurum[127] und Van.[128] Eine Flucht Bāyezīds über das Schwarze Meer sollte der Beglerbeg von Trabzon[129] verhindern, auch der Krim-Ḫān erhielt einen ḥüküm für den Eventualfall.[130]

Von den Reaktionen und Gegenmaßnahmen ließ sich wiederum Bāyezīd durch Spione aus der Hauptstadt berichten.[131] Als ein solcher Kundschafter im Lager des Sultans entdeckt wurde und unter der Beschuldigung, er gehöre zu den unrechtmäßig Angeworbenen des rebellischen Prinzen, öffentlich hingerichtet wurde, war das ein Alarmzeichen für Bāyezīd.[132] Er hatte erfahren, daß der Wesir Meḥmed Ṣoqollı̊ zusammen mit Prinz Selīm[133] den Befehl erhalten hatte, gegen Amasya zu marschieren. Den ihnen unterstellten Janitscharen und Altı̊ Bölük (besoldete, berittene Regimenter) wurden wiederum Geschenke und finanzielle Aufbesserungen in Aussicht gestellt.[134] Den Lehensbesitzern, in deren Sanǧaq Bāyezīd gefaßt werden konnte und die sich nachweislich an seiner Festnahme beteiligt hätten, wurde die Erhöhung ihres Ranges versprochen (ein Sanǧaqbeg wurde Beglerbeg, ein Zaʿīm Sanǧaqbeg etc.). Diejenigen, die nicht Inhaber von Lehen waren, sollten von der Zahlung der "ʿavāriż-i divāniyye" (Zuschläge) und "tekālif-i ʿörfiyye" befreit werden.[135] Diese in der Tat sehr weitgehenden Vergünstigungen[136] waren sicherlich nicht dazu angetan, die sozialen Unruhen in Anatolien zu glätten; ihre Einlösung mußten notwendig neue Unruhen und Umwälzungen hervorrufen, was dem Sultan vielleicht selbst bewußt war. Um so deutlicher erkennt man, daß Bāyezīd zum Staatsfeind geworden war, für dessen Beseitigung jedes Mittel und jedes Risiko recht waren.

Die für ihn so bedrohliche Entwicklung wartete der Prinz indessen nicht länger ab. Mit vier seiner Söhne brach er am 1. Šavvāl 966/7.7.1559 nach Osten in Richtung auf die persische Grenze auf[137], mit einer Anhängerschar von 10.000 Mann.[138] Dabei rückte er, wie Busbeck berichtet, so schnell vor, daß ihm keiner der dazu bestimmten Bege zunächst zu folgen oder ihn aufzuhalten vermochte.[139] Bei diesem Umstand muß berücksichtigt werden, daß sich Gouverneure und Statthalter der Gegend, die der Prinz durchzog, in einer zwiespältigen Situation befanden. Zum einen warb Bāyezīd unter ihrer Bevölkerung weiterhin Söldner, indem er, an den Moscheetüren angeschlagen, jedem Überläufer doppelten Sold versprach.[140] Bei einer Konfrontation aber hätten sich die Bege zum Teil ihrer eigenen Bevölkerung gegenübergesehen. Außerdem eilte der Truppe des Prinzen der Ruf besonderer Tapferkeit voraus. Dieser schwierigen Situation entzog sich der Beglerbeg von Rūm, ʿAlī Paša, der den Befehl erhalten hatte, Bāyezīd den Weg abzuschneiden[141], durch den Rückzug auf die Burg von Sivas.[142] Das Bewußtsein, Bāyezīd allein nicht aufhalten zu können, bestimmte auch den Beglerbeg von Erzurum, Ayās Paša, bei seinem Verhalten.[143] Zudem schien er eine gewisse Sympathie für den Rebellen gefaßt zu haben, was bei einem längere Zeit mit den sozialen Unruhen dieser Provinz konfrontierten Gouverneur durchaus verständlich erscheint.[144] Er empfing den Prinzen ehrerbietig und bot sich ihm als Vermittler beim Sultan an.[145] Außerdem versorgte er ihn für den Weitermarsch.[146]

Zur unmittelbaren Verfolgung des Prinzen waren inzwischen die Bege von Malatya und ʿAyïntab (Antep), Muṣṭafā Beg und Ḫüsrev Beg, bestimmt worden. Als Verstärkung waren die Beglerbege von Anatolien und Qaraman, sowie der Beglerbeg von Rūmili mit ihren Soldaten nach Erzurum unterwegs, es folgten der Wesir Meḥmed Ṣoqollï mit einem Janitscharenaufgebot und Prinz Selīm.[147] Diese Vorsichtsmaßnahmen erwiesen sich als angebracht, denn bei einem Zusammenstoß der Truppen Muṣṭafā Begs und Ḫüsrev Begs mit dem inzwischen 12.000 Mann starken Heer Bāyezīds an der persischen Grenze bei Saʿat Čuqūrï unterlagen die ersteren mit großen Verlusten.[148] Die heranrückenden stärkeren Truppen der Zentralregierung bedeuteten für Bāyezīd zweifellos eine größere Gefahr, der er wohl kaum hätte standhalten können. So entschloß er sich, sofort auf persisches Gebiet überzuwechseln, ohne es noch auf eine Schlacht ankommen zu lassen.

Mit Einverständnis des persischen Gouverneurs von Revān(Eriwan), Šāh Qulï[149], überquerte er den Araxes und ging von dort nach Revān.[150] Dort nahm er einige Zeit Aufenthalt, um den Bescheid des Schahs, der sich in Astarābād aufhielt, abzuwarten.[151] Von osmanischem Gebiet aus drangen inzwischen die nachfolgenden osmanischen Bege (die mit ihrem Kopf für die Gefangennahme Bāyezīds hafteten, wie Busbeck berichtet) auf persisches Gebiet vor, um die Fahndung fortzusetzen. Die persischen Grenztruppen ließen sie aber nicht weit kommen, sondern drängten sie bald zurück.[152] Während der Prinz in seinem Militärquartier auf die Nachricht Ṭahmāsps wartete, schien einigen seiner Anhänger erst die ganze Tragweite ihrer Flucht klarzuwenden. Es kam zu Feindseligkeiten zwischen den rund herum zur Kontrolle stationierten Qïzïlbaš und Angehörigen der Qaramanlï und Ṭurġuṭlï aus Bāyezīds Umgebung. Dabei gab es mehrere Tote. Von seinen Soldaten mußte der Prinz Vorwürfe hören, daß er sie unter die "Melāḥide" (Ketzer) geführt habe. Einige ergriffen auch die Gelegenheit zur Flucht und kehrten nach Van zurück.[153] Mit den ihm verbliebenen Truppen aber erhielt der Prinz die Einladung, sich nach Qazvīn zu begeben, wo er am 23. Ṣafer 967/24.10.1559 eintraf.[154]

3. Prinz Bāyezīds Aufenthalt in Persien

Die Flucht Bāyezīds traf Schah Ṭahmāsp nicht unvorbereitet. Er hatte die Revalitäten zwischen Selīm und seinem Bruder von Anfang an genau verfolgt und nur auf den Zeitpunkt gewartet, zu dem er politisches Kapital daraus schlagen konnte. Auf diesen Umstand, der für die Einheit des Osmanischen Reiches zur Gefahr werden konnte, hatte schon der Großwesir Rüstem Paša den Prinz Bāyezīd in einem Brief warnend hingewiesen.[155)]

Wie schon erwähnt (p. 123), hatte ein nach Amasya entsandter persischer Spion dem Schah über die Vorkehrungen und Truppenwerbungen Bāyezīds berichtet und in Ṭahmāsps Auftrag dem Prinzen das Angebot gemacht, Schutz in Qazvīn zu suchen.

Ob der Schah bereits zu diesem Zeitpunkt bestimmte politische Pläne mit dem Prinzen hatte, läßt sich nicht sicher sagen. Jedenfalls wird ihm - wie auch anderen ausländischen Beobachtern der Ereignisse[156)] - klar gewesen sein, daß er mit Bāyezīd in seiner Gewalt eine Art Schlüsselposition in dem sich zuspitzenden und ausweitenden Konflikt erringen konnte.

Hinzu kam, daß er wohl hoffte, Revanche für eine frühere Begebenheit nehmen zu können, indem er Bāyezīd bei sich aufnahm[157)]: 12 Jahr zuvor, im Jahre 1547, hatte nämlich Sultan Süleymān dem aufständischen Bruder Ṭahmāsps, Prinz Alqāṣ Mīrzā, Asyl und auch militärische Unterstützung gegen seinen Bruder gewährt.[158)]

Alle diese Überlegungen bewogen den Perser, dem Prinzen bereits in Revān durch seinen Gouverneur einen freundlichen Empfang bereiten zu lassen. Seinen Yüzbašı̊ Ḥasan Beg beauftragte er, Bāyezīd Geschenke zu überbringen und ihn zunächst nach Tabrīz zu geleiten.[159)] Von dort ging es weiter nach Qazvīn, wo Bāyezīd mit seiner Begleitung am 23.10.1559/21. Muḥ. 967 eintraf.[160)]

Von dem dortigen Empfang durch den Schah gibt Ḥasan Beg Rūmlu eine sehr anschauliche Schilderung[161)]: Zur Begrußung hatte Ṭahmāsp einige seiner hohen Würdenträger aufgeboten. Er selbst geleitete seinen Gast in seinen Palast, nachdem sie sich "wie Vater und Sohn umarmt" hatten.[162] Zu Ehren des Flüchtlings wurde ein großes Festmahl veranstaltet, an dessen Ende der Prinz Geschenke erhielt[163], darunter Pferde, Stoffe und Geld.[164]

Um sich zu revanchieren, teilte Bāyezīd ebenfalls Gaben an seine Gastgeber aus, die er auf seinem Eilmarsch nach Persien hatte mitnehmen können. Sie bestanden gleichfalls aus Pferden, einem Schwert, einem Dolch sowie Gewändern.[165]

Die Beachtung und der Austausch solcher Förmlichkeiten mag als durchaus üblich gelten und noch nichts über die wahren Absichten des Persers aussagen. Sollte dagegen die Angabe Busbecks[166] zutreffen, daß der Schah mit Bāyezīd die Heirat von dessen ältestem Sohn Orḫān mit einer seiner Töchter vereinbarte[167], so müßte man darin schon ein beträchtliches Interesse an dem Prinzen und seinem weiteren Schicksal sehen.

Als bald darauf die ersten Botschaften Süleymāns und Prinz Selīms eintrafen, in denen unter Hinweis auf den gegenwärtigen Frieden zwischen beiden Staaten[168], andererseits aber mit unverhohlenen Kriegsdrohungen[169] die sofortige Auslieferung Bāyezīds und seiner vier Söhne gefordert wurde, scheint der Schah den Prinzen zu einer Stellungnahme aufgefordert zu haben.

Wahrscheinlich wollte er seine Haltung mit der seines Schützlings abstimmen und dann ihre gemeinsamen Beschlüsse den osmanischen Gesandten mitteilen.

Aus Bāyezīds Antwort wird seine ganze Konzeptlosigkeit deutlich: Er fürchte, bei einer eventuellen Rückkehr auf osmanischen Boden ebenso ein Opfer des väterlichen Zorns zu werden wie seinerzeit Prinz Muṣṭafā, erklärte er Ṭahmāsp und beschwor ihn, beim Sultan zu vermitteln und für ihn die Verzeihung des Vaters zu erwirken.[170]

Daraus wird erkennbar, daß der Prinz zunächst einmal Zeit gewinnen wollte und daß seine überstürzte Flucht nach Persien lediglich ein spontaner Entschluß war, der damaligen bedrängten

Situation in Amasya zu entkommen.

Weitergehende, etwa gegen den Sultan gerichtete Pläne, zu denen er die politische oder militärische Unterstützung des Schahs hätte einsetzen können, scheint Bāyezīd jedenfalls zu keiner Zeit selbst entwickelt zu haben. Wendet man sich dieser Frage zu, so ist es nötig, auch näher auf die engsten Vertrauten und Ratgeber des Prinzen einzugehen und den Einfluß zu untersuchen, den sie auf ihn ausübten.

Die meisten der Männer, die wir auch in Persien in der nächsten Umgebung des Prinzen finden, hatten sich ihm bereits vor der Schlacht bei Konya angeschlossen, als er sich auf dem Weg von Kütahya nach Amasya befunden hatte, oder sie waren ihm in Amasya zugelaufen. So gehörten beispielsweise Ṭurġuṭli̊ Ḥüseyn, Aqsaq Seyfeddīn, Qudūz Ferhād Aġa und ʿAlī Aġa zu den unzufriedenen Lehensbesitzern in Rūm, die sich von Bāyezīd eine Änderung ihrer schlechten wirtschaftlichen und sozialen Lage versprochen hatten. Für die Werbung bewaffneter Anhänger hatte ihnen der Prinz noch in Amasya hohe Ämter verliehen.[171]

Als Berater Bāyezīds ließ aber keiner von ihnen andere als die auf die momentane Verbesserung ihrer Situation gerichteten (politischen) Interessen erkennen. Ein Mann, dem man wohl noch am ehesten mäßigenden Einfluß zubilligen konnte, war der Muʿallim des Prinzen, der Gelehrte ʿAbd al-Ǧebbār al-ʿAǧemī.[172] Er befand sich schon während der Gouverneurszeit des Prinzen in Kütahya in seiner Umgebung[173] und begleitete ihn auch nach Amasya. Während die beiden prinzlichen Brüder bei der Schlacht von Konya aufeinander trafen, starb der Ḫoǧa in Amasya an einem Schlaganfall.[174]

Bāyezīds Berater aus dem Kreise der Sipāhīs schienen sich indessen über ihre Möglichkeiten in Persien völlig falsche Vorstellungen zu machen, was ein Vorfall belegen mag: Kurz nach dem Empfang in Qazvīn forderte Qudūz Ferhād seinen Prinzen auf, die Gelegenheit zu nutzen und sogleich zum Schlag gegen die unvorbereiteten Perser auszuholen. Auf diese Weise werde man schnell in den Besitz der persischen Krone gelangen.[175] Heftig wies Bāyezīd diesen naiven Vorschlag seines Getreuen zurück, allerdings ohne deutlich werden zu lassen, welche politische Taktik er einzuschlagen gedachte.

Ṣolaqzāde überliefert ein Ġazel, das Prinz Bāyezīd vor der Schlacht von Konya für einen Perser in seiner Umgebung geschrieben haben soll. Dieses Gedicht, in dem der Prinz davon spricht, daß er im Falle seiner Thronbesteigung mit dem Schwert die Welt erobern wolle, den Schah umbringen und Samarqand und Buḫārā niederbrennen werde, soll schließlich Schah Ṭahmāsp hinterbracht worden sein.[176]

Man wird einmal in diesem sicherlich politisch gemeinten Ġazel ein Mittel Bāyezīds sehen können, mit dem er seinen Herrscherwillen dokumentieren und allgemein bekannt machen wollte. Zum anderen tauchte hier der in der osmanischen Polemik gegen die Safaviden zur Zeit Selīms I. viel verwendete Begriff der "Weltherrschaft" wieder auf, den zwar die osmanischen Sultane für sich selbst oft in Anspruch nahmen, einem Safaviden-Herrscher als Nachkommen einer Dynastie von Sufi-Šeyḫen aber nicht zugestehen wollten.[177]

Es wird wohl nicht zu entscheiden sein, ob der Perser in dem Ġazel Bāyezīds tatsächlich eine für ihn bedrohliche politische Willensäußerung sah oder ob nicht sein späteres Verhalten einfach Teil eines lange vorgefaßten Plans war, seinen Schützling zunächst in Sicherheit zu wiegen, um ihn dann um so sicherer überrumpeln zu können.

Jedenfalls, kurz nachdem er als Vermittler den Sultan und Prinz Selīm im Namen des Flüchtlings um Verzeihung gebeten hatte[178], konfrontierte er Bāyezīd mit einem überraschenden Ansinnen. Er erbat zur Unterstützung eines militärischen Unternehmens bei Astarābād einige tausend Mann von Bāyezīds gut ausgerüsteter Truppe. Dem Osmanen blieb keine andere Wahl als zuzustimmen und unter dem Kommando seines Qapïǧïbašï ʿArab Meḥmed dem Schah den größten Teil seiner Truppen zur Verfügung zu stellen.

Der Rest der prinzlichen Streitmacht, die Ṭahmāsp bei ihrem Einzug nach Qazvīn wie ein "sadd-ı ḥadīd" erschienen war[179], wurde unter dem Vorwand, die Versorgungslage erlaube es nicht, eine so große Zahl von Soldaten an einem Ort zu verpflegen, auf mehrere Orte der Umgebung verteilt.[180]

Wie sich aus einigen Vorfällen, die von Bāyezīds Vertrauten überliefert werden, ablesen läßt, gelang es Ṭahmāsp sehr schnell, durch Isolierung des Prinzen und durch Versprechungen und Bestechung dessen Leute schwankend zu machen und zu demoralisieren.

Da ein Hauptgrund für die Bāyezīd geleistete Gefolgschaft in der sozialen Unzufriedenheit bestimmter Bevölkerungsschichten in Anatolien zu sehen war, erscheint die Enttäuschung dieser Anhänger angesichts ihrer Lage in Persien begreiflich. Von der Erfüllung i h r e r materiellen Wünsche war in Qazvīn keine Rede mehr. Die meisten von Bāyezīds getreuen Sipāhīs mochten zu diesem Zeitpunkt bereits erkannt haben, daß sie nun in der Umgebung des rebellischen Prinzen, der keinerlei Handlungsinitiative mehr erkennen ließ, mehr zu verlieren als zu gewinnen hatten. Das galt für eine freiwillige Rückkehr der Flüchtlinge ebenso wie für eine Auslieferung.

So ließen sich z.B. Qara Uğurlu, Čerkes Maḥmūd[181] und ʿArab Meḥmed, der Bāyezīds Mīrāḫor in Amasya gewesen war[182], für den Schah gewinnen.[183] Nachdem ihnen Aussicht auf gute Belohnung gemacht worden war, fanden sie sich zu Spitzeldiensten bereit. Als der Prinz dann die Spione in seiner unmittelbaren Umgebung entdeckte, ließ er sie auf der Stelle in ohnmächtiger Wut töten.[184]

Was nach Ansicht des Sultans mit den Anhängern im Gefolge seines aufrührerischen Sohnes zu geschehen hatte, erklärte eine Botschaft vom 1. Šaʿbān 967/27.4.1560, die von Abgesandten des Beglerbegs von Erzurum, Muṣṭafā Paša, nach Qazvīn übermittelt wurde. Während dem Prinzen noch die Rückkehr in sein altes Sanǧaq und die väterliche Verzeihung angeboten wurden, verlangte man vom Schah die sofortige Hinrichtung dreier "Rädelsführer" in Bāyezīds Gefolge, Ferruḫ ʿAbd-ül-Ġanī oġlı, Dursun und Aqsaq Seyfeddīn.[185]

Offensichtlich der Meinung, daß sie einem solchen Schicksal an der Seite des Prinzen nicht entgehen könnten, wurden dann einige weitere Betroffene zu Überläufern: Aqsaq Seyfeddīn, der als ʿAzāblar Aġa in Bāyezīds Diensten stand[186] und der Alay Beg Mestāne flüchteten sich in den Schutz des Schahs.[187]

Kurz danach begann die Bevölkerung von Qazvīn - wohl auf Geheiß von Ṭahmāsp[188] - gegen die Anwesenheit der sunnitischen Flüchtlinge zu murren und den Palast, in dem sie untergebracht waren, zu stürmen. Daraufhin ließ der Perser am 23. Reǧeb 967/ 19.4.1560[189] den Prinzen und seine Söhne gefangennehmen.[190] Die noch verbliebenen Getreuen des Osmanen, Lālā Ferruḫ Paša, der Mīrāḫor Sinān, der Čašnigīr ʿĪsā und Ḫoǧa ʿAnbar wurden getötet[191], sowie alle Güter des Prinzen beschlagnahmt.[192]

Zur Begründung seines Vorgehens ließ der Schah Bāyezīd erklären, um Schlimmeres zu verhüten, müsse er den Prinzen vor dem Volkszorn in väterliche Schutzhaft nehmen.[193] Zur gleichen Zeit wurden die auf verschiedene Dörfer der Umgebung verteilten Truppen des Prinzen umzingelt und niedergemacht.[194]

Es ist sicher, daß die Gefangennahme durch den Schah nicht auf Absprache mit dem Sultan zurückging. Die Botschaft, die von den Leuten des Beglerbegs von Erzurum überbracht wurde, erreichte Qazvīn erst nach diesen Vorfällen[195], und sie enthielt noch das Angebot des Sultans, dem Sohn zu verzeihen.[196] Vielmehr muß man das Vorgehen des Schahs als Teil seiner eigenen Politik sehen, die hier näher zu betrachten wäre.

Ṭahmāsps Vorgehen wurde durch die Tatsache wesentlich erleichtert, daß Bāyezīd bei seiner Ankunft in Qazvīn keine eigenen Vorstellungen von seiner Zukunft hatte, sondern sich von Vorschlägen und Interessen des Schahs beeinflussen ließ.

Daß hinter den im Namen des Prinzen geäußerten Wünschen immer die geheimen Interessen Ṭahmāsps standen, läßt sich z.B. bei näherem Zusehen auch aus dem Versuch des Schahs ablesen, vom Sultan des Sanǧaq Bagdad für Bāyezīd zu fordern.

Bereits kurz nach seiner Ankunft in Persien scheint Ṭahmāsp seinen Schützling davon überzeugt zu haben, daß diese Forderung bei Süleymān durchzusetzen sei. Er könne in diesem Sanǧaq fern von Vater und Bruder sein Leben führen und habe im Rücken den Schutz seines persischen Gönners.[197)]

Für diesen Gedanken hat sich Bāyezīd anscheinend schnell begeistert. Schon früher hatte er ja gegenüber dem Sultan und Rüstem Paša[198)] den Wunsch geäußert, ein Sanǧaq in osmanischem Grenzgebiet zur Verwaltung zu erhalten und z.B. nach Bagdad statt nach Amasya geschickt zu werden. Dieses Ansinnen hatte er damals mit der Tradition des Ġāzītums begründet.[199)] Süleymān war allerdings auf seine Argumente nicht eingegangen. Keinem seiner Söhne hatte er ein solches Grenzsanǧaq wie beispielsweise Bagdad oder Aleppo verliehen, weil dort eventuelle separatistische Neigungen eines Prinzen zu sehr begünstigt worden wären.[200)]

Es spricht für die politische Naivität Bāyezīds, daß er in seinem persischen Asyl glaubte, der Sultan werde ihm diesmal die Einsetzung in Bagdad nicht abschlagen.

Aus einer Überlieferung werden dann allerdings die wahren Pläne deutlich, die Ṭahmāsp währenddessen verfolgte. Von dem ersten, im Auftrage Prinz Selīms nach Qazvīn geschickten Gesandten, dem Mirāḫor Ṭurāq Aġa[201)], der die Forderung nach Bāyezīds Auslieferung überbracht hatte[202)], begehrte der Perser die Einsetzung seines Schützlings in das Grenzsanǧaq Bagdad - sogleich aber mit der Einschränkung, wenn dies nicht möglich sei, erbitte er es für sich selbst.[203)]

Bei der Bewertung dieser Überlieferung können wir uns der Meinung Turans nicht anschließen, der es für unwahrscheinlich hält, daß der Schah seine Forderung einem Vertreter des Prinzen Selīm gegenüber erhoben habe.[204)] Als Gewährsmann für seine Angabe nennt Pečevī einen Sinān Aġa, einen Mann, der sich in Ṭurāq Aġas Diensten befand[205] und ihn wohl auch auf seiner Persien-Mission begleitet hatte. Es ist durchaus wahrscheinlich, daß Ṭahmāsp die erwähnte Forderung auch dem Gesandten des Sultans, dem Sanǧaqbeg von Ardahan, Sinān Beg, vorgetragen hat. Nur ist uns darüber keine Nachricht erhalten.

Andererseits kann auch gar kein Zweifel daran bestehen, daß der Schah die Botschafter Prinz Selīms als wichtige und gleichrangige Verhandlungspartner betrachtete und behandelte.

Eine offizielle Vorstellung in dieser Sache soll dann ein Gesandter des Schahs, Ṭābūt Aġa, am Hof in Istanbul unternommen haben.

Pečevī berichtet [206], daß der Großwesir Rüstem Paša daraufhin den persischen Botschafter brüsk zurechtgewiesen habe , ihm komme eine solche Forderung nicht zu. Die Rebellion des Prinzen unterstützten lediglich ein- oder zweitausend Mann räuberischen Gesindels; sie sei für den Sultan bedeutungslos. Keinesfalls aber seien daraus irgendwelche Forderungen abzuleiten.

Falls Ṭahmāsp diese Bewegung jedoch unterstützte, werde sich die bisherige Freundschaft zwischen beiden Ländern in Haß und Feindschaft wandeln. Von dieser Unterredung mit dem Großwesir berichten uns die anderen Quellen nichts.

Sicher ist aber, daß Bagdad und weitere Gebietsforderungen das Streitobjekt blieben, um das es auch bei den weiteren Verhandlungen um die Auslieferung Bāyezīds ging.

Nach der Gefangennahme des Prinzen erklärte der persische Herrscher ganz offen, daß er gar nicht an irgendwelchen Ansprüchen seines "Schützlings" interessiert sei, sondern an der eigenen Machtausweitung bzw. an Vorteilen für seine Dynastie.[207] Von einer Delegation unter Führung von Ǧaʿfer Beg Ustāǧlu[208], die am 17. Šavvāl 968/1.7.1561 von Qazvīn aufbrach[209], ließ Ṭahmāsp folgende Bedingungen vortragen: Als Gegenleistung für eine Auslieferung Bāyezīds müsse ein Sohn des Schahs, Ḥaydar Mīrzā, Bagdad zur Verwaltung erhalten. Außerdem sollten die Osmanen die Festung Kars und ihre Umgebung für immer räumen und an Persien abtreten.[210] Es ist bemerkenswert, daß Ṭahmāsp glaubte, seine Forderungen so hoch schrauben zu können, und den Besitz von Bagdad und Kars beanspruchte. Die Zugehörigkeit beider Orte zum Osmanischen Reich war erst 1555 im Frieden von Amasya vertraglich festgelegt worden.[211]

Ein Grund dafür, daß Ṭahmāsp seine Chancen so günstig einschätzte, ist nach unserer Meinung auch darin zu sehen, daß der Schah es bei seinen Verhandlungen nicht nur mit einem Partner - dem Sultan - zu tun hatte. Vielmehr war ihm in Prinz Selīm ein zweiter Kontrahent erwachsen, mit dem aber, wie sich herausstellte, ein Ausgleich eher möglich schien. Die Sicherheit, mit Selīm in jedem Fall zu einem Interessenausgleich gelangen zu können, muß die Verhandlungstaktik Ṭahmāsps gegenüber dem Sultan mitbestimmt haben.

In ihren Zielen, Bāyezīd unschädlich zu machen und die Bewegung seiner Anhänger unter Kontrolle zu halten, waren sich der Sultan und sein Sohn Selīm sicher einig. Welcher Preis aber für diese Intentionen zu zahlen war und wie weit man dabei in den Zugeständnissen gegenüber den Persern gehen sollte, darüber gingen, wie der Schah der unterschiedlichen Verhandlungsführung entnehmen konnte, die Meinungen Süleymāns und Selīms zumindest zeitweise auseinander.

Ṭahmāsp erkannte klar, daß die Existenz Bāyezīds für Selīm weit bedrohlicher war als für den Sultan, denn ein Arrangement zwischen den Brüdern war undenkbar. So mußte Selīm zwangsläufig zu größeren Zugeständnissen an die Perser bereit sein. Damit war der Prinz auf dem Weg, eine eigene Politik zu entwickeln, die er zunächst natürlich nur im Rahmen der einem Prinzen gegebenen Möglichkeiten betreiben konnte.

Der Schah hatte die Situation richtig erkannt und begonnen, Selīm als ebenbürtigen Verhandlungspartner in Betracht zu ziehen.

Daß er sich so auf den Prinzen einstellte, hatte wiederum Rückwirkungen auf die politische Stellung und die Möglichkeiten eines osmanischen Prinzen allgemein, wie noch zu zeigen sein wird.

4. Prinz Selīms Versuche einer eigenen Aussenpolitik

Es ist wohl das erste Mal, daß ein osmanischer Herrscher schon in seiner Prinzenzeit beginnen konnte, für seine später auch weiter verfolgte Aussenpolitik den Grundstein zu legen. Für Selīm II. trifft dieses zu, jedenfalls was seine Politik gegenüber den Safaviden angeht.

Uber seine Verhandlungsführung geben u.a. die zwischen Ṭahmāsp und dem Prinzen ausgetauschten Botschaften Aufschluß, die z.T. bei Ferīdūn wiedergegeben sind.[212)]

Şerafettin Turan kommt das große Verdienst zu, in seinem Buch in die z.T. falsche oder nicht vorhandene Chronologie der Briefe und ihre willkürliche Reihenfolge eine Ordnung gebracht zu haben, die höchstens noch durch nicht edierte Dokumente ergänzt werden könnte.[213)]

Nach dem vorliegenden Material müssen während Bayezids fast dreijährigem Aufenthalt in Persien sieben Mal Botschaften zwischen dem Sultan, Prinz Selīm und dem Schah ausgetauscht worden sein, bei denen es um das Schicksal des Flüchtings und seiner Kinder ging. Während die Chroniken summarischer verfahren und nicht jede einzelne Delegation aufführen, läßt sich aus den Briefen bei Ferīdūn mehr rekonstruieren[214)], z.B. die Tatsache, daß Selīm im Laufe der Verhandlungen eine immer wichtigere Position einzunehmen begann und schließlich zum Hauptmotor für eine Auslieferung unter den Bedingungen wurde, die endlich ausgehandelt wurden.

Die ersten Briefe Süleymāns[215)] und Selīms[216)] wurden von einer gemeinsamen osmanischen Delegation überbracht.[217)] Diese Abordnung sollte sicherlich die Einigkeit im osmanischen Herrscherhause demonstrieren. Bereits zu dem Zeitpunkt, als nur vermutet werden konnte, daß Bāyezīds Fluchtziel Persien sein werde, befahl der Sultan den Aufbruch dieser Gesandtschaft.[218]

Selīm hatte einen seiner engsten Vertrauten mit dieser Mission beauftragt: Er entsandte Ṭurāq Aġa, der auch als Dichter unter dem Pseudonym "Nihānī" bekannt geworden ist.[219] Am Hof des Prinzen war er zunächst als Defterdār[220], dann als Mirāḫor tätig. Als Dichtermäzen gelangte er in Selīms Umgebung zu ziemlichem Einfluß.[221] Er galt auch als guter Stilist[222] und mag darum vielleicht von dem Prinzen mit der Abfassung des Schreibens an den Schah beauftragt worden sein.

Inhaltlich stimmte Selīms Brief mit dem Süleymāns durchaus überein. Ausführlich wurde in beiden Schreiben das "Verbrechen" der Rebellion gegen Vater und Bruder geschildert. In schärferem Ton fügte aber Selīm zusätzliche Beschuldigungen wie die von Überfällen und Plünderungen hinzu und verglich seinen Bruder mit einem "stolzen Šeyṭān".[223]

Der Sultan forderte die Herausgabe des Flüchtlings an die Einheiten Selīms[224], die ja mit anderen osmanischen Truppen an der Ostgrenze aufmarschiert waren (s. p. 130).

In seinen Antwortschreiben, die der Schah Süleymān und Selīm durch zwei Gesandtschaften überbringen ließ[225], suchte er die Flucht des Prinzen als unüberlegte Handlung und als in der Furcht vor dem väterlichen Zorn begründet zu erklären.[226] Uns scheint allerdings, daß Ṭahmāsp damit nur vordergründig dem Versprechen Genüge tat, als Vermittler zwischen Bāyezīd und dem Sultan aufzutreten.[227]

Daß der Schah mündlich zu diesem Zeitpunkt schon die Frage einer Abtretung Bagdads durch seine Gesandten zur Sprache bringen ließ, erwähnt Pečevī[228], und diese Nachricht scheint ganz auf der Linie der persischen Politik zu liegen.

Bei den Gesandtschaften gab es offensichtlich eine "offizielle' Ebene der schriftlichen Botschaften und eine "inoffizielle" der mündlichen Verhandlungen. Diese waren der jeweiligen, aktuellen Situation angepaßt. Unserer Meinung nach ergibt sich schon aus den wenigen Nachrichten, die wir von solchen Kontakten Selīms haben, daß der Prinz eine eigene Politik zu verfolgen suchte.

Den zweiten Brief des Sultans[229] überbrachten zwei Beauftragte des Beglerbegs von Erzurum, Muṣṭafā Paša.[230] Er enthielt zwar die Bedingung, die Ratgeber und "Anstifter" des Prinzen, die mit ihm nach Persien gekommen waren, zu töten, im übrigen jedoch das Angebot an Bāyezīd, nach Amasya zurückzukehren.

Wie auch Turan bemerkt[231], geht aus dem Antwortschreiben Ṭahmāsps[232] hervor, daß die osmanischen Gesandten mündlich vom Inhalt des Briefes, den sie übergeben sollten, abgewichen waren: die Osmanen, die in Qazvīn von der Gefangennahme Bāyezīds erfuhren, hatten plötzlich erklärt, daß ihnen "der tote Prinz lieber als der lebendige" sei[233], wovon in der offiziellen Verlautbarung des Sultans nichts zu finden ist.

Verständlich werden diese Äußerungen, wenn man sie als die Meinung von Beauftragten eines der Anhänger Selīms interpretiert. Muṣṭafā Paša hatte sich als Sanǧaqbeg von Malatya bei der Verfolgung Bāyezīds bis zur persichen Grenze hervorgetan[234] und war daraufhin durch Selīm am 1. Šavvāl 966/7. Juli 1559 als Beglerbeg von Erzurum eingesetzt worden, anstelle des der Unterstützung der Rebellen verdächtigten Ayās Paša.[235]

Er galt als Parteigänger Selīms[236] und hatte möglicherweise ohne direktes Wissen des Sultans auch die Bedenken und Wünsche des Prinzen durch seine Leute dem Schah vortragen lassen. Dies scheint uns auch deshalb möglich, weil Selīm keinen eigenen Vertreter und keine Botschaft geschickt zu haben scheint.

Auf Süleymān muß diese Entwicklung jedenfalls beunruhigend gewirkt haben. Ihm mißfiel vor allem, daß die Übergabe Bāyezīds hinausgezögert wurde und er nicht genau wußte, worüber überhaupt verhandelt wurde.[237]

Als Drahtzieher hinter Selīms "Geheimdiplomatie" scheint man in Istanbul Lālā Muṣṭafā Paša vermutet zu haben. Er wurde von seinem Posten als Prinzenerzieher abgelöst und, aus der Nähe Selīms verbannt, zum Sanǧaqbeg von Požega (Slawonien) ernannt.

An seine Stelle trat der bisherige Beg dieses Sanǧaqs, Ḥüseyn Paša Tütünsiz.[238]

Selīm verstand wohl, daß dies keine routinemäßige Ablösung war. sondern daß der Großwesir Rüstem Paša, der alte Rivale Muṣṭafā Pašas, der Beeinflussung Selīms durch den Lālā ein Ende bereiten wollte. In Bittschriften und Protesten versuchte der Prinz, vom Sultan die Rückkehr Muṣṭafās in sein altes Amt zu erreichen. Süleymān gab dem immerhin soweit nach, daß er Muṣṭafā als Beglerbeg von Temesvár einsetzte. Der Lālā beklagte sich daraufhin bei Selīm, daß Rüstem Paša sein Verderben wolle, während doch die Angelegenheit mit Bāyezīd noch gar nicht entschieden sei.[239] Mit neuen Bitten bewirkte der Prinz schließlich bei seinem Vater, daß sein Günstling nahe der persischen Grenze eingesetzt wurde und den Posten des Beglerbegs von Van erhielt.[240]

Damit hatte Selīm sich praktisch durchgesetzt und auch in der Frage der Wahl seiner Vertrauensleute vom Sultan sehr weitgehende Zugeständnisse erlangt.

Die Gründe für dieses Entgegenkommen sind sicher in dem Bemühen Süleymāns zu sehen, die Auslieferung seines rebellischen Sohnes endlich zu erreichen und davon nicht durch Schwierigkeiten oder Unstimmigkeiten mit Prinz Selīm abgelenkt zu werden.

Einen Monat später, am 15. Rabīʿ I 968/3. Dez. 1560[241], wurde eine dritte, etwa 700 Mann[242] starke Delegation mit reichen Geschenken[243] und Briefen nach Qazvīn entsandt. An ihrer Spitze standen der Beglerbeg von Marʿaš, Ṣofi ʿAlī Paša und der Qapîǧîbašî Ḥasan Aǧa.[244] Beide waren Abgesandte des Sultans, hatten aber auch ein besonders gutes Verhältnis zu Selīm. ʿAlī Paša war vor Muṣṭafā Paša der Lālā des Prinzen gewesen und hatte auf seine Fürsprache hin 966/1559 das Amt des Beglerbegs von Marʿaš bekommen.[245] Mit mehreren tausend Mann hatte er an der Seite des Prinzen bei Konya gekämpft.[246] Auch Ḥasan Aǧa gehörte zu Selīms Günstlingen.[247] Offenbar als Belohnung für seine Dienste erhielt er im Ẕī'l-ḥiǧǧe 969/August 1562 eine Tochter

Selims, Šāh Sulṭān, zur Frau und wurde damit "Dāmād-ı sulṭānī".[248]

In der von ihnen überbrachten Botschaft[249] ging der osmanische Herrscher mit keinem Wort auf Ṭahmāsps Angebot[250] ein, mit dem Prinzen so zu verfahren, wie der Sultan es wünsche; das bedeutete, ihn gegebenenfalls auch zu töten.

Es wurde lediglich die schnelle Auslieferung Bāyezīds und seiner Söhne gefordert. Eine längere Weigerung des Persers würde sonst einen Krieg zwischen beiden Völkern heraufbeschwören.[251]

Wie wir allerdings aus einem späteren Schreiben Süleymāns[252] entnehmen können, war bei den mündlichen Unterhandlungen zwischen Ḥasan Aġa und Ṭahmāsp ein Verhandlungsobjekt die Abtretung von Kars an die Perser. Dies deutet darauf hin, daß der Sultan zumindest zeitweise zu größeren Zugeständnissen bereit war.

Nachdem der Schah ein weiteres Mal seine Forderung nach Gebietsabtretungen bekräftigt hatte und in einem Schreiben dem Sultan hatte überbringen lassen[253], gab dieser schließlich nach. In einer kurzen Antwort erklärte er sich bereit, für eine Auslieferung seines Sohnes und seiner Enkel dem Schah Kars zu überlassen. Außerdem werde er noch 900 000 altın zahlen, sein Sohn Selīm 300 000.[254]

In einer gesonderten Botschaft an den Schah beschwor auch Selīm die Vorteile einer gütlichen Einigung und ließ sein starkes persönliches Interesse daran erkennen.[255] Er schlug vor, zur Übernahme Bāyezīds von seiner Seite Vertrauensleute nach Qazvīn zu schicken.

In seiner Erwiderung an den Sultan bestand Ṭahmāsp tatsächlich darauf, Bāyezīd nur an Vertrauensleute Selīms auszuliefern, von denen wenigstens einer den Rang eines Pašas haben sollte, und ihn nicht etwa einfachen Čavūšen des Sultans zu übergeben.[256]

Wie auch von den Chronisten hervorgehoben wird[257], sah Ṭahmāsp in dem Thronfolger Selīm schon den künftigen Herrscher und suchte durch ein Arrangement mit ihm politische Vorteile zu erzielen.

Selīm war inzwischen (1. Dek. Reǧ. 969/7.-17. März 1562) aus seiner Residenz Konya nach Kütahya versetzt worden, wo er sogleich den persischen Gesandten Bešāret Aġa empfing.[258)]

In seinem Schreiben bat der Schah Prinz Selīm, auf den Sultan wegen der Erfüllung seiner Bedingungen einzuwirken. Gleichzeitig gab er zu bedenken, daß die Angelegenheit erst dann in Selīms Sinne gelöst sei, wenn Bāyezīd und seine Söhne nicht nur ausgeliefert, sondern ganz beseitigt seien.[259)]

Indem Ṭahmāsp so die eigensten Interessen des Prinzen zur Sprache brachte, erwies er sich als geschickter Taktiker. Zum einen wertete er Selīms Position dadurch auf, daß er in ihm den künftigen Herrscher ansprach und an dessen Interessen appellierte; zum anderen erinnerte er an die noch bestehende Gefahr, die von einem lebenden Bāyezīd ausgehen konnte und präsentierte sich selbst als Verbündeten in dieser Frage.

Auf Grund dieses Vorgehens konnte der persische Gesandte als Ergebnis der Verhandlungen in Kütahya einen Vertrag zwischen Selīm und dem Perser mit nach Hause nehmen. In diesem "ʿahdnāme" vereinbarte der Prinz für den Fall seiner Thronbesteigung mit dem Schah einen dauernden Frieden zwischen beiden Völkern, den auch noch die Nachkommen einhalten sollten.[260)]

Es ist unseres Wissens einmalig, daß ein osmanischer Prinz mit einem ausländischen Regenten schon ein Abkommen über seine künftige Politik schloß.[261)]

In einem zusätzlichen Schreiben betonte Selīm außerdem, auch er halte den Tod Bāyezīds und seiner Söhne für unbedingt erforderlich.[262)]

Mit dem "ʿahdnāme" scheint sich für den Schah mehr erfüllt zu haben, als er hoffte, mit seinen Forderungen nach Gebietsabtretungen letzten Endes erreichen zu können. Auffallend ist jedenfalls, daß in dem noch folgenden Briefwechsel[263)] nur noch von der Übergabe des Prinzen und seiner Söhne und der anschließend daran zu überbringenden materiellen Entschädigung die Rede ist.

Die Erklärung des Sultans überbrachte eine 200 Mann starke Gesandtschaft, die am 14. Ẕī'l-qaʿde 969/16.7.1562 in Qazvīn eintraf, um Bāyezīd und seine Söhne in Empfang zu nehmen.[264] Die Führung dieser Delegation war vom Sultan Ḫüsrev Paša übertragen worden, der E. 1561/969 Lālā Muṣṭafā Paša vom Posten des Beglerbegs von Van abgelöst hatte.[265] Als Dāmād des Prinzen Selīm [266] hatte er bei Konya an dessen Seite gekämpft und für seine Verdienste im Ẕī'l-ḥiǧǧe 966/Sept. 1559 das Sanǧaq Pāsin (Ostanatolien) verliehen bekommen.[267]

Zu den anderen Gesandtschaftsvertretern machen die Quellen unterschiedliche Angaben. Als zweiter Unterhändler Süleymāns wird noch der Qapı̊ǧı̊bašı̊ Sinān Aġa genannt.[268]

Für Selīm führte die Verhandlungen, wie übereinstimmend berichtet wird[269], sein Čavūšbašı ʿAlī Aġa.[270] Als zweiter Vertreter von seiner Seite wird noch - allerdings nur durch eine Überlieferung belegt[271] - der Müteferriqa Fīrūz Beg genannt. Bei ihm könnte es sich um den Mann handeln, der von Prinz Selīm nach dem Tod seines damaligen Nišānǧı̊ Qara Fażlī im Jahre 970/1562-3[272] zu dessen Nachfolger in Kütahya ernannt wurde.[273] Möglicherweise besteht ein Zusammenhang zwischen dieser Ernennung und der zu jenem Zeitpunkt schon erfolgreich beendeten Mission, an der Fīrūz Beg teilgenommen haben kann.

Ḫüsrev Paša scheint dem Schah versichert zu haben, daß die in Aussicht gestellten Mittel zu seiner Entschädigung bereits mit dem dritten Wesir Pertev Paša[274] auf dem Weg an die persische Grenze seien.[275]

Am 21. Ẕī'l-qaʿde 969/23.8.1562[276] erfolgte darauf die Auslieferung des Prinzen und seiner 4 Söhne Orḫān, ʿOsmān, ʿAbdullāh und Maḥmūd an die osmanischen Unterhändler.[277] Nachdem Sinān Aġa Bāyezīds Identität festgestellt hatte[278], soll dieser nach Busbecks Angaben noch einen letzten Wunsch geäußert haben.[279] Diese Bitte, vor seinem Tode seine Kinder noch einmal sehen zu dürfen, habe man ihm aber nicht gewährt. Stattdessen wurde er von ʿAlī Aġa - offenbar auf Befehl seines prinzlichen Herrn in Kütahya - ohne weitere Verzögerung getötet, darauf wurden auch seine 4 Söhne erdrosselt.[280)]

Das Gerücht von Bāyezīds letztem Wunsch hielt sich noch längere Zeit, zumindest unter den ausländischen Vertretern in Istanbul. In seiner Relation von 1562 knüpfte der venezianische Bailo Andrea Dandolo noch einige weitere Spekulationen an diese Frage.[281)]

Falls es Bāyezīd nicht erlaubt gewesen sein sollte, seine Kinder vor seinem Tode noch einmal zu sehen und damit zu identifizieren, hielt Dandolo diese Anordnung des Sultans für unklug und gefährlich. Zu leicht könnte Ṭahmāsp auf diese Weise einen der Söhne Bāyezīds zurückgehalten (und ausgetauscht) haben, um später mit diesem potentiellen Thronanwärter das Osmanische Reich in Unruhen zu versetzen, meinte der Venezianer. Er dachte mit dieser Möglichkeit wohl an die Ereignisse um den "Düzme Muṣṭafā".

Mit den Leichnamen der Getöteten brachen die Osmanen am 30. Ẕī'l-ḥiǧǧe 969/1.8.1562 zur Rückkehr auf.[282)] ʿAlī Aġa, der Abgesandte des Prinzen, zog nach Sivas und ließ dort, entgegen dem Brauch, die Prinzen in Istanbul oder Bursa zu bestatten, den Prinzen Bāyezīd und seine Kinder begraben.[283)]

Unterdessen hatte Pertev Paša die versprochenen Geschenke bis nach Qazābād (bei Tokat) gebracht. Auf die Nachricht von Bāyezīds Übergabe erhielten zwei andere Abgesandte Süleymāns und Selīms den Auftrag, die Sendung von dort weiter nach Persien zu begleiten. Für Süleymān übernahm diese Aufgabe der Sanǧaqbeg von Şarki Karahısar, Ilyās Beg, und für den Prinzen dessen Qapı̊ǧı̊bašı̊ Maḥmūd Aġa.[284)]

Bei diesem letzteren könnte es sich nach unserer Meinung um den Verfasser jener "Qı̊ṣaṣ-ı enbiyā" mit den für die osmanische Literatur beachtenswerten autobiographischen Passagen handeln, auf den Meredith-Owens aufmerksam gemacht hat.[285)]

Autor dieses Werkes ist ein gewisser Hindī Maḥmūd, der nach eigenen Angaben als Dīvān-Sekretär und Qapïǧïbašï bei Prinz Selīm in Konya und Kütahya Dienst tat. Im Auftrag des Prinzen erfüllte er auch eine Mission beim Schah von Persien. Nach Selīms Thronbesteigung wurde er zum Defterdār ernannt und geriet 1571 (bei Lepanto?) für vier Jahre in christliche Gefangenschaft, die er in Rom verbrachte. 1575 konnte er auf Betreiben des Sultans (Murād III.) in einer Gruppe von 40 muslimischen Gefangenen im Zuge eines Austauschs ins Osmanische Reich zurückkehren.[286)]

Nach diesen Angaben ist es möglich anzunehmen, daß "Hindī Maḥmūd" mit Qara Maḥmūd identisch ist, der im Auftrage Selīms nach Qazvīn geschickt wurde. Zwar gibt Hindī Maḥmūd in seinem 1579 mit 68 Jahren verfaßten Werk[287)] an, er sei nach dieser Persienmission mit Prinz Selīm nach Kütahya gekommen und zum Qapïǧïbašï ernannt worden. Man könnte jedoch nach unserer Meinung unterstellen, daß dem Verfasser nach 17 Jahren die Chronologie der Ereignisse etwas durcheinander geraten war, während im Übrigen die fraglichen Fakten übereinstimmen.

Noch ein zweites Mal glauben wir, auf die Spuren dieses "Hindī" oder "Qara" Maḥmūd gestoßen zu sein. Und zwar beim Studium eines Dokuments aus dem Jahre 1575. Es handelt sich dabei um einen Befehl des Sultans an den Beg von Ragusa vom 30. Ṣafer 983/ 9.6.1575 (?).[288)] Darin ergeht der Erlaß, alles für die Ankunft von insgesamt 39 (s.o. 40 !) Osmanen vorzubereiten, die im Austausch gegen christliche Gefangene aus römischer Gefangenschaft freigelassen werden sollten. Namentlich erwähnt wird in diesem Erlaß auch der Sohn eines "Black Maḥmūd".[289)]

Wir vermuten, daß sich unter diesen 39 Osmanen auch Maḥmūd selbst befunden hat, dessen dichterischer Beiname "Hindī" ein Synonym für "Qara" bedeuten kann. Er gehörte vermutlich zu jenen 33 Gefangenen, von denen in dem Dokument zuerst die Rede ist. Der Sohn, der vielleicht gleichzeitig mit Maḥmūd oder auch später in Gefangenschaft geriet, gehörte dann zu den 6 Osmanen, um die die Gruppe der 33 Gefangenen für den Austausch noch erweitert wurde.

Am 17. Ṣaf. 970/15.10.1562[290] erreichte die (in Sachen Bāyezīd) siebte osmanische Delegation unter Führung Ilyās Begs und Qara Maḥmūd Aġas Qazvīn. Sie überbrachte dem Schah Geschenke und eine Geldsumme, die allerdings unter der früher ausgemachten Summe lag. Wie aus dem Dokument, das die Liste der Geschenke aufführt, zu ersehen ist[291], gab der Sultan lediglich 400.000 Flori an Stelle der vorher versprochenen 900.000. Von Selīm wurden 100 000 statt 300.000 Flori gezahlt. Unter den mitgebrachten Geschenken befanden sich viele mit Juwelen verarbeitete Gegenstände: "...Altun murassa eger, altun murassa oyanlu zincirlü, altun murassa sinebendlü, altun murassa boyunluklu, murassa bazubendlü bahri kotazlu, murassa abayilu bir küft.. ..".[292]

Es erhebt sich die Frage, ob nicht bei diesem Unternehmen Prinz Selīm ein Mann als Geldgeber gedient hat, der sich nach verschiedenen Überlieferungen schon in Manisa in des Prinzen Dienst befunden und im Bruderzwist seine Partei ergriffen hatte.[293]

Gemeint ist Joseph Nasi, der spätere Herzog von Naxos. Der in Portugal gebürtige Marrane war 1552 nach Istanbul gekommen und hatte auf Grund seiner guten wirtschaftlichen Verbindungen und Möglichkeiten bald die Gunst des Sultans und Rüstem Pašas erlangt.[294] Seine guten Beziehungen zu beiden osmanischen Prinzen wurden noch 1559 hervorgehoben.[295] Jedoch schenkte ihm Selīm seine besondere Gunst und machte ihn wegen seines erfolgreichen Juwelenhandels zu seine "Ǧevāhirǧibašï".[296]

Man berichtet, daß Nasi während der Thronstreitigkeiten Prinz Selīm in dessen Residenz Kütahya aufgesucht habe, um ihm zur Unterstützung seiner Sache Geld (angeblich 50.000 Dukaten), Waffen, Pferde, sowie sonstige Schätze (Juwelen?) im Werte von 30.000 Dukaten zur Verfügung zu stellen.[297] Zwar wird als Datum für diese Begebenheit 1559 angegeben, doch wissen wir, daß Selīm erst 1562 Gouverneur von Kütahya wurde. Es erscheint uns immerhin möglich, daß zumindest ein Teil des von Nasi gestifteten Geldes und vielleicht auch die Juwelen ihren Weg nach Persien nahmen und dem Schah für die Herausgabe des Prinzen Bāyezīd gezahlt wurden.

5. Auswirkungen der Rebellion Bāyezīds auf die Verwaltung und die sozialen Verhältnisse Anatoliens

Nachdem sich aus der Flucht Prinz Bāyezīds nach Persien außenpolitische Verwicklungen ergeben hatten, war das Hauptaugenmerk des Sultans vor allem auf die Zusammenziehung aller militärischen Kräfte gerichtet gewesen, um so nachdrücklich den persischen Schah auf die Durchsetzung seiner Forderungen hinweisen zu können.

Gleichzeitig aber begann der Sultan, auch mit innenpolitischen Maßnahmen auf das Verhalten der Bevölkerung während des Bruderzwistes zu reagieren. Der Gouverneur von Erzurum, Ayās Paša, wurde seines Amtes enthoben und unter der Beschuldigung, er habe Bāyezīd durch seine Unterstützung zur Flucht verholfen und wegen seiner Vermittlungsversuche in Diyarbekir, hingerichtet. An seine Stelle trat der Statthalter von Malatya, Muṣṭafā Beg.[298)]

Zur Beschlagnahme des zurückgelassenen Besitzes, sowie zur Inhaftierung des restlichen Hofstaates von Prinz Bāyezīd wurde der Sanǧaqbeg von Silistre, Sinān Beg, nach Amasya beordert.[299)] Dort wurde der Schwiegersohn des Prinzen, der als "Muḥāfiẓ" zurückgelassen worden war, seines Amtes enthoben.[300)] Gleichzeitig wurden die meisten wichtigen Ämter der Stadt neu besetzt.[301)] Unter der Bevölkerung der Orte, deren Sympathie für Bāyezīd besonders groß gewesen war, wurden viele Verhaftungen vorgenommen[302)] und zahlreicher Besitz eingezogen.[303)]

Aus dem Yevimlü-Heer Bāyezīds, das sich zum Teil nach der Schlacht von Konya zerstreut hatte, hatten sich kleinere umherstreifende Gruppen, die mit Plünderungen die Gegend unsicher machten, gebildet.[304)] Die Gegend von Amasya, Tokat und Ankara war von ihren Überfällen besonders betroffen.[305)] Gegen solche Gruppen von Plünderern richteten sich die harten Strafmaßnahmen der Zentralregierung. Die Beschlagnahme des Besitzes von ehemaligen Yevimlü des Prinzen, sowie der Einzug größerer Lehen aus dem Besitz seiner Anhänger brachte große Summen ein und wurde schließlich ein einträgliches Geschäft. Die Yevimlü-Nachforschungen[306)] in ganz Anatolien nahmen aus diesen Gründen auf der einen Seite immer extremere Formen an und führten andererseits zu immer größerer Erbitterung unter der Bevölkerung. So verstärkte sich auch das Bandenunwesen immer mehr.[307)] Dieser Entwicklung gegenüber fühlte sich die bisherige Justiz und Administration ziemlich machtlos.[308)] Als Reaktion darauf bahnte sich so seit dem Jahre 1559[309)] eine Entwicklung an, deren Folgen für das Lehenswesen im Osmanischen Reich nicht absehbar waren: Zum Schutz gegen Überfälle plündernder ehemaliger Söldner und Levend-Gruppen, sowie die Zusammenrottung unzufriedener Medrese-Schüler ("softa") wurden überall in Anatolien Janitscharen in Garnison gelegt.[310)] Aus der Hand der Sanǧaqbege oder der sie vertretenden Ṣubašïs (Polizeivogt) ging der Schutz der Ordnung, praktisch aber ein großer Teil der Administration, immer stärker in die Hände der Qapïqullarï über.[311)] Mit größtem Eifer verfolgten sie in den betreffenden Gebieten die Untersuchung der Yevimlü-Vorkommnisse. Denunziation genügte, um aus einem tatsächlichen oder vorgeblichen Anhänger Bāyezīds Geld und Besitz zu erpressen oder ihn zu töten.[312)] Auch die Anhänger des Prinzen Selīm nutzten die Gelegenheit, auf diese Weise mit ihren alten Gegnern abzurechnen.[313)]

Die Unruhe, die sich unter allen Bevölkerungsgruppen Anatoliens ausgebreitet hatte, wurde schließlich durch die immer schärferen Maßnahmen der Zentralregierung nur gesteigert. Das erkannte auch der Sultan und beschloß etwa ein Jahr nach der Auseinandersetzung bei Konya offiziell die Beendigung der Untersuchungen.[314)] Dennoch waren lokale Übergriffe und Repressionen von

Seiten der Qapi̊qullari̊ durchaus keine Seltenheit.[315]

Eine Lehens-Musterung im Jahre nach der Schlacht von Konya führte außerdem die Begünstigung bzw. Benachteiligung der Parteigänger Selīms und Bāyezīds unter den "Erbāb-i̊ tīmār" noch systematisch fort. Denjenigen Lehensbesitzern, die nicht auf Selīms Seite gekämpft hatten, wurde offiziell ihr Besitz entzogen.[316] Während sich so auf der einen Seite die Lebensbedingungen vieler (traditioneller) Lehensinhaber immer mehr verschlechterten, erhielten anderseits die Qapi̊qullari̊ (Janitscharen, Alti̊ Bölük etc.) überall in Anatolien, wo man sie zur Bekämpfung von Unruhen stationiert hatte, die Möglichkeit, Lehensbesitzer zu werden.[317] Entgegen ihren eigentlichen, militärischen Funktionen bzw. neben diesen erhielten viele von ihnen Dirliks ("Ḫāṣṣ", Zi'āmet" und "Tīmār"), was sich wiederum auf ihre Bereitschaft zu Kriegszügen negativ auswirken sollte.[318]

So waren die Folge der Prinzenrebellion von 1559 grundlegende soziale Veränderungen in Anatolien. Mit diesem Datum, das man als Beginn der Ausbreitung von "Pfortentruppen" überall in der Provinz ansetzen kann[319], kündigte sich bereits deutlich das Ende der osmanischen Prinzenresidenzen an und ihre Ablösung durch einen anderen Machtfaktor.

Interpretiert man die Schaffung von Prinzenresidenzen bei den Osmanen als Bestreben der Zentralgewalt, durch einen Prinzen der eigenen Dynastie die Ansprüche der Zentrale in den einzelnen Provinzen zu repräsentieren, so muß man diesen Versuch in der Mitte des 16. Jhs. als gescheitert ansehen. Denn die Prinzen hatten sich nicht in dem erwarteten Maße lediglich als ausführendes Organ der Zentralgewalt betrachtet und sich dementsprechend verhalten. Vielmehr waren sie selbst zum Mittelpunkt von Interessen geworden, die Ansprüche gegenüber dem Sultan durchzusetzen versuchten.

In der auf die Prinzenrebellion folgenden Einsetzung von Qapi̊qullari̊ in alle Bereiche der Provinzverwaltung, sowie des Lehenssystems ist nach unserer Meinung nicht anderes als ein neuer Versuch der Zentralgewalt zu sehen, ihre alten Ansprüche in der Provinz durch neue Vertreter geltend zu machen. So gesehen traten praktisch die Qapïqullarï mit ihren Privilegien die Nachfolge der Prinzen in den Provinzen an. Natürlich "repräsentierten" sie den Sultan in ganz anderer Weise als vordem die Šehzādes. Die ambivalente Erscheinung, daß die Prinzen in den Residenzen zwar die Macht des Sultans verkörperten, das von ihnen geförderte kulturelle Leben aber die eigentlich vorosmanische Vorstellung von mehreren gleichberechtigten Zentren noch aufrecht erhielt, konnte natürlich von den "Pfortentruppen" nicht fortgeführt werden. Deren Interessen waren wirtschaftlicher und politischer Art und berührten die Frage der kulturellen Ausgewogenheit zwischen Provinz und Hauptstadt nicht unmittelbar. Diese Indifferenz verstärkte aber während der neuen Entwicklung die Anziehungskraft Istanbuls nur um so mehr. Die Frage der kulturellen Auseinandersetzung zwischen Provinz und Metropole war bei der Etablierung der Qapïqullarï in Anatolien praktisch schon zu Gunsten der Haupstadt entschieden. Die im 17. Jh. folgenden Unruhen und Auseinandersetzungen in diesem Gebiet bestätigten diese Entwicklung dann auch im sozialen und wirtschaftlichen Bereich.

ANMERKUNGEN

Einleitung

1. Für noch heute in der Türkei verwendete Ortsnamen wurde die moderne türkische Schreibweise gewählt, für die historischen Provinzeinteilungen, Stammesnamen etc. (Qaraman, Qaramanoğullarï) die wissenschaftliche Umschrift der Deutschen Morgenländischen Gesellschaft.
2. Spuler, The Persistent Heritage 176; Braun, Safawiden 107; İnalcık, Saltanat verâseti 90.
3. Vgl. Alderson 22, tab. II.
4. S. Darkot-Yınanç, "Amasya" 392-6; Taeschner, Wegenetz I 188f.
5. Uzunçarşılı, "Eretna" 309f.
6. İnalcık, Rise of the Ottoman Empire 296
7. Dursun Beg 139; Saʿdeddīn II 212.
8. Uzunçarşılı, Saray teşkilâtı 140f.
9. Babinger, GOW 51, 179. Benutzt wurde die Prosaversion des Yūsuf Aġa.
10. Babinger, GOW 83.
11. Babinger, GOW 102.
12. Babinger, GOW 126.
13. Babinger, GOW 192.
14. Stewart-Robinson, Ottoman Biographies 57.
15. Babinger, Amurath 132.
16. İnalcık, Saltanat verâseti 88; idem, Fatih devri tetkikleri 55f.
17. Babinger, Meḥmed 9.
18. Uzunçarşılı, Korkut 544; Sanuto LVIII Sp. 299 nach Pietro Zen (1533); Bostān, ms. Wien, fol. 362 a ff.
19. Gibb & Bowen, Islamic Society II 366.
20. Duda, Ibn Bibi 19.
21. Šükrī fol. 9b; Ṣolaqzāde 341, 261.
22. So İnalcık, Saltanat verâseti 90.
23. Röhrborn, Verwaltungsgeschichte 64.
24. Anonyme Relation (1553) in Albèri, Relazioni III/1, 204; Kâmil, Gazzi-Mekki seyahatnamesi 41.

25. Mehrere solcher Dokumente finden sich in Elezović, Turski spomenici I/2, 195f.

26. Die Angaben bei Alderson 23, tab. III, nach denen Prinz Ǧem 1473, Prinz Selīm 1548 und Bāyezīd 1549 Regenten in Istanbul waren, sind nach übereinstimmenden Aussagen der Quellen zu korrigieren (s. Kap. I und III). Lediglich Prinz Qorqud b. Bāyezīd II. wurde nach dem Tod Meḥmeds II., in dessen Saray er sich befand, bis zum Eintreffen seines Vaters in der Hauptstadt von den Janitscharen für 18 Tage zum Regenten ausgerufen (S. Uzunçarşılı, Korkut 542).

27. So Nedkov, Osmanoturska diplomatika 66.

28. Gibb & Bowen I 145.

29. S. Uzunçarşılı, Tuǧra 123f. Dazu Bemerkungen von Wittek, Frühosman. Urkunden IV, 274; idem, Frühosman. Urkunden III, 128. Eine Liste der bekannten Prinzentuǧren gibt Majer, Ein Nišân 320f.

30. S. dazu Bombaci, Letteratura turca 316.

31. S. dazu İnalcık, Heyday and decline 342-53.

Kapitel I.

1. So Babinger, Sitt 225; danach Oransay 148. Von den osmanischen Historikern wird bei Saʿdeddīn I 390 u. Ṣolaqzāde 180 ebenfalls das Datum 851/beg.19.3.1447 genannt.

2. Nach SʿO I 64 war sie 850/1446 mit Meḥmed (II.) verheiratet worden. Gökbilgin, Edirne 320 bezeichnet sie als die dritte Frau Meḥmeds.

3. S. Oransay 175.

4. Babinger, Mehmed 51.

5. Uzunçarşılı, Kitâbeler I 29f.

6. Fisher, Foreign Relations 14; so auch wieder bei Goodwin, Ottoman Architecture 157.

7. Hammer, GOR II 10.

8. Ibn Kemāl 24f.

9. Ibn Kemāl 24.

10. İnalcık, Saltanat verâseti 85.

11. Ibn Kemāl 24f.

12. s. Anm. 9

13. Am.tar III 222; s.a. Kissling, Chalvetijje 244.

14. So Babinger, Meḥmed 298.

15. Gibb & Bowen I 145.

16. Am. tar III 220f.

17. Z.B. Giese, Chroniken 111 (trad. 149); Nešrī I 185; APZ 148f/Kreutel 208; Saʿdeddīn I 462.

18. Uzunçarşılı, Kitâbeler I 38.

19. H. Edhem, Islâmî kitâbeleri 75.

20. Dazu s. Uzunçarşılı, "Eretna" 309 f.

21. Zusätzlich erschwert wird die Entwirrung der verschiedenen Uberlieferungen dadurch, daß sich im Moschee-Hof das Grab eines 972/1564-5 gest. Muṣṭafā Paša befindet, der als "nesl-i Sulṭān Bāyezīd" bezeichnet wird, wonach ʿAlī Paša dann der Schwiegersohn Prinz Bāyezīd b. Süleymāns gewesen wäre (Kitâbeler 38).

22. Am. tar. III 225.

23. Hammer GOR II 27; Babinger, Meḥmed 157. Die Quellen berichten zwar ausführlich vom Ablauf des Festes, namentlich erwähnt wird jedoch nur die Teilnahme einiger Notabler des Reiches, so des Gelehrten ʿAlāeddīn Ṭūsī, des berühmten Arztes Šükrullāh und des ersten Qāḍīs von Istanbul, Ḫiżir Beg Čelebi. (APZ 148 f./Kreutel 208 f.; Nešrī I 185; Dursun 79; Ibn Kemāl 143).

24. APZ 148/Kreutel 207 f.

25. Chalkokondyles 466 f.

26. Babinger, Meḥmed 172; Uzunçarşılı, O.T. 52.

27. Uzunçarşılı, Korkut 540; Babinger, Meḥmed 9.

28. APZ 137 f./Kreutel 192 f.; Nešrī I 176.

29. Babinger, Sitt 230.

30. Am.tar. III 218-20.

31. Nach Uzunçarşılı, Kitâbeler I 28, waren Murād und Yürgüč Paša verschwägert, beide hatten Enkelinnen des Šādgeldi Aḥmed Paša geheiratet, des Sprosses der berühmten Emir-Familie des 14. Jhs. aus Amasya; zu dieser s. Uzunçarşılı, Kitâbeler I 100-11.

32. Uzunçarşılı, Kitâbeler I 25, führt den Stammbaum der Familie des Yürgüč nach einem Silsilenāme an, das er während seiner Tätigkeit in Sivas beim Studium der Stiftungsurkunden von Yürgüčs Bruder Ḫiżir und Neffen Meḥmed Paša in einem Anhang gefunden hatte. Danach hatte Yürgüč 2 Brüder: ʿAlī Beg und Ḫayreddīn Ḫiżir Paša, die auch Am. tar. III 191 zur Vālīzeit von Prinz Murād (II.) aufführt.

33. Ob Yürgüč Paša nicht-türkischer Herkunft ist (nach Uzunçarşılı), ist nicht ganz geklärt: Das erwähnte Silsilenāme (Kitâbeler I 25) nennt seinen Vater Meḥmed Beg. Auf seinem Grabstein in Amasya liest man "Yürgüč Paša b. ʿAbdullāh al-Atabegi".

34. S. diese in Uzunçarşılı, Kitâbeler I 116-119, 126-29.

35. Am.tar. III 219.

36. Am.tar. III 225.

37. Uzunçarşılı, Kitâbeler I 28.

38. Uzunçarşılı, Kitâbeler I 26.

39. Damit ist zu dieser Zeit das Kernland der anatolischen Provinz, "Rūm-i qadīm" gemeint, das die Sanǧaqs Tokat-Sivas, Sonısa-Niksar, Amasya, Canık und Şarki Karahısar umfaßte (s. dazu Gökbilgin, Rûm 52).

40. Chalkokondyles 466.

41. Babinger, Meḥmed 201.

42. Tansel, Fatih 261-2.

43. Chalkokondyles 467.

44. Chalkokondyles 496.

45. Gökbilgin, Rûm 52.

46. Nach Edhem, Trabzon 326 handelt es sich bei der Ḫayreddīn-Paša-Češme um die erste muslimische Inschrift nach der Eroberung. Der Autor hält als Stifter den Beg von Amasya, Ḫiżir Pasa, für möglich. Merkwürdig bliebe die Formel "nawwara 'llahu qabrahu", die wir sonst von Grabinschriften kennen (z.B. auf dem Grabstein Yürgüč Pašas: Uzunçarşılı, Kitâbeler I 117).

47. Uzunçarşılı, Kitâbeler I 127 entnimmt das einer Stiftungsurkunde von Ḫiżirs Sohn Meḥmed Paša, in der auch Vater und Onkel mit ihren Titeln erwähnt werden.

48. In der Inschrift "al-amīr al-kabīr" genannt: Edhem, Trabzon 326. Diesen Titel trug z.B. auch Yürgüč Paša als Statthalter von Amasya und Tokat: Uzunçarşılı, Kitâbeler I 117.

49. Am.tar. III 226.

50. Am.tar. III 236; Kreutel, der im Index seiner Übersetzung von ʿĀšiqpašazāde für Ḫiżir Beg ebenfalls dieses Todesdatum gibt (nach Am.tar.?), scheint auch der Meinung zu sein, daß es sich bei dem unter Murād II. erwähnten Ḫiżir Beg um den späteren Lālā von Prinz Bāyezīd handelt.

51. Kuran, The mosque 54.

52. Am.tar. III 227.

53. S. dazu Turan, Ibn Kemāl (Transskriptionstext) XI f; Ayvānsarāyī, Ḥadīqat I 181 nennt Ibn Kemāl "Lālāzāde", was wohl im weiteren Sinne als "Lālānachkomme" zu verstehen ist.

54. Ertaylan, Kabûlî 206; Sehī 43; vgl. auch Parmaksizoǧlu, "Kemâl-paşa-zâde" 561. Turan a.a.O hält dagegen den Lālā

und den Wesir für zwei verschiedene Personen.

55. Ibn Kemāl 293, 325.

56. Am.tar. III 227.

57. Am.tar. III 227.

58. APZ 176/Kreutel 248; Dursun Beg 146. Ibn Kemāl 345 nennt ihn "sipahsālār".

59. APZ 176/Kreutel 248; Dursun Beg 146. Nešrī I 207.

60. Die Hintergründe dieses Vorwandes bleiben im Dunkeln; so ist z.B. unklar, wer mit dem Fürsten Qïlïč Arslan gemeint ist, dessen Sohn Uzun Ḥasan auf dem Thron der Ẕu'l-Qadïr installieren wollte. Einen Ẕu'l-Qadïr-Fürsten dieses Namens gab es nicht, zudem rivalisierten zu diesem Zeitpunkt zwei andere Anwärter um die Herrschaft des Turkmenenfürstentums: Im August 1472/Rabīʿ I 877 wurde der seit 5 Jahren, zunächst mit Meḥmeds II. Unterstützung regierende Šahsuvār Beg in Auseinandersetzungen mit den Mamluken von diesen gefangengenommen und getötet; an seiner Stelle setzten sie seinen Bruder Šāh Budāq (zum 2. Mal) als Herrscher ein (vgl. Art. "Dhu'l-Ḳadr" in EI^2, II, 239 f.). Es erscheint unwahrscheinlich, daß mit Q.A. der Qaramanoğlï dieses Namens gemeint sein könnte, der 1471 von den Osmanen zur Ubergabe der Burg ʿAlāya gezwungen worden war (s. Ibn Kemāl 333 f.). Uzun Ḥasan dürfte es kaum gewagt haben, die Osmanen um Erlaubnis zu bitten, einen Sohn dieses Qaramanen auf dem "Thron seiner Väter" installieren zu wollen, denn sowohl Qaraman selbst wie auch ʿAlāya waren ja in osmanischem Besitz.
Im Gegensatz zu den osmanischen Quellen erwähnen die persischen lediglich die Tatsache des Uberfalls auf Tokat durch die Aqqoyunlu, nicht aber die Vorgeschichte (vgl. Lügal, K-i Diyārbakriyya II 567).

61. Urūğ 127; APZ 176-7/Kreutel 249; Ibn Kemāl 347; Saʿdeddīn I 523; Ṣolaqzāde 238; dazu auch Tansel, Fatih 309, Anm.171.

62. Z.B. Ibn Kemāl 347.

63. So soll z.B. der noch aus selğūqischer Zeit stammende Bau der Alağa Mesğid ganz zerstört worden und 911/1505-6 wieder neu aufgebaut worden sein: Asarkaya, Tokat 50 f. Ein bei Baykal, Uzun Hasan 'ĭn...mücadelesi 285 teilweise wiedergegebenes persisches Fetiḥnāme des zerstörten Tokat vermittelt einen Eindruck vom Vorgehen der Aqqoyunlu.

64. Ṣolaqzāde 321: 903/1497-8. Nach anderen Quellen ereignete sich diese Naturkatastrophe 915/1509, vgl. Asarkaya, Tokat 30.

65. S. İnalcık, "Ḥarīr" 212; Beldiceanu, Les Actes 105f., 107f.

66. Gökbilgin, Rûm 56.

67 İnalcık, Bursa... 698 f. doc. 5; vgl. auch Lefebvre,Firmans

159 p. 8.

68. Gökbilgin, Edirne 74; nach APZ 191 wurde er dort in eigener Türbe begraben.

69. So auch Am. tar. III 228.

70. Nešrī I 211; Ibn Kemāl 399 f.; dazu auch Ménage, "Djandarlï" 455.

71. Tansel, Fatih 324 u. Uzunçarşılı, OT II, 537 modifizierten danach das Datum seiner Ernennung (bei Turan, Ibn Kemāl, Transskription, 363, Anm. 1 u. Ménage, "Djandarlı" 445 mit 878/1474 bzw. 878/1473 angegeben und hielten als Einsetzungsjahr auch 877/1473 für möglich).

72. TKZ 228/Rescher 131 ff.; Meǧdī 220 ff.

73. TKZ 271 ff./Rescher 156 ff.; Meǧdī 254. Zu ihm s. Kissling, Zejnijje 174 f.

74. TKZ 230/Rescher 132; Meǧdī 221.

75. Gökbilgin, Edirne 327.

76. Uzunçarşılı, "Candarlı" 356.

77. Uzunçarşılı, "Candarlı" 356.

78. Meǧdī 220.

79. Ménage, "Djandarlı" 445; Turan, Ibn Kemāl (Transskription) 363, Anm. 1 nennt wohl irrtümlich 1474.

80. Gökbilgin, Edirne 320, Anm. 414.

81. Dies widerspricht der Angabe bei Walsh, "Fenārī-zāde", 879, ʿAlī sei von 872-77/1467-1472-3 Qāḍī von Bursa gewesen.

82. TKZ 157; 180/Rescher 90; 101; Meǧdī 162; 180; Die späteren Historiker z.B. Ṣolaqzāde 265/6 haben diese Version übernommen, ebenso eine Fülle von Sekundärliteratur, z.B. Pakalın II, 220; zuletzt wurde diese Frage ausführlich, aber mit gleichem Ergebnis von Dilger, 20 f. behandelt.

83. TKZ 203/Rescher 117; 231/Rescher 133.

84. Zu revidieren ist sicherlich die Angabe in Am.tar. III, 227, Ibrāhīm sei 873/1468-9 während seiner Qāḍīzeit in Amasya zum Nišānǧi gemacht worden.

85. APZ 178/Kreutel 251; Nešrī I 209; Dursun Beg 150; Ṣolaqzāde 540; Saʿdeddīn I 529.

86. Chronikon/Kreutel 144 berichtet zwar als einzige Quelle von einem Zug Meḥmeds 1461 (vor der Belagerung Trapezunts) gegen Uzun Ḥasan, an dem auch Prinz Bāyezīd teilgenommen haben soll. Allerdings wird diese Nachricht von keiner anderen Quelle bestätigt.

87. Ibn Kemāl 400 ff.

88. Tansel, Fatih 324 f. interpretiert diese Erklärung als tat-

sächliches Programm Meḥmeds II. Es bliebe zu fragen, ob der Autor Ibn Kemāl diese Aussage nicht auch im Hinblick auf seinen Auftraggeber, Sultan Bāyezīd, eingefügt hat, quasi um die Friedenspolitik dieses Herrschers durch ein ähnliches Verhalten des Eroberers zu rechtfertigen oder zu erklären.

89. APZ 180/Kreutel 254.

90. APZ 180/Kreutel 254; Nesri I 211.

91. So Nešrī I 211.

92. So ein bei Ferīdūn[1] I 272 wiedergegebenes Ḫaṭṭ-i šerīf. Vgl. auch Babinger, Mehmed 330.

93. Ibn Kemāl 354; Idrīs, fol. 208; Saʿdeddīn I 524; Ṣolaqzāde 239.

94. So Babinger, Meḥmed 331, wohl nach Hammer, GOR II, 108-9.

95. Auffallend an der bei Ferīdūn[1] I 272-3 wiedergegebenen vorgeblichen Siegesmeldung des Prinzen ist die Tatsache, daß in diesem Dokument als Beglerbeg von Anadolu Aḥmed Paša Gedük genannt wird (der dieses Amt nur bis 1470 innehatte, vgl. Art. "Ahmed Paşa" in IA,I,194) und als Beglerbeg von Rūm (sic!) ein Meḥmed Paša. Es ist weder - wie Hammer und Babinger angeben - vom Beglerbeg von Rūmili die Rede, noch von Dāvūd Paša, der nach übereinstimmender Auskunft der Chroniken 877 /1472 der Beglerbeg von Anatolien war (s. Anm.93). Nach Meinung von Hammer, GOR II 110 (und danach wohl Danişmend I 322) ist mit dem bei Ferīdūn genannten 14. Rabīʿ I die Datierung in das Jahr 877 (entspr. 19.8.1472) geklärt. Die verschiedenen sachlichen Umstimmigkeiten lassen jedoch die Echtheit des Dokumentes fraglich erscheinen, bzw. ist zweifelhalt, ob es in diesen Zusammenhang gehört.

96. Dursun Beg 150; Ibn Kemāl 406; zu korrigieren ist übrigens Alderson 23, tab. III, wo an Stelle Edirnes Istanbul angegeben ist.

97. Es gibt eine ganze Anzahl von mit Prinz Süleymāns Tuġra versehenen Dokumenten, die über Selīms I. militärische Erfolge von 1517 gegen die Mamluken berichten. Z.B. Elezović, Turski spomenici I, 2, p. 195 (Faksimile); I, 1. p. 936-52 (Text).

98. S. Ferīdūn[1] I 276-8; 278 f.

99. Zuerst abgedruckt im "Ağriboz fethine ait iki vesika" in: Fatih ve Istanbul I, sayı 3-6, p. 312-13. Das Wiener Münšeāt-Werk ms. H.O. 161 wurde ediert von Lugal/Erzi, Fatih devrine ait biri münşeat mecmuasi. Istanbul 1956.

100 Tansel, Fatih 206-7: nach Münşeat mec., Veliyuddin Efendi Ktb. No. 3258, vrk. 19.

101 Dazu Ibn Kemāl 310.

102. Ubereinstimmend von diesem Ereignis berichten APZ 172/ Kreutel 242; Nešrī I 204; Dursun Beg 142; Ibn Kemāl 310 lediglich von den Verdiensten des ehemaligen Großwesirs Maḥmūd Paša, der als Befehlshaber der Flotte Meḥmeds Landstreitmacht bei der Einnahme unterstützte.

103. APZ 179/Kreutel 253; Nešrī I 210; Dursun Beg 154; Ibn Kemāl 375; bei Saʿdeddīn I 532 ist Aḥmed bereits Defterdār von Rūmili. Ṣolaqzāde 241 macht aus der einen Person zwei: Neben Fenārīzāde erwähnt er den Defterdār Aḥmed Čel.

104. Walsh, "Fenārī-zāde" 879 nennt ihn einen Sohn von Šemseddīn Meḥmed, der bereits 834/1431 starb. So auch Danişmend I, 453.

105. Zu ihm s. TKZ 23 ff./Rescher 11 ff.; Uzunçarşılı, Ilmiye 228 f.

106. Dazu s. SʿO I, 194.

107. Zu diesem Zeitpunkt war er bereits im Amt, wie man aus einem an ihn gerichteten ḥüküm Sultan Meḥmeds vom 12. Muḥ. 884/5.4.1479 (Bei Ferīdūn[1] I 263-4) ersehen kann.

108. Am. tar. III 229.

109. TKZ 231/Rescher 133; Meǧdī 222.

110. Nach Gökbilgin, Edirne (Index: s.v. Ibrāhīm Paşa) sind drei Söhne und zwei Töchter in den Dokumenten belegt. Das Grab eines weiteren Sohnes, Muṣṭafā Čelebi, befindet sich nach Ayanoğlu, Mezâr taşları 197-8 in Eyub, mit einer Inschrift von 989/1492.

111. Die 883/1478 von ihm in Istanbul errichtete Moschee mit Medrese und Mekteb (Uzunçarşılı, O.T. 537, Barkan - Ayverdi, Tahrir 85 f.) ist nicht unbedingt ein Hinweis auf seinen dauernden Aufenthalt in der Hauptstadt.

112. Idrīs fol. 366 b; ʿĀlī, III, fol. 254 b; Saʿdeddīn II 217.

113. Uzunçarşılı, O.T. 11: gegenüber 34 Angehörigen der Devširme, die in diesem Zeitraum die Großwesire stellten, waren nur Qaramanī Meḥmed Paša, Ibrāhīm Čandarli̊, Pīrī Meḥmed Paša und Lālā Meḥmed Paša "freigeborene" Türken.

114. Z.B. İnalcık, "Meḥmed I.", 533.

115. Während seiner Wesirszeit in Istanbul ließ er täglich 600 Derwische aus seiner Küche verpflegen (TKZ 231/Rescher 133; Meǧdī 223).

116. APZ 192; Nešrī I 231; Ibn Kemāl 596; Qi̊vāmī 273.

117. Dursun Beg 22.

118. TKZ 302/Rescher 176; Meǧdī 285. Dazu auch İnalcık in Cambridge History of Islam I 304 f.; Akdağ, Iktisadi Tar. II 273 f.

119. Gökbilgin, Edirne 418.

120. İnalcık, "Meḥmed" 533; idem in: Cambridge Hist. I 304.

121. So ʿĀlī, III, fol. 322 b.

122. TKZ 203/Rescher 117; Meǧdī 200.

123. Die Fortsetzer des Werkes von Ṭašköprüzāde, ʿAlī Mi̊ni̊q und ʿAṭā'ī, bieten dafür eine Fülle von Beispielen in ihren Schriften.

124. Danişmend I 453; zur Rangfolge dieser Ämter sei allerdings bemerkt, daß in der Sitzordnung des kaiserlichen Dīvāns die Defterdāre *vor* den prinzlichen Lālās saßen! Vgl. Ârif, Qānūnnāme 13.

125. Ferīdūn[1] I 263 f. mit dem Datum 12.Muḥ. 884/5.4.1479.

126. "...vilāyet-i Rūmi̊ñ vazīʿi ve šerīfi anlardan nīǧe veǧihle müteʾezẕī...". S. dazu auch Ertaylan, Cem 48 ff.

127. ʿĀšıq Čel. 260 a.

128. ʿĀšıq Čel. 89 a; Qi̊nali̊zāde fol. 90 a.

129. Nach Ünver, Notlar 78 stammte er selbst aus Amasya; so auch ʿOM I 273.

130. Am. tar. III 229; dort im Jahr 879/1474-5.

131. Uzunçarşılı, Ilmiye 102.

132. Uzunçarşılı, Ilmiye 94; Mantran, Istanbul 139.

133. Das persisch-türkische Wörterbuch "Baḥr al-ǧarā'ib" oder "Luǧat-i Ḥalīmī" (vgl. Karatay, TYK II, 19, 20). Nach Rieu, Turk. mss. 138 wurde das Werk vielleicht schon 850/1446 verfaßt.

134. Am. tar. III 229 f.; dazu auch ʿOM I 273. Ein vom Autor selbst geschriebenes Ms., das ein Siegel Sultan Bāyezīds II. hat, befindet sich in der Aya Sofya Bibliothek unter dem Titel "Tāʾiyye al-Ḥalīmī maʿa šarḥihā" unter der Nr. 4088 (s. Ünver, Notlar 76).

135. ʿĀši̊q Čel. 260 a.

136. Am. tar. III 231.

137. s. Anm. 136.

138. Gökbilgin, "Müeyyed-zâde" 787.

139. Saʿdeddīn II 554.

140. TKZ 328/Rescher 192; Meǧdī 309.

141. Mustaqīmzāde 249.

142. So auch TKZ 328/Rescher 192; Meǧdī 308.

143. Z.B. auch Uzunçarşılı, O.T. 537; Walsh, "Fenārī-zāde" 879.

144. TKZ 328/192; Meǧdī 309; Saʿdeddīn II 554; ʿĀši̊q Čel. 260a;

Qinalizāde fol. 92 b f. Riyāzī fol. 43 b f; Kisslings Erwähnung in Chalvetijje 244 f., 247; daß in den Vorfall auch Bāyezīds Nišānǧi Ǧa'fer Čel. verwickelt gewesen sei und daß dieser ebenfalls habe fliehen müssen, geht auf die unrichtigen Angaben in Am. tar. III 231 zurück. Ǧa'fer findet im Zusammenhang mit der Affäre in keiner Quelle Erwähnung. Das auf p. 245, Anm. 1 nach TKZ/Rescher 191 (gemeint ist wohl 192!) zitierte zweite Beispiel dafür, daß Bāyezīd "schon früher einmal" einem zum Tode verurteilten Gelehrten zur Flucht verholfen habe, bezieht sich allerdings auf dasselbe, schon erwähnte Ereignis! Daran die Vermutung zu knüpfen, daß der Prinz "des öfteren die Befehle seines Vaters vereitelte", scheint doch etwas gewagt.

145. Ferīdūn[1] I 264. Das Antwortschreiben ist undatiert.

146. Dazu: Stewart-Robinson, Ottoman biographies 58.

147. Sehī 27/Rescher 17.

148. Am. tar. III 233.

149. Top.Ar. vsk. 6366 bei Ertaylan, Cem 50 f.; vgl. auch Uzunçarşılı, O.T. 663, Anm. 2.

150. Am. tar. III 231 f.

151. Er ist in diesem Amt bei Gökbilgin, Edirne 46, Anm. 46 durch ein Dokument von 875/1470 belegt. Seine offizielle arab. Titulatur lautet in dieser Stellung "iftiḫār al-umarā' al-kirām, iḫtiyār al-kubarā' al-fiḫām šuǧa' ad-daula wa 'd-dīn". Seine eulogiehalfte Bezeichnung "vazīr b. vazīrān" durch den Dichter Qābūlī (s. Ertaylan, Kabûlî 206) findet sich in einer Qaṣīde, die auf die persönliche Bekanntschaft Qabūlīs mit Süleymān Čelebi während dessen Amtszeit in Amasya zurückgehen dürfte, wohin Qabūlī 876/1471-2 kam (vgl. Ertaylan, Kabûlî 99, sowie Sohrweide, Dichter 278).

152. So jedenfalls Am. tar. III 232 und Parmaksızoğlu, "Kemâlpaşa-zâde" 562.

153. Meǧdī 382, 384; 'Āšiq Čel. 37 a, 37 b; 'Ālī, III, fol. 265 a. Vgl. auch Turan, Ibn Kemāl (Transskript.text) XX.

154. Nach Am. tar. III 232 noch 883/1475-6.

155. Idrīs fol. 366 a; danach 'Ālī, III, fol. 254 b.; Sa'd-eddīn II 217; Küčük Nišānǧi 163. Warum S'O I 194, Danişmend I 462 u. Walsh, "Fenārī-zāde" 879 dafür das Jahr 885/1480 ansetzen, ist nicht ganz ersichtlich.

156. Küčük Nišānǧi 163; danach Walsh, "Fenārī-zāde" 879: st. 893/1487-8.

157. Nach einem Dokument bei Gökbilgin, Edirne 476.

158. Dabei dürfte es sich um ein bei Liebe-Harkort 111 beschriebenes, wertvolles Tuch gehandelt haben, das meist

Frauen oder sehr wohlhabende Männer besaßen.

159. Nach Am. tar. III 232 wurde er 883/1475-6 ernannt und blieb bis zur Thronbesteigung Bāyezīds im Amt.

160. Idris fol. 246 a; ʿĀlī III, fol. 165 a; Saʿdeddīn II 5 f. Ṣolaqzāde 270; vgl. auch Tansel, Bayezît 20; Uzunçarşılı, O.T. 163.

161. Idrīs fol. 236 b- 37 a; ʿĀlī, III, fol. 187 a-b; Saʿdeddīn I 568; Ṣolaqzāde 260 f; nach Ibn Kemāl 516: 884/1479.

162. Ibn Kemāl 516.

163. Nach Ibn Kemāl 516 die 3 Festungen Ṭorul, Ǧezre, Ǧāneḫāh.

164. Hammer II 175: Tirol (bei Bayburt); nach Uzunçarşılı. O.T. 56, Anm. 2: Turul (zwischen Trabzon und Gümüşhane).

165. Ṣolaqzāde 260.

166. Ibn Kemāl 517 f.

167. Als einzige Quelle versucht Ibn Kemāl 517 ff. den Eindruck zu erwecken, als handele es sich bei der Eroberung um eine von dem Prinzen geleitete Aktion.

168. Wie aus einem Archivdokument des Topkapı Sarayı hervorgeht, wurde Raqqāş Sinān 882/1477 Sanǧaqbeg von Silistre, also auf einen relativ unbedeutenden Posten berufen, wo er den Auftrag zu militärischen Aktionen in Bessarabien erhielt. (Vgl. Uzunçarşılı, Hızır Bey oğlu Sinan Paşa 40).

169. Edhem, Trabzon 334-6; vgl. auch Eyice, Sincanli'da Sinan Paşa 334, no. 18. In Kanunuâbad stiftete Raqqāş Sinān 893/1487-8 eine Moschee (s. Uzunçarşılı, Hızır Bey oǧlu Sinan Pasa 40, Anm. 13.)

170. Zu diesen Bauten s. Uzunçarşılı, Kitâbeler I 93-111.

171. Vgl. Anhegger, Zur baugeschichtlichen Stellung .... 9.

172. Evliyā Čelebi, Seyāḥatnāme II 186-7

173. Yalçin, Amasya 15.

174. Gabriel, Monuments II 20 ff.

175. Gabriel, Monuments II 25 ff., Uzunçarşılı, Kitâbeler I 112 f.

176. Gabriel, Monuments II 31 ff., Uzunçarşılı, Kitâbeler I 116 f.

177. Anhegger, Zur baugeschichtlichen Stellung ... 9-10.

178. Am. tar. I 282, Gabriel, Monuments II 46.

179. Uzunçarşılı, Kitâbeler I 120, Ayverdi, Fatih devri 72.

180. Die Bemerkung Kātib Čelebis, Ǧihānnümā 688, Meḥmed II. habe in Amasya ʿImāret und Medrese gebaut, muß auf einer Verwechslung mit Bāyezīd II. beruhen.

181. Kātib Čelebi, Ǧihānnümā 625.

182. Uzunçarşılı, Ilmiye 12-17. Dazu d'Ohsson IV 489; Gibb & Bowen II 144 ff.; Art. "Mescid" in IA, VIII, 73.

183. Bei Am. tar. I 272: arbaʿīn, ḫamsīn, sittīn, was der Einteilung in "miftāḥ", "telvīḥ" und "ḫāriǧ" entsprechen soll: s. Uzunçarşılı, Ilmiye 12 f.

184. Gibb & Bowen II 90; Uzunçarşılı, Ilmiye 145 ff. Die Bezeichnungen werden synonym gebraucht, z.B. Meǧdī 293, Saʿdeddīn II 546.

185. SʿO IV 717.

186. Uzunçarşılı, Ilmiye 145.

187. So jedenfalls Am. tar III 230.

188. TKZ 200/Rescher 115, Meǧdī 197 f., Saʿdeddīn II 501, ʿĀlī, III, 199 a (dort irrtümlich Muṣliḥeddīn genannt).

189. Ḥāǧǧī Ḫalīfa(Istanbul) II, Sp. 2028. 2030: der Kommentar von Molla Ṣalāḥeddīn.

190. Ḥāǧǧī Ḫalīfa(Istanbul) II, Sp. 1145 ff.

191. Ein Exemplar der "Ḥāšiya ʿalā 'l-ʿaqā'id an-Nasafiyya" findet sich auch in der Sultansbibliothek in Istanbul (vgl. Fatih kütübhanelerine... 45), wohin Bāyezīd sie nach seiner Thronbesteigung mitgebracht haben muß.

192. Am. tar. III 232.

193. Bis zum Bau der Üč-Šerefeli-Medrese (Edirne) durch Murād II. nahm sie den ersten Rang unter den Medresen ein, Uzunçarşılı, Ilmiye 3.

194. TKZ 128/Rescher 72.

195. ʿĀšîq Čelebi 157 a.

196. TKZ 140/Rescher 80.

197. ʿĀšîq Čel. 157 a; TKZ 309/Rescher 180.

198. Am. tar. III 232.

199. TKZ 372 f./Rescher 216; Meǧdī 343; Saʿdeddīn II 573.

200. Er ist nicht zu verwechseln mit dem ebenfalls in Amasya tätigen Gelehrten ʿAbdullāh al-Amāsī: TKZ 235/Rescher 135.

201. Ârif, Qanūnnāme 21.

202. ʿAṭā'ī 176, zu diesem Amt s. d'Ohsson IV 558, Gibb & Bowen II 93 f.; Uzunçarşılı, Ilmiye 161-72.

203. Uzunçarşılı, Ilmiye 166; Luṭfī Paša, Aṣāfnāme 35, Anm. 5.

204. Am. tar. III 232.

205. TKZ 310/Rescher 181; Meǧdī 293.

206. Baġdādlî Ismaʿīl Paša II Sp. 235; Meǧdī 398.

207. TKZ 443/Rescher 255; Meǧdī 399.

208. Zu ihm: TKZ 218 f./Rescher 126; Meǧdī 212 f.; Saʿdeddīn II 508.

209. TKZ 97 ff./Rescher 54 ff.

210. Übers. Rescher 126.

211. TKZ 349/Rescher 203; Saʿdeddīn II 564 f.

212. S. Anm. 211.

213. ʿOM I 252.

214. Kissling, Chalvetiyye 251 ff.

215. Gibb, HOP II 396.

216. TKZ 367 f./Rescher 214; Meǧdī 338 f.; Saʿdeddīn 571.

217. Ertaylan, Kabûlî 266; s. auch Sohrweide, Dichter 278.

218. So jedenfalls Ünver, Ali Kuşcı 22 übereinstimmend mit TKZ 180/Rescher 104. Danach war Qāḍīzāde-i Rūm (TKZ 16 ff./ Rescher 6 ff.) sein Großvater mütterlicherseits, Ḫoǧazāde (TKZ 135/Rescher 76 f.) sein Großvater väterlicherseits!

219. Adıvar, Ilim 54 f.

220. Fatih Kütüphanelerine ... 62: Ein 904/1498-9 abgeschriebenes Exemplar befand sich in der Sultansbibliothek, jetzt ms. Aya Sofya 2697.

221. Z.B. Hammer, GOR II 248; Uzunçarşılı, Ilmiye 145.

222. TKZ 219/Rescher 126; Meǧdī 213; ʿĀlī, III, fol. 201 a; Saʿdeddīn II 508.

223. Nach Luṭfī Paša, Aṣāfnāme 38 (Trad. 31) erhielten z.B. die Heeresrichter 150, die Beglerbege 160 und lediglich die Wesire 200 aqče Pension.

224. Auch dann bleibt die Angabe verwirrend genug, setzt man diese Pension zu dem Gehalt eines anderen Sultanslehrers in Beziehung: Ḥalīmī, Lehrer Selīms I., erhielt nach dessen Thronbesteigung täglich 100 aqče (TKZ 424 f./ Rescher 246).

225. Ayverdi, Hattatlar 56; Alparslan, Calligraphie 220.

226. Mustaqīmzāde 185.

227. Mustaqīmzāde 582 f., 333; Ayverdi, Hattatlar 49 f., 16 f.

228. Ayverdi, Hattatlar 12, Anm. H.; Alparslan, Calligraphie 220.

229. Uzunçarşılı, O.T. 612.

230. Ayverdi, Hattatlar 25; zu Yaqūt s.a. ʿĀlī, M.H. 18,20,21.

231. Massignon, "Ṭarīqa" 733: dieser Orden war im ʿabbāsidischen Bagdad beheimatet. Er ging in verschiedenen, auch im Osmanischen Reich verbreiteten Orden auf.

232. ʿĀlī, M.H. 25.

233. Eine Art Pensions-Einkunft für pensionierte Sanǧaqbege, Beglerbege, Wesire, wie auch Muftis, Heeresrichter und Qādīs (Uzunçarşılı, Ilmiye 118).

234. Uzunçarşılı, Ilmiye 146; dazu aber z.B. Gökbilgin, Edirne 409.

235. Mustaqīmzāde 199 f.

236. Devha-tül-Küttab 8, nach einer anderen Version hatte Bāyezīd zunächst mit dem Vater, Šeyḫ Muṣṭafā, Kontakt (Ayverdi, Hattatlar 28).

237. Ayverdi, Hattatlar 28. Bei diesen Werken könnte es sich um zwei arabische medizinische Hss. handeln, die von Ḥamdullāh für die Privatbibliothek Meḥmeds II. kopiert wurden: "k. - Ḥunayn b. Isḥāq fi 'l-mašā'iḫ wa aǧwibatuha fi'l-ṭibb" und "k. - maṣāliḫ al-abdān wa'l-anfus fi'l-ṭibb". (S. Uzunçarşılı, Amasyalı Hamdullah Ef. 23 ff.)

238. Mustaqīmzāde 528; Gülzâr-i Savâb 20; 55 f.; Devha-tül-Küttab 117.

239. Mustaqīmzāde 226; Gülzâr-i Savâb 56 f.

240. Mustaqīmzāde 397, 515; Gülzâr-i Savâb 53 f.; Devha-tül-Küttab 30, 116.

241. Mustaqīmzāde 289; Gülzâr-i Savâb 54 f.

242. ʿĀlī, M.H. 24 f.

243. TKZ 20 f./Rescher 8 f.; Meǧdī 40 f.

244. Kissling, Chalvetiyye 281.

245. Am. tar. I 224 f.

246. Massignon "Ṭarīqa" 733. Die Behauptung in Ünver, Amasyalı, Ḥamdullāh Efendi 15, Mustaqīmzāde nenne Muṣṭafā, den Sohn Ḥamdullāhs, einen Angehörigen der Zeyniyye, ist unrichtig bzw. nicht belegbar.

247. Dazu Mustaqīmzāde 612; Uzunçarşılı, O.T. 614.

248. Alparslan, Calligraphie 221.

249. Mustaqīmzāde 335; Ayverdi, Hattatlar 21.

250. ʿĀlī, M.H. 36; Mustaqīmzāde 472 f.; Ḫaṭṭ va Ḫaṭṭatān 200; Ayverdi, Hattatlar 39 f. mit falschen Details

251. Sohrweide, Türkische Handschriften III, Nr 140, vgl.S O II 310.

252. Mustaqīmzāde 545; Ayverdi, Hattatlar 45.

253. Ayverdi, Hattatlar 29.

254. Mustaqīmzāde 92.

255. Ayverdi, Hattatlar 29.

256. Mustaqīmzāde 545

257. Mustaqīmzāde 528.

258. Mustaqīmzāde 205.

259. Mustaqīmzāde 226.

260. Ayverdi, Hattatlar 29.

261. Gülzâr-i Savâb 54.

262. Ayverdi, Hattatlar 39.

263. Uzunçarşılı, Saray teşkilâtı 124, idem, Korkut 540...; eine gute Ubersicht bietet ein veröffentlichtes Dokument über Prinz Süleymāns Hofstaat (Uluçay, Süleyman ailesi 237-49).

264. Qınalızāde fol. 74 a; vgl. Gibb, HOP II 263.

265. Mustaqīmzāde 147.

266. Hammer, GOD I 214.

267. Mustaqīmzāde 149.

268. Uzunçarşılı, Ilmiye 74, wo das Beispiel von ʿOs̱mān Beg b. Meḥmed Duqāgīn, einem Enkel Bāyezīds II. genannt ist.

269. ʿĀšıq Čel. 60 b-61 a; Qınalızāde 76 b-78 b; Riyāzī 33 a-34 a; Gibb, HOP II 263-85.

270. Mustaqīmzāde 148; Öz, Istanbul Camileri 52: in Balat in der Eski Nişanci Camii.

271. So Gökbilgin, "Câfer Çelebi" 8, wohl nach der vagen Angabe bei Danişmend I 455: Defterdār für einige Monate im Jahr 908/1502-3.

272. Blochet, Cat. II, p. 1-2, no. 576; vgl. auch Ménage, "D̲j̲aʿfer Čelebi" 374.

273. Damit stimmt auch Mustaqīmzādes 147 Angabe des Todesdatums überein.

274. Gökbilgin, Edirne 320 f.

275. Sehī 23/Rescher 13; ʿĀlī, III, fol. 258 a.

276. Laṭīfī 219/Rescher 174.

277. TKZ 40 f./Rescher 19 f.; Meǧdī 59 ff.

278. TKZ 46 f./Rescher 23; Meǧdī 64; vgl. auch SʿO IV 103 f.

279. S. Hammer, GOD I 259.

280. SʿO IV 47; Edhem, Trabzon 337.

281. SʿO IV 812.

282. Pečevī I 28; ʿAṭā'ī 104; Gökçen, Vakıflar 202 f.

283. Dīvān Kat. I 219, no. 101.

284. Evliyā Čel., Seyāḥatnāme VIII 156 f.; s. auch Eyice, Yunanistan'da Türk mimarisi 166 f.

285. Barkan-Ayverdi, Tahrir defterleri, No. 317, p. 53.

286. APZ 199; Nešrī I 231; vgl. auch Tekindağ, "Istanbul-Türk devri" 1209 f.

287. ʿĀlī, III, fol. 255 b; s.a. Kissling, Francesco Gonzaga 26.

288. Zu diesem Amt s. d'Ohsson I 307 f.; Ârif, Qānūnnāme 13.

289. ʿĀlī, III, fol. 255 b; Kissling, Francesco Gonzaga 26.

290. S. Hammer, Staatsverfassung I 88.

291. ʿĀlī, III, fol. 25 b.

292. Nicht, wie bei Hammer, GOD I 320 und Kissling, Francesco Gonzaga 26, angegeben, von Prinz ʿĀlemšāh, der in Menteše residierte.

293. Rüstem Paša 16.

294. Saʿdeddīn II 73; Ṣolaqzāde 300.

295. Saʿdeddīn II 79; Ṣolaqzāde 305 f.; Giese, Chroniken 126.

296. Hammer, GOD I 320 f.

297. Bei Ertaylan, Üç manzûm 56 f.; Uzunçarşılı, OT 210 f., Anm. 3; s.a. Elezović, Turski spomenici I,1 449.

298. Gökbilgin, Edirne 458 f.

299. Hammer, GOD I 321.

300. SʿO IV 371.

301. TKZ 296 f./Rescher 173; Meǧdī 281; s. Kissling, Chalvetijje 215.

302. TKZ 78 ff./Rescher 42 f.; Meǧdī 93 f.

303. Gabriel, Monuments II 53; Goodwin, Ottoman Architecture 87; wohl nach Am. tar. I 184, 310.

304. Dazu zählte z.B. auch der unter Selīm I. inhaftierte Šeyḫ Gümüšlioġlı Meḥmed b. Ḥüsāmeddīn b. Pīr Ilyās, s. Sohrweide, Safaviden 200, Nachfolger des 903/1497-8 gestorbenen Šeyḫ ʿAbdurraḥmān Čelebi; Uzunçarşılı, Kitâbeler I 122.

305. Kissling, Chalvetijje 242.

306. TKZ 299 f./Rescher 174.

307. S. Yūsuf Sinān 15. Dieses kleine Werk wurde mir freundlicherweise zur Einsicht vom Institut f. Geschichte u. Kultur des Nahen Orients, München, zur Verfügung gestellt. Auch für die Beschaffung weiterer Literatur sei an dieser Stelle besonders Herrn Dr.H.G. Majer herzlich gedankt.

308. Dazu auch TKZ 413 f./Rescher 239 f.; Meǧdī 324.

309. Kissling, Chalvetijje 242 ff.

310. Am. tar. I 225.

311. S. persische Grabinschr. bei Uzunçarşılı, Kitâbeler I 122.

312. Uzunçarşılı, Kitâbeler I 123; Kissling, Chalvetijje 243 f.

313. Kissling, Chalvetijje Taf. 2 Nr. 14.

314. Kissling, Chalvetijje 251.

315. Kissling, Chalvetijje 244.

316. Am. tar. I 224 f.

317. Kissling, Chalvetijje 253 f.

318. So Sehī 7/Rescher 5 s.v. Bāyezīd II.

319. Gibb, HOP II 19.

320. Gibb, HOP II 20, 366 f.

321. Qïnalïzāde fol. 90 a.

322. Am Ende der bereits erwähnten Qaṣīde (s.o. p. 38), in der er dem Sultan seine Erlebnisse schilderte, befand sich noch ein arabisches Chronogramm auf die Eroberung von Yedikule (Ünver, Notlar 76 f.).

323. Baġdādli Isma'īl Paša I, 840.

324. Pertsch, Pers. Hss. 207, no. 143.

325. 'OM II 122; Hammer, GOD 217 f.

326. Laṭīfī 121; andere Teẕkeres erwähnen ihn nicht.

327. Mordtmann bei Taeschner, Beiträge 174. Die Angabe bezieht sich auf Pertsch, Türk. Hss. 378. Pertsch hatte diese Angaben übersehen.

328. Karatay, TYK I, 487 no. 1487.

329. Levend, Siyasetnameler 184.

330. S. Anm. 326.

331. S. Anm. 327.

332. So 'Āšïq Čel. 45 a; Qïnalïzāde fol. 54 a; Riyāżī fol. 20 a. Nach Laṭīfī 93 f. und 'Ālī, III, fol. 270 a, stammte er aus Amasya.

333. 'Āšïq Čel. 45 a.

334. Laṭīfī 94; 'Āšïq Čel. 45 a nennt irrtümlich Prinz Aḥmed.

335. Laṭīfī 94.

336. Wilkinson etc. (Ed.), The Chester Beatty Library, Cat. of Pers. mss. I, 75 f., no. 142.

337. Rypka, Literaturgeschichte 275.

338. Mustaqīmzāde 754.

339. Ḫvandāmīr, Ḥabīb IV, 15; Daulatšāh 471; bei den späteren Osmanen nennt ihn noch Mustaqīmzāde.

340. Bausani, "Fattāḥī" 865 f.

341. s. Anm. 340.

342. So Ethé, Bodleiana Cat II, Sp. 1225 f., dazu auch Gibb, HOP II 292 f.

343. Nach ʿĀšïq Čel. 51 a dichtete allerdings Āḫī eine "naẓīre" zu Lāmiʿīs Version. Vgl. auch Gibb, HOP II 287 f.

344. ʿĀšïq Čel. 109 a u. b; vgl. auch Gibb, HOP II 295 ff.

345. ʿĀšïq Čel. 256 a-b.

346. ʿĀšïq Čel. 259 b.

347. Flügel I, 588, no. 554; Götz, Türkische Handschriften II, 422 ff., no. 624.

348. Ertaylan, Kabûlî 13.

349. Dazu bes. Sohrweide, Dichter und Gelehrte aus dem Osten im Osmanischen Reich; sowie Gibb, HOP II 364 f.

350. Ertaylan, Kabûlî (Einleitung) 15.

351. Ertaylan, Kabûlî 113.

352. Ertaylan, Kabûlî 119, 138, 169; 113, 153 f., 171.

353. Ertaylan, Kabûlî 149, 150.

354. Ertaylan, Kabûlî 178.

355. Ertaylan, Kabûlî 160.

356. Ertaylan, Kabûlî 147, 155.

357. Ertaylan, Kabûlî (Einleitung) 20; Sohrweide, Dichter 278.

358. S. Anm. 352.

359. Ertaylan, Kabûlî (Einleitung) 22. Der Kalligraph war Ġiyās̱ al-Mužellid al-Iṣfahānī, einer der selteneren Taʿlīq-schreiber dieser Zeit. Die meisten Schreiber dieser Schriftart stammten aus Iran oder Azārbayǧān. (Ayverdi, Hattatlar 52).

360. Ertaylan, Kabûlî 174, 175 f.

361. ʿOM II 384; Hammer GOD II 511.

362. Nach Sehī 42 war er der Sohn.

363. TKZ 37 f./Rescher 18 f.

364. Dieses Datum ist einer Hs. des Werkes in der Teheraner Universitätsbibliothek zu entnehmen (vgl. Meier, Die schöne Mahsati 119).

365. Levend, Ümmet 8.

366. Ḥağǧī Ḫalīfa (Flügel) III 302.

367. Sehī 42; vgl. auch Hammer, GOD II 511.

368. Levend, Ümmet 8 setzt beide Werke in sehr enge Beziehung.

369. S. bei Meier, die schöne Mahsati 239.

370. Sehī 42; OM II 384.

371. Gibb, HOP II 373 ff.

372. Gibb, HOP II 265 f.

373. ʿĀšiq Čel. 61 b; Qinalizāde 77 b; Laṭīfī 118/Rescher 88. Vgl. auch Gibb HOP II 285. Wörtlich genannt werden allerdings nur die Dichter Šeyḫī und Aḥmed (Paša).

374. Sehī 5; Laṭīfī 63/Rescher 48; ʿĀšiq Čel. 21 a-b; Qinalizāde, 24 a - 25 b.

375. So noch Baġdādli Ismaʿīl Paša I, sp. 230.

376. Gibb, HOP II 31 f.

377. Sehī 5.

378. Ünver, Notlar 31.

379. Ünver, Notlar 33.

380. TKZ 343 f./Rescher 200; Meġdī 319 f.; Saʿdeddīn II 560 f., ʿĀlī, III, fol. 262 b.

381. Ferīdūn[1] I, 366, Andere Dokumente zu den Ausgaben am Prinzenhof: s. Oz, Arşiv kılavuzu 62, 64; Top. Ar. D 7591; Top. Ar. D 10 225.

Kapitel II

1. Nach 871/1467 wurde er mit ʿĀyše Hatun aus der Türkmenen Dynastie der Ẕū'l-Qadir verheiratet. Sie war die Nichte von Sitt Hatun, der Frau Meḥmeds II.
Ebenfalls eine Fürstentochter war Ḥüsnīšah Hatun, Tochter des Qaramanoġli Naṣūḥ Beg. Sie war Mutter des Prinzen Šehinšāh. (Uluçay, Bayezid'in ailesi 108). S. dazu auch Uluçay, Harem 22: Top. Ar. D 10017: Danach erhielt Aḥmed b. Bāyezīd (wei seine Brüder auch) vom Sultan ausgewählte Sklavinnen.

2. S. Uluçay, Bayezid'in ailesi 105.

3. Nach Am. tar. III 226: 867/1462-3 geboren.

4. Ibn Kemāl 316. Das nach Babinger, Mehmed 322 f. "in Dunkel gehüllte Wann und Wo" des Ereignisses ist in dieser Quelle nachzulesen!

5. Vgl. Ibn Kemāl 316; Am. tar. III 227; Edhem, Ṭrabzon 332 ff. Diese Angabe fehlt bei Alderson 22, tab. II.

6. Uluçay, Bayezid'in ailesi 109.

7. Nach Oransay 278, 127 wurde Šehinšāh 869/1465 und Aḥmed 870/1465 geboren.

8. Ibn Kemāl 588 f. Worauf die Angabe von Babinger,Meḥmed 360 beruhen soll, Aḥmed sei nach dem Tod des Prinzen Muṣṭafā b. Meḥmed (879/1474) mit dessen Tochter vermählt und darauf zum Statthalter ernannt worden, konnte nicht festgestellt worden.

9. Saᶜdeddīn II 213; Ṣolaqzāde 276; ᶜĀlī, III, fol. 220 a.

10. Zu nennen sind die in 3 Folgen erschienen Arbeiten zu den Thronkämpfen Uluçay, Yavuz Sultan Selim nasıl padişah oldu? Außerdem zu den religiös-politischen Auseinandersetzungen zwischen Safaviden und Osmanen, besonders am Ende der Regierung Bāyezīds II.: Sohrweide, Der Sieg der Safaviden in Persien und seine Rückwirkungen auf die Schiiten Anatoliens im 16. Jh.

11. TKZ 421/Rescher 244; Meǧdī 381; ᶜĀlī, III, 254 b.

12. Idrīs fol. 366 b; ᶜĀlī, III, fol. 254 b; Saᶜdeddīn II 217; Meǧdī 222.

13. Turan, Ibn Kemāl (Transskript.), XII-XIII.

14. İnalcık, Tetkikler 90 ff.

15. İnalcık, "Mehmed" 533.

16. Idrīs fol. 367 a; Saᶜdeddīn II 217, dagegen ᶜĀlī, III, fol. 254 b: Uč-Beg von Ankara.

17. Dazu Uzunçarşılı, Kitâbeler I 127.

18. Giese, Chroniken, 117-8; Saᶜdeddīn II 51-53. Vgl. auch Elezović I, 1 625.

19. Saᶜdeddīn II 48; Ṣolaqzāde 298.

20. Uzunçarşılı, Kitâbeler I 128.

21. Saᶜdeddīn II 63 f.

22. Vgl. p. 56.

23. ᶜĀlī, III, fol. 327 b; Saᶜdeddīn II 105, Ṣolaqzāde 311 f.

24. Ṣolaqzāde 311 f.

25. Uzunçarşılı, Kitâbeler I 128. Ein Nachkomme Meḥmeds setzte ihm 1306/1888-9 eine Grabinschrift mit dem Datum 900/1404-5.

26. Vgl. Sohrweide, Safaviden 145.

27. Von Bāyezīds acht Söhnen war ᶜAbdullāh 890/1485 gestorben (Uluçay, Bayezid'in ailesi 109).

28. Albèri, Relazioni III/3, 23-24.

29. ᶜĀlī, III, fol. 194 a; Saᶜdeddīn II 131; Ṣolaqzāde 320; Saᶜdī/Speiser 27.

30. Gökbilgin, "Mü'eyyed-zâde" 787: er war 907/1501 Qāḍīᶜasker von Anadolu, 911/1505 von Rūmili geworden.

31. Gökbilgin,"Câfer Çelebi" 8.

32. Sa'deddīn II 220.

33. Nach Danişmend I 430: Großwesir 1501-03, 1506-11.

34. Uzunçarşılı, Korkut 545 ff.

35. Qorqud empfand in der Folge diese Gegnerschaft sehr deutlich als grö te Gefahr für seine politischen Bestrebungen, den Thron zu gewinnen und bracht dies in einem nach 913/1507 geschriebenen arabischen Brief an den Sultan anklagend zur Sprache: Uzunçarşılı, Korkut 57, Anm. 27.

36. Sa'dī/Speiser 27.

37. So Am. tar. III 248.

38. S'O II 104.

39. Vāqi'āt-i Sulṭān Ǧem 16, 17.

40. Ṣolaqzāde 301; dazu auch Šükrī fol. 9 a f.
An dieser Stelle möchte Frau Dr. Hanna Sohrweide, Hamburg, für die Einsicht in ihre Notizen und Übersetzungen zu Šükrīs Selīmnāme danken.

41. Dazu Uluçay, Sultan Selim, (I) 68; Sohrweide, Safaviden 150 f.

42. Sa'dī/Speiser 32; Ṣolaqzāde 334.

43. Šükrī fol. 9 a.

44. 'Ālī, III, fol. 198 b; Sa'deddīn II 176 f.;Ṣolaqzāde 335 f. Dazu Uluçay, Sultan Selim, (I) 70 ff.; Sohrweide, Safaviden 155.

45. Uluçay, Sultan Selim, (I) 73, Anm. 26 nach Top. Ar. E. 6352; Sohrweide, Safaviden 155.

46. 'Ālī, III, fol. 255 a; Koçu, "Ali Paşa" 331.

47. Sohrweide, Safaviden 155.

48. Uluçay, Sultan Selim, (II) 120, Sohrweide 157.

49. Šükrī fol. 9 a.

50. Šükrī fol. 9 b.

51. Sa'deddīn II 193; 'Ālī, III, 202 b; Ṣolaqzāde 339 f.; Uluçay, Sultan Selim, (II) 120.

52. Dazu ausführlich Uluçay, Sultan Selim, (II) 121 ff. Sohrweide, Safaviden 158.

53. Sohrweide, Safaviden 159; vgl. auch Uzunçarşılı, "Bayezid II." 396; Tansel, Bayezît 303 f.

54. Oransay 225.

55. Uluçay, Sultan Selim, (II) 127; Sohrweide, Safaviden 157; s. dazu auch Am. tar. III 261 f.

56. Uluçay, Sultan Selim, (II) 128; Sohrweide, Safaviden 158.

57. Uluçay, Sultan Selim, (II) 129.

58. Uluçay, Sultan Selim, (II) 128; Sohrweide, Safaviden 159.

59. Uluçay, Sultan Selim, (II) 130.

60. Sa'dī/Speiser 42; Sa'deddīn II 194; Ṣolaqzāde 341.

61. S'O II 104.

62. Uluçay, Sultan Selim, (II) 131.

63. Sa'dī/Speiser 43 ff.; Rüstem Paša 35; 'Ālī, III, 224 b - 225 b; Ṣolaqzāde 353-58.

64. Uluçay, Bayezid'in ailesi 110.

65. Barth, Reise von Trapezunt 29; vgl. auch Mordtmann, Anatolien 95.

66. Gabriel, Monuments II 65 nach Am. tar. I 51 ff.

67. Dernschwam 212.

68. Am. tar. I 52 f.

69. Evliyā Čelebi, Seyāḥatnāme II 186.

70. Angeblich hat Bāyezīd noch als Prinz in Amasya das Gelübde, für den Fall seines Sieges über seinen Bruder Ǧem und seiner Thronbesteigung eine solche Anlage errichten zu lassen: Evliyā Čelebi a.O., vgl. auch Uzunçarşılı, Kitâbeler I 126. Zu den Külliye-Anlagen s. Kuban, Anadolu Türk şehri. In: Vakıflar Dergisi VII (1968), 53-73.

71. Zu dessen Organisation im 16. Jh. s. Anhegger, Die Römerbrücke von Mostar 92.

72. Aus den Dokumenten zur Baugeschichte der "Murādiyye" in Manisa, die 1585 vollendet wurde, geht dies ganz eindeutig hervor. Das schon 978/1570-1 genehmigte Bauvorhaben des dort residierenden Prinzen Murād (III.) wurde auf Grund bürokratischer Verzögerungen erst Jahre später verwirklicht, s. dazu Anhegger, Beiträge II 48-51, zum Text der Dokumente: Su, Muradiye Cami. 1940.

73. Arab. Bauinschrift bei Uzunçarşılı, Kitâbeler I 126.

74. Am. tar. I 228.

75. Idrīs fol. 266 a; Sa'deddīn II 211; Ṣolaqzāde 349; Küčük Nišānǧï 169.

76. Am. tar. I 261; s. auch Dietrich, Anatol. Bibliotheken 310 f.

77. Evliya Čelebi, Seyāḥatnāme II 188.

78. Goodwin, Ottoman Architecture 155.

79. Gabriel, Monuments II 39 (Abb. des Komplexes pl. IV).

80. Goodwin, Ottoman Architecture 151; zu ihm: Menzel, "Ḫayreddīn" 392-3.

81. Aslanapa, Edirne'de abîdeleri 62.

82. ʿAṭaʾ, Tāʾrīḫ I, 7.

83. Goodwin, Ottoman Architecture 143 f.

84. Uzunçarşılı, Kitâbeler I 124; Gabriel, Monuments II 44 f. (Abb. pl. XVIII, 2); Kuran, The mosque 43 (Dort 891/1486 dat.)

85. Eyice, Zaviyeler 44.

86. Uzunçarşılı, Kitâbeler I 124; Gabriel, Monuments II 44.

87. Uzunçarşılı, Kitâbeler I 126 ff.; Gabriel, Monuments II 42 f.; (Abb. pl. VII), Kuran, The mosque 48 ff.

88. Goodwin, Ottoman Architecture 159.

89. Uzunçarşılı, Kitâbeler I 82.

90. Evliyā Čelebi, Seyāḥatnāme II 188; Uzunçarşılı, Kitâbeler I 133; zur in Anatolien einzigartigen octogonalen Konstruktion, die an pers. oder iraq. Einfluß oder auch an die Hexagonalform des "dār üš-šifā" im Bāyezīd-Komplex in Edirne erinnert: s. Gabriel, Monuments II 56; Goodwin, Ottoman Architecture 150, 151.

91. Uzunçarşılı, Kitâbeler I 123; Gabriel, Monuments II 65. In Istanbul war außerdem die Umwandlung der Sergios- und Bacchos-Kirche in die sog. "Küçük Aya Sofya" (um 1500) sein Werk. (Vgl. Ḥüseyn Ayvānsarāyī I 188; Eyice, Zaviyeler 27.)

92. Evliyā Čelebi, Seyāḥatnāme II 187-8; Am. tar. I 306; Gabriel, Monuments II 65. Zu ihm s. SʿO I 446.

93. Gabriel, Monuments II 45, Anm. 3 (Abb. pl. XX, 2); Kuran, The mosque 170.

94. Uluçay, Bayezid'in ailesi 107: Sie war auch Stifterin einer Moschee und einer ʿImāret in Ladik (bei Amasya).

95. Saʿdeddīn II 211; Ṣolaqzāde 349.

96. TKZ 320 ff./Rescher 187 f.; Meǧdī 302 ff.

97. Am. tar. III. 238; er pflegte engen Kontakt zur Ḫalvetiyye durch seinen Vetter, den Šeyḫ Čelebi Ḫalīfa.

98. TKZ 322/Rescher 194; Meǧdī 311 f.; Saʿdeddīn II 556; ʿĀlī, III, 261 b.

99. Sein Grab befindet sich in der Nähe der Bayezid Moschee, Evliyā Čel. II 192; (vgl. Mordtmann, Anatolien 95.)

100. TKZ 322/Rescher 188; Meǧdī 303 (ohne Datum); Am. tar. III 237 nimmt das Jahr 896/1490-1 an.

101. Zu ihm ʿĀšïq Čelebi 168 a; Gibb, HOP II 318; Am. tar. III 238.

102. TKZ 322/Rescher 188; Meǧdī 303.

103. TKZ 332/Rescher 194.

104. Meǧdī 311; das widerspricht den Angaben, nach denen Mü'eyyedzāde diese Amt bis 907/1501 innehatte. (Vgl. Gökbilgin, "Müeyyed-zāde" 787.)

105. TKZ 443 f./Rescher 255 f.; Meǧdī 598 f.

106. Nach Am. tar. III 248 910/1504-5.

107. Baġdādli̊ Ismaʿīl Paša II Sp. 235; OM II 17.

108. TKZ 361 f./Rescher 209 f.; Meǧdī 332.

109. SʿO III 414.

110. TKZ 351 f./Rescher 205; Meǧdī 326; Saʿdeddīn II 565; ʿĀlī, III, fol. 263 a.

111. TKZ 345 f./Rescher 201 f.; Meǧdī 320; Saʿdeddīn II 562; ʿĀlī, III, fol. 262 b.

112. TKZ 430 f./Rescher 248 f.; Meǧdī 391; ʿĀlī, III, fol. 323 a.

113. TKZ 368 f./Rescher 214 f.; Meǧdī 340; Saʿdeddīn II 571; ʿĀlī, III, fol. 264 b.

114. TKZ 447/Rescher 257 f.; ʿĀlī, III, fol. 324 a.

115. TKZ 469 f./Rescher 270; Meǧdī 417 f.; ʿĀlī, III, fol. 328; SʿO IV 492.

116. Mustaqīmzāde 563.

117. Zu ihm: Gökbilgin "Korkut" 860 mit einer Liste seiner Werke.

118. S. Gibb, HOP II 86; Sohrweide, Dichter 297. Er verfaßte einen persischen Dīvān.

119. ʿĀši̊q Čel. 262 a.

120. ʿĀlī, M.H. 65; Uzunçarşılı, O.T. II 619.

121. ʿĀši̊q Čel. 56 b - 57 a; s. auch Sohrweide, Dichter 291.

122. Als solcher taucht er noch 1545 in den Dokumenten auf (vgl. Sevin, Ottoman Court School 241). In Amasya hatte er täglich 20 aqče bezogen, später bekam er in Istanbul 100 aqče! (ʿĀlī, M.H. 65). Deutlicher als in Zahlen läßt sich das Abwanderungsstreben aus der Provinz sicher nicht festhalten.

123. Uzunçarşılı, "Korkut" 594 f.: Top Ar. 9993 erwähnt noch den Harfenspieler Behrām sowie die Musiker Šaʿbān und Sinān an Aḥmeds Hof. (p. 595, Anm. 161.)

124. Eilers-Heinz, Pers. Handschriften no. 190.

125. ʿĀši̊q Čel. 126 a.

126. Laṭīfī 318/Rescher 257; vgl. auch ʿĀlī, III, 274 a.

127. ʿOM II 409.

128. S. Flügel I 619 f., no. 654. Es existiert ein von Murād III. abgeschriebenes Exemplar des türk. Dīvāns. Daraus ergibt sich, daß sein Werk im 16. Jh. doch einige Bedeutung gehabt haben muß. (Divanlar Kataloğu I 94.)

129. Nach Evliyā Čel., Seyāḥatnāme II 192: in Amasya begraben; nach ʿOM II 409 in Sofia.

130. Evliyā Čelebi, Seyāḥatnāme II 192: Uzunçarşılı, Kitâbeler I 121: sie starb 912/1506-7.

131. ʿĀšiq Čel. 128 a; s. Gibb, HOP 126.

132. Laṭīfī 319/Rescher 259.

133. Gibb, HOP II 131; ihr türk. Dīvān wurde ediert: E.J. Maštakova, Michri Chatun: Divan. Moskau 1967. Er enthält 11 Qaṣīden auf Prinz Aḥmed.

134. S. Gibb, HOP II 96 f.

135. Evliyā Čelebi, Seyāḥatnāme II 189.

136. Eyice, Les bedestens 114; Marçais, Mohtasib 251 f.; Liebe-Harkort 9.

137. Vgl. hierzu İnalcık, Economic Mind 208.

138. Dieser Karawanenweg führte über Çorum und Ankara (s. İnalcık, Vesikalar 51; Liebe-Harkort 7).

139. S. die Beschreibung von ca. 1330 bei b. Baṭṭūṭa II 292.

140. Eyice, Les bedestens 115 f.

141. İnalcık, "Ḥarīr" 213: Bāyezīd ließ in Bursa 2 große Hāne, den ʿAǧem Ḫān und den Pirinč Ḫān errichten, die dem Seidenhandel dienten.

142. İnalcık, Ottoman Economic Mind 209.

143. Evliyā Čelebi, Seyāḥatnāme II 291.

144. Akdağ, Iktisadi tarihi II 176.

145. Öz, Türk kumaş 62.

146. Gökbilgin, Edirne 471, 476.

147. S. Fekete, Siyaqatschrift I 733, Anm. 2: Dokument von 1094/1683. Die entsprechenden Farbstoffe scheinen z.T. in Tokat hergestellt worden zu sein.

148. S. Anhegger-İnalcık, Ḳanūnnāme 41, no. 31; İnalcık, "Ḥarīr" 212/213; Akdağ, Iktisadi tarihi II 188.

149. İnalcık, Fermanlar 698 f. no. 5; Lefebvre, Firmans 159, no. 8. Gökbilgin, Rûm 56. Akdağ, İktisadi tarihi II 354. Wie aus dem Ferman Meḥmeds II. von 1479 bei İnalcık hervorgeht, erhielt allerdings Prinz Bāyezīd (II.) für einige Zeit anstelle der Seideneinkünfte gleichwertige Tīmāre zugewiesen.

150. Akdağ, İktisadi tarihi II 354 Anm. 1: Danach erhielt 1483 z.B. Prinz Šehinšāh, Vālī von Qaraman, aus Bursa jährlich 100.000 aqče.

151. S. dazu Art. "Amasya" in: Encyclopedia Judaica II 562.

152. Kellenbenz, in Türkenkriege 67 nach der Relation von Trevisano (1554) in Albèri, Relazioni III/1, 184.

153. Aymard, Venise, Raguse 127 ff.

154. Dalsar, Bursa'da ipekçilik 344.

155. Akdağ, İktisadi tarihi 354 f. Daß der florierende Markt in Bursa den Staatshaushalt entscheidend entlastete, geht aus der Tatsache hervor, daß laufende Zahlungsverpflichtungen aus den Mīzān-Einnahmen beglichen wurden (s. İnalcık, Vesikalar 67; Liebe-Harkort 18).

156. TKZ 359/Rescher 209; Meğdī 331; Saʿdeddīn II 568; ʿĀlī, III, 264 a: Es handelte sich um sog. "Lāğūrdī saḫtiyān", das bedeutet wohl blau gefärbtes saffianartiges Ziegenleder. (Zu "saḫtiyān" vgl. Liebe-Harkort 95.)

157. In der klassischen islamischen Stadt war das Ansehen der Gerbergilde auf Grund religiöser Vorbehalte gegenüber ihrem Umgang mit "Totem" und wohl auch, weil sie zu den ärmsten Handwerkern gehörten, sehr gering. (Vgl. Brunschvig, Métiers 51 f.) Dagegen scheint in der Frühzeit des Osman. Reiches die Geltung der Gerber sehr hoch gewesen zu sein, was wohl auf die straffe Führung ihrer Organisation zurückzuführen ist, die sich zu ihrem Schutzpatron die halb sagenhafte Gestalt des Āḫī Evrān gemacht hatte. (Taeschner, "Akhī Ewrān".)

158. Evliyā Čelebi, Seyāḥatnāme I 594 f.; vgl. Liebe-Harkort 96 f., Anm. 91.

159. ʿAlī Miniq/Rescher 37.

160. Als Beispiele seien Weber (TKZ 505/Rescher 289), Sattler (TKZ 69/Rescher 334) und Spezereienhändler (TKZ 265/Rescher 153) genannt.

161. Gabriel, Monuments II 45.

162. Dalsar, Bursa'da ipekçilik 337; Uluçay, Saraçhane 160, Liebe-Harkort 50.

163. TKZ (Bd.II) 69/Rescher 334.

164. Dies geht aus seinem 873/1468 verfaßten Werk "Müğerrebnāme" hervor. (Dazu s. Kılıçoğlu, Cerrâhiye 22; Adıvar, Ilim 44 f.)

165. Kılıçoğlu, Cerrâhiye 20. Z.B. einen Teil aus dem pers. Werk "Ẓāhire-i Ḫorazmšāh" von Zayn ad-dīn b. Isma'īl al-Ğurğānī. (S. auch Adıvar, Ilim 45.)

166. Eine Edition dieses Werkes bietet Kılıçoğlu, Cerrâhiya-i ilhaniye, Ankara 1956.

167. Kılıçoğlu, Cerrâhiye 21.

168. Adıvar, Ilim 45; Uzunçarşılı, O.T. II 630.

169. TKZ 381 f./Rescher 221; Meǧdī 348.

170. ʿOM III 263; Uzunçarşılı, O.T. II 600.

171. S. dazu Ünver, Fatih külliyesi 224-8 mit einer Zusammenstellung der "Bašḥekīm".

Kapitel III.

1. Bōstān, ms. Wien, fol. 343 b. f.; s. dagegen ein Chronogramm bei Uluçay, Süleyman ailesi 249, das Ṣafer/Mai-Juni des gleichen Jahres angibt.

2. Oransay 204; nach der Relation Navageros (1553) war sie eine tscherkessiche Sklavin (s. Albèri, Relazioni III/1, 77).

3. Šükrī fol. 15 b.; s. dazu Uluçay, Süleyman ailesi 229; Rüstem Paša 34; Saʿdeddīn II 222 und Ṣolaqzāde 350 berichten nur von Süleymāns Ankunft in Istanbul. Rüstem Paša gibt als Jahr seiner Ernennung 921/1515 an. Dies ist aber das Datum seiner Rückkehr nach Manisa, nachdem er während Selīms Persien-Feldzug Qāʾimaqām von Edirne gewesen war.

4. Die bis dahin geltende üblichen Regelung, daß Amasya einen prinzlichen Statthalter besaß, war auch im Abendland bekannt. So ist z.B. in der sonst auf guter Kenntnis beruhenden Schilderung der anatolischen Verhältnisse zu Selīms I. Regierung von Ludovicus Tuberon (1627) Süleymān fälschlich als "Satrap von Amysus" bezeichnet. (S. Tuberon, Commentarii 283.)

5. Sohrweide, Safaviden 162.

6. Sohrweide, Safaviden 164 f.; Refik, Râfizilik 9.

7. Yurdaydın "Amasya" 247 nennt 1518, wohl nach Am. tar. III 286.

8. Redhouse 219.

9. Sohrweide, Safaviden 167-70.

10. Qoǧa Nišānǧi fol. 23 a; ʿĀlī, III, 314 b; Ṣolaqzāde 451; Pečevī I 82; dazu Sohrweide, Safaviden 171.

11. Am. tar. III 286; Yurdaydın, "Amasya" 247; Akdağ, Büyük Celâli 6 (ohne Datum).

12. Am. tar. III 286; Yurdaydın, "Amasya" 247. Nach seinem Tod sollen die Gebiete wieder Sivas unterstellt worden sein.

13. Er war dort von 1533-41 Statthalter gewesen. (S. Alderson 22, tab. II.)

14. Bōstān, ms. Wien, fol. 344 a.

15. Bōstān, ms. Wien, fol. 197 b. Nach Pietro Zen in Sanuto LVII, 632 hatte er finanzielle Bezüge von 40 000 Dukaten (= 2 Mio. aqče). Die bessere Dotierung gegenüber der Statthalterschaft Amasya wird daraus sehr deutlich.

16. Albèri, Relazioni III/3, 95.

17. Gökbilgin, Rüstem Paşa 21: nach Top. Ar. E. 5036, 7073; D 2699.

18. Muṣṭafās militärisches Interesse war sehr groß. So hatte er sich z.B. über Süleymāns Persien-Feldzug u. den Verlauf der militärischen Ereignisse (1534) ausführlich durch Ibrāhīm Paša unterrichten lassen. (S. Uluçay, Süleyman ailesi 256 f.)

19. Turan, Bayezid 15; vgl. Rüstem Paša (Einleitung) 2. Dafür kamen die Prinzen Meḥmed (geb. 1522, s. Oransay 210), Selīm (geb. 1523 od. 24, s. Oransay 266) und Bāyezīd (geb. 1525, s. Oransay 145) in Betracht.

20. S. Alderson 23, tab. III.

21. Bōstān, ms. Wien, fol. 209 a; ʿĀlī, IV, 50 b., vgl. auch Uluçay, "Mustafa" 691, nach Eintragungen der Manisa Mahkeme ... sicilleri.

22. S. Matuz, Herrscherurkunden no. 171 , nach Top. Ar. E. 5121/18. Dies unterstützt auch die Nachricht bei Hammer, GOR 227, nach der der Großwesir mit einem Truppenaufgebot in Klein-Asien zurückgelassen wurde, um eventuelle verdächtige Unternehmungen des Prinzen zu beobachten.

23. So jedenfalls Pečevī I 19; dazu Bōstān, ms. Wien, fol. 362 a.

24. Gökbilgin, Rüstem Paşa 21; Am. tar. III 307 ff. berichtet von mehreren Angeboten Muṣṭafās, in den Kampf zu ziehen, der Großwesir Rüstem Paša lehnte dies jedoch ab.

25. Turan, Bayezid 70 f.

26. Turan, Bayezid 21.

27. Dazu Uluçay, "Mustafa" 691; Am. tar. III 308-9. Nach Uluçay, Manisa ünlüleri 68 war Ǧaʿfer Paša schon in Manisa eine Zeitlang Muṣṭafās Lālā gewesen.

28. Gökbilgin, Rüstem Paşa 38-43.

29. Gökbilgin, Rüstem Paşa 24; zu Surūrī s. ʿĀlī Mi̊ni̊q/Rescher 10-16; ʿAṭā'ī 23-25; Laṭīfī 186 f./Rescher 145; ʿĀši̊q Čel. 153 b f.

30. Er lebte dort 953/1546-7 - 960/1553 (s. SʿO II 12).

31. Gökbilgin, Rüstem Paşa 39-40.

32. ʿĀlī, IV, fol. 68 a; Ṣolaqzāde 521 f.; Pečevī I 300 f.; Šemsī Paša wurde später zum Beglerbeg von Rūmili befördert. Er galt als begabter Dichter. S. Laṭīfī 210; ʿĀši̊q Čel. 250 a- 51 a; Qi̊nali̊zāde fol. 136 a; Riyāżī fol. 66 a; seine

Biographen erwähnen die unrühmliche Rolle nicht, die er bei der Verleumdung Muṣṭafās spielte.

33. Navagero (1553) in Albèri, Relazioni III/1, 77 f; Dernschwam 55; Busbeck 36 ff.

34. Navagero in Albèri, Relazioni III/1, 78. Aus dieser Bemerkung wird deutlich, daß die Prinzenresidenzen den europäischen Beobachtern als Hort separatistischer Bestrebungen galten. Welche Kontroll- und Spitzeldienste die Zentrale anwandte, scheint dabei nicht immer in Betracht gezogen worden zu sein.

35. Turan, Bayezid 24 f.: Bekannt wurde lediglich ein Brief an den Bb. von Erzurum, Ayās Paša, in dem er um Unterstützung für seine Thronansprüche nach des Sultans Tod bat (vgl. Gökbilgin, Rüstem Paşa 22).

36. Albèri, Relazioni III/1, 204. Möglicherweise waren das die Tataren aus der Umgebung des Prinzen, deren Verhaftung der Sultan nach dem Tode Muṣṭafās im Ẕī'l-qaʿde 960/beg. 9. Okt. 1553 befahl (s. Uzunçarşılı, Tuğra 129 f.).

37. Albèri, Relazioni III/1, 209 ff., s. auch Rüstem Paşa 185; ʿĀlī, IV, 69 a f.; Ṣolaqzāde 324 f.; Pečevī I 302 f.

38. Am. tar. III 310; nach Albèri III/1 212 war der Fahnenträger ein venezianischer Renegat namens Michiel.

39. Busbeck 40; Trevisano (1551) in Albèri, Relazioni III/1, 175.

40. ʿĀlī, IV, fol. 69 b.

41. Busbeck 82-3.

42. Am. tar. III 311.

43. ʿĀlī, IV, fol. 73 b; Pečevī I 328; Am. tar. III 313 f.

44. Voyage de M. d'Aramon 163; Busbeck 40 f.; Dernschwam 137. Sein Name war wahrscheinlich Meḥmed (s. Turan, Bayezid 34; Oransay 63).

45. Kepeçioğlu, Tarihi bilgiler 405 f.; Mantran, Inscriptions turques 131. Die Behandlung Maḥīdevrāns unterscheidet sich durchaus von der Situation, in der sich die Mütter und Schwestern nach dem Tod eines Prinzen üblicherweise befanden. Sie wurden in der Regel materiell ausreichend unterstützt. (S. dazu Uluçay, Bayezid'in ailesi.)

46. Im Gegensatz dazu soll er, wie aus Dokumenten hervorgeht, in Manisa eine Moschee, eine Türbe und mehrere Brunnen errichtet haben. (S. Uluçay, Sarây-i Âmire 25.)

47. Sein Lehrer Surūrī schrieb für ihn ein Werk über die Probleme der Poetik "k.-i baḥr el-meʿārif". (S. Flügel I no. 229; Fekete, das Heim 531.)

48. Als Dichter führt ihn Qînalîzāde 37 b - 38 b an. Eine seiner Qaṣīden ist in einer Hs. im Brit. Mus., or. 1151,

fol. 67 b f. enthalten (s. Rieu, Turk. mss. 175 f.).

49. Sein nach Gibb, HOP II 110 wichtigstes und originellstes Werk "Gül u Bülbül" widmete er Muṣṭafā kurz vor dessen Tod 960/1553 (s. Rieu, Turk. mss. 177; J. v. Hammer übersetzte dieses Werk ins Deutsche).

50. ʿĀšiq Čel. 197 a-98 b; Qinalizāde fol. 181 a-82 a; Riyāżī fol. 85 a; ʿĀlī, IV, 231 a-b.

51. ʿĀšiq Čel. 81 b; Qinalizāde fol. 119 a. Er hatte zu den "Qul" (Sklaven oder Pagen) des Prinzen Muṣṭafā gehört. Ebenso wie andere Würdenträger im 16. Jh. verfügte auch ein Šehzāde über Sklaven. Auch die Verleihung von Lehen ist typisch für die Verhältnisse des 16. Jhs. (s. dazu Röhrborn, Verwaltungsgeschichte 65; sowie Einleitung p. 12).

52. ʿĀšiq Čel. 259 b; Qinalizāde fol. 75 b; Hammer, GOD II 391.

53. Karatay, Türk Yaz. Kataloğu I, no. 1077.

54. Einer der berühmtesten Ṣūfī Šeyḫe aus der Frühzeit des Osman. Reiches. Er starb 833/1429-30 (vgl. TKZ 58/Rescher 30 f.).

55. ʿOM II 118.

56. Sehī 106; Laṭīfī 269/Rescher 216; ʿĀšiq Čel. 202 a; Qinalizāde fol. 184 a.
Er ist nicht zu verwechseln mit einem ebenfalls unter dem Pseudonym "Dervīš Čelebi" dichtenden, jedoch aus Konya stammenden Autor, der seine Karriere in Istanbul als Dīvān-Sekretär von Sultan Süleymāns Wesir Güzelǧe Qāsim Paša begann, ehe er am Hofe Prinz Muṣṭafās dessen "Re'īs ül-küttāb" wurde (vgl. ʿĀšiq Čel.73 a). Die Erwähnung dieses Amtes an einem Prinzenhof in der 1. Hälfte des 16. Jahrhunderts erscheint uns sehr interessant, weil es auch in der Hauptstadt erst zu Beginn der Regierungszeit Sultan Süleymāns eingeführt worden zu sein scheint (s. Dilger 24). Daß dieses neue Amt bald darauf auch am Prinzenhof übernommen wurde, spricht erneut für die starke Orientierung eines Provinzhofes an der Struktur des Hofstaates in Istanbul.

57. Der Vater der Brüder Ṣāliḥ und Muṣṭafā b. Ǧelāl, der Qāḍī Ǧelāleddīn, stammte aus Tosya (bei Amasya) s. Mustaqīmzāde 152.

58. Zu ihm s. Gökbilgin "Celâl-zâde" 61 ff.

59. ʿĀlī Miniq 155-7/Rescher 31-2; ʿAṭā'ī 47.

60. Walsh, "Djelāl-zāde Ṣāliḥ" 400 f.

61. ʿĀšiq Čel. 202 a.

62. S. Anm. 60.

63. Dabei handelte es sich um das für Niẓām al-Mulk verfaßte Werk das Ǧamāladdīn ʿAufī, Ǧavāmiʿ al-ḥikāyāt va lavāmīʿ

al-rivāyāt. S. dazu die ausführliche Beschreibung der Hs. bei Sohrweide, Türkische Handschriften III, no. 319, aus der hervorgeht, daß auf Befehl des Sultans ein ʿAbdullāh b. Luṭfullāh 973/1565 die Arbeit zu Ende führte.

64. S. z.B. den Text der "Merṡīye" des Yaḥyā Duqāgīn bei Turan, Bayezid 183-5. Dazu Gibb, HOP III 119.

65. ʿĀlī, IV, 69 b; Pečevī I 304; s. auch Divanlar Kat. I 169-70.

66. Rüstem versuchte die Hinrichtung Yaḥyās durchzusetzen, erreichte aber schlie lich nur seine Verbannung nach Bosnien.

67. Als besonders gefährliche von Prinz Bāyezīd ausgelöste Bewegungen meldete der Beglerbeg von Anadolu die Unruhe der Bevölkerung nach Istanbul, sowie die Verbreitung dichterischer Erzeugnisse, in denen Bāyezīd mit dem heldenhaften Selīm I. verglichen wurde (s. Turan, Bayezid 189).

68. TKZ II 27/Rescher 312 f.; Meǧdī 494 f.

69. So ʿĀšiq Čel. 153 b.; nach ʿAṭā'ī 24 bereits 953/1546-7.

70. Hammer, GOD II 287.

71. ʿĀšiq Čel. 153 b.

72. Flügel I, 208 no. 229; Götz, Türkische Handschriften II, 193 f., no. 284.

73. S. Fekete, das Heim 531.

74. Rieu, Pers. mss. II 606.

75. Rieu, Pers. mss. II 606; Flügel I. 539.

76. Qïnalïzāde fol. 124 b. Die Ansichten über seine Fähigkeiten als Kommentator gingen bei seinen Zeitgenossen offenbar auseinander. ʿAlī Mïnïq/Rescher 12 lobt gerade seine Kommentare.

77. Flügel I,534 no. 540. Die Hs. ist undatiert.

78. Laṭīfī 187/Rescher 145; ʿĀšiq Čel. 154 b; Qïnalïzāde fol. 124 b; Riyāżī fol. 60 a.

79. ʿAlī Mïnïq/Rescher 12.

80. Levend, Siyasetnameler 183.

81. Rieu, Turk. mss. 107 f.; Adıvar, Ilim 95.

82. Qïnalïzāde fol. 124 b; ʿAlī Mïnïq/Rescher 11.

83. Gökbilgin, Rüstem Paşa 38-43: Top. Ar. E. 5103.

84. Gökbilgin, Rüstem Paşa 26.

85. In seinem türkischen Werk, dem "Šerḥ-i Šabistān-i ḫiyāl" zu dem allegorischen Original des Persers Fattāḥī, gedenkt Surūrī in einem Schlußwort (fol. 234 b) noch einmal der innigen Freundschaft zu seinem Gönner und Schüler, Prinz

Muṣṭafā, "die auch der Tod nicht zerstören" könne (vgl. Götz, Türkische Handschriften II, 423, no. 624). Surūrī hatte diesen Kommentar unter dem Eindruck der Hinrichtung des Prinzen vollendet. Sein eindringliches Bekenntnis zu Muṣṭafā läßt sich vielleicht auch als Rechtfertigung gegenüber der Nachwelt interpretieren, die über sein wahres Verhältnis zu seinem Schüler nicht im Zweifel gelassen werden sollte.

86. TKZ II 21/Rescher 309; Meǧdī 490; TKZ 456/Rescher 262; Meǧdī 407 f.

87. S. z.B. TKZ 343 f./Rescher 200 ff.; Meǧdī 319 ff.

88. S. ʿAlī Mi̊ni̊q/Rescher 36 ff.; ʿAṭā'ī 119 f.; ʿOM I 305; Am. tar. III 306.

89. Muḥyī'ddīn Ǧurǧānī (ʿAlī Mi̊ni̊q/Rescher 13 ff.).

90. Qaračelebizāde 178; Am. tar. III 318.

91. Als angeblicher Parteigänger Bāyezīds wurde Muḥyī'ddīn später von seinem Mufti-Posten abgesetzt. (ʿAlī Mi̊ni̊q/Rescher 13).

Kapitel IV

1. Oransay 155: 20. Ẕī'l-qaʿde 960/27.11.1553.
2. Pečevī I 305-6.
3. Pečevī I 18 ff.
4. Nach Turan, Bayezid 17 f.: Der von 1550-52 in Istanbul weilende Bailo von Venedig, Bernardo Navagero, berichtet von Ǧihāngīr, er habe wiederholt dem Sultan versichert: "Wer Euch auch auf den Thron folgt, wird mich nicht kümmern; mich braucht er nicht zu fürchten".
5. ʿĀlī, IV, fol. 178 b; zwar erwähnt Alderson 22, tab. II den Prinzen als Gouverneur von Aleppo, doch läßt sich dieses nach unserer Kenntnis nicht belegen.
6. ʿĀlī, IV, fol. 178 b: Peder ve maderıñ ḫuṣūṣan Rüstem Paša gibi vezīr-i ekberiñ iltifāt ve raǧbetleri Sulṭān Bāyezīd semtine....
7. Oransay 267: geboren 24. Reǧeb 930/28. Mai 1524; andere Daten: 6. Reǧeb 929/21. Mai 1523; 6. Reǧ. 930/10. Mai 1524.
8. ʿĀlī, IV, fol. 178 b; vgl. auch Turan, "Selim II.", 434.
9. Uluçay, Manisa tarihi 50: bezieht sich bei dem Datum auf Hammer GOR III 267; Rüstem Paša 136 beschreibt wohl ebenfalls dieses Ereignis.
10. Hammer GOR III 267.
11. Pečevī I 270; Ṣolaqzāde 509.

12. Nach Özergin, Tarih Kayıtları 76 wurde Bāyezīd am 2. Šaʿbān 953/28. Eyl. 1546 als Vālī von Konya eingesetzt. Vgl. Alderson 22, tab. II und Turan, "Selīm II" 434.

13. ʿĀlī, IV, fol.68 b; Pečevī I 302; Qaračelebizāde 170.

14. Zinkeisen III 29 ff.

15. S.o. p. 101.

16. ʿĀlī, IV, fol.73 b: Am 3. Ẕī'l-ḥiǧǧe 961/30. Okt. 1554 kam Süleymān nach Amasya und blieb bis zum 1. Šaʿbān/21. Juni 1555.

17. Pečevī I 341; ʿĀlī, IV, fol. 81 a ff.

18. Turan, Bayezid 40.

19. Pečevī I 342; Qaračelebizāde 170; Ṣolaqzāde 532 f.; ʿĀlī, IV, fol. 81 a f.

20. S. Anm. 19, besonders Ṣolaqzāde 533.

21. Vgl. dazu Spuler, Europäische Diplomatie 323.

22. Busbeck 83 f.

23. Turan, Bayezid 42, nach Top. Ar. E. 6337.

24. Turan, Bayezid 43, nach Top. Ar. E. 6572/1; dieser Brief wurde wohl nach der Ernennung zum Vālī von Kütahya geschrieben.

25. Turan a.O.: hier wird an Ǧem erinnert.

26. Busbeck 86 f.

27. Busbeck 82; vgl. auch Zinkeisen III 39.

28. Uzunçarşılı, OT II 403.

29. Rüstem Paša 188; Busbeck 79.

30. Turan, Bayezid 50: Top. Ar. E. 3924/24: in diesem Brief beklagt sich Bāyezīd, er sei jetzt "verlassen wie eine Waise"; vgl. auch Gökbilgin, "Hürrem Sultan" 594 f.

31. Uzunçarşılı, Saray teşkilâtı 140.

32. Turan, Bayezid 46; das genaue Datum der Versetzung des Prinzen läßt sich nach unserer Kenntnis nicht geben: die Chroniken erwähnen die Ernennung nicht gesondert; Hammer GOR III 368 f. hält ihn noch bei den Ereignissen 966/1559 für den Statthalter von Konya. Ebenfalls irrtümlich bezeichnet Uzunçarşılı, OT II 403, Bāyezīd schon 1553 als Vālī von Kütahya; Am. tar. III 315 gibt im Jahr 964/1556-7 Bāyezīd als Statthalter von Kütahya, wie üblich ohne Quellen zu nennen.

33. So Qïnalïzāde fol. 39 b.

34. Als ihm 965/1558 der Gesandte des Emirs von Mekka, Quṭb eddīn Mekkī, auf dem Weg nach Istanbul einen Besuch in Qara Öyük (bei Kütahya) abstattete, versprach ihm der Prinz bei

einem Gespräch über die jährlich 31 000 nach Mekka geschickten altın hinaus eine Aufbesserung, falls er den Thron bestiege. (Vgl. Kâmil, Gazzi-Mekki seyahatnâmesi 40).

35. Uzunçarşılı, O.T. II 405; dagegen Rüstem Paša 190: April 1558; Gökbilgin, "Hürrem Sultan" 595.

36. Nach Kâmil, Gazzi-Mekki seyahatnâmesi 41: hatte die Mutter auch Bāyezīds aufwendige Hofhaltung in Kütahya durch jährliche Geldzuwendungen unterstützt.

37. ʿĀlī, IV, fol. 88 a ff.; zu seinem Leben s. Turan, Lala Mustafa Paşa 551-93; Pečevī I 387.

38. ʿĀlī a.O. und nach ihm wohl Ṣolaqzāde 547-50; Pečevī I 387 ff.

39. Pečevī I 389: für den Fall seiner Thronbesteigung machte Selīm Muṣṭafā Paša Aussichten auf das Amt des Großwesirs.

40. ʿĀlī a.O.; Pečevī I 381 ff.; Ṣolaqzāde 548.

41. Nach Busbeck 143 unterstützte Bāyezīd Angriffe und Überfälle auf das Gebiet von Ṣarūḫān; angeblich schickte er auch Gefolgsleute nach Manisa, die den Bruder umbringen sollten.

42. Nach Turan, Bayezid 199: nach Top. Ar. E. 6058/13.

43. Auch Busbeck 143 berichtet von Plänen Bāyezīds, nach denen er gegen Istanbul marschieren wollte, um sich selbst dort mit Hilfe seiner Anhänger unter den Janitscharen zum Sultan proklamieren zu lassen.

44. Ṣolaqzāde 546; Qaračelebizāde 172.

45. Turan, Bayezid 51: Top. Ar. E. 10770.

46. Ṣolaqzāde 546; Qaračelebizāde 172; ʿĀlī, IV, fol. 86 a f.

47. Turan, Bayezid 51: Top. Ar. E. 3924/11.

48. Turan, Bayezid 183: Top. Ar. E. 6027: "...Selīm Ḫān hazretlerini yakin sancakda karar etdiler, nazar-i şerifleri andadir, hana degildir..."(Umschrift Turans).

49. Turan, Bayezid 53 ff.

50. Alderson 22 Tab. II: Prinz Aḥmed 1481-1513, Prinz Muṣṭafā 1541-53 Statthalter von Amasya.

51. Vgl. Ṣolaqzāde 324.

52. Turan, Mektuplar 120; vgl. auch Turan, Bayezid 70 f.

53. Turan, Bayezid 61-74.

54. Turan, Bayezid 63: Top. Ar. E. 3924/11. Die Summe von 1 Mio. aqče hätte den Einkünften eines Beglerbegs entsprochen.

55. Turan, Bayezid 57: nach Top. Ar. E. 6059/2.

56. Ṭuran, Bayezid 188: ʿarīża des Beglerbeg von Anatolien, Ǧenābī Aḥmed Paša, an den Sultan: Top. Ar. E. 6027.

57. Turan, Bayezid 64.

58. Turan, Bayezid 65: nach Top. Ar. E. 6059/7.

59. Ṣolaqzāde 546.

60. Ṣolaqzāde a.O. und Turan, Bayezid 58/9.

61. Turan, Bayezid 68: Top. Ar. E. 3924/2.

62. Turan, Bayezid 61: Top. Ar. E. 3924/2.

63. Turan, Bayezid 66: Top. Ar. E. 3924/2, 7, 10; E. 9629.

64. Turan, Bayezid 72: Top. Ar. E. 1397. Danach erhielt der Prinz 400 000 aqče teraqqī, seine Söhne "sālyānes" zu je 100 000 aqče, Sohn ʿOs̱mān wurde zum Sanǧaqbeg von Canık ernannt.

65. Turan Bayezid 195: Top. Ar. E. 6197.

66. Turan Bayezid 51, Anm. 10.

67. Vgl. auch B. Kütükoǧlu, "Mustafa Paşa" 733, wonach dieser als Lālā von Prinz Selīm 50 000 aqče erhielt.

68. E. Kâmil, Gazzi-Mekki seyahatnâmesi 41.

69. Turan, Bayezid 198: nach Top. Ar. E. 6058/13: Selīm in einem Beschwerdebrief an den Sultan (Umschrift Turans): "... bu diyarin ne kadar hırsizi ve haramisi var ise çekilüb öte canibe gitmişlerdir, müslümanların bin akçe kiymetlü atını üç-yüz akçe virüb çeküb almışlar ve sair alat ve esbabina bu uslub üzre, arpaya ve samana bir akçe virilmeyüb, memleket ayag üzerine kalkmış imiş hele Engüriden gidicek kimesne kalmayub ardunca çekilüb gitmiş. Ve'l-hasil, Eskişehire kendü ve adamisi gelmiş amma mukaddema her vilayetde adam tedarik olunmuş imiş anda geldiǧinden sonra her taraftan ellişer-altmışar-yüzer adam elān muttasil yanına cem' olmakda imiş...".

70. Turan, Bayezid 189, nach Top. Ar. E. 6027.

71. Z.B. schreibt ʿĀlī, IV, fol. 86 b: "... ve Anaḍolı iṣṭilāḥinǧa yevili (sic) nāmīna bir bölük ehl-i fesādāt ǧemʿ edüb..."; auch Ṣolaqzāde 551.

72. Hierzu bes. M. Akdaǧ, Türkiyenin iktisadi vaziyeti. II. bes. pp. 377-89; außerdem: M. Cezâr, Levendler 30-40; 154-5.

73. Turan, Bayezid 85; 100.

74. Pečevī I 390.

75. Turan, Bayezid 86, nach Mh. III, Vsk. 1258; vgl. auch Cezâr, Levendler 36.

76. Cezâr, Levendler 32-3.

77. Turan, Bayezid 85-6, nach Mh. III, Vsk. 1258.

78. Turan, Bayezid 85.

79. Turan, Bayezid 87, nach H. Ḥüsāmeddīn, Am. tar. III, 317.

80. Turan, Bayezid 86, nach Top. Ar. E. 6058/12.

81. Turan, Bayezid 87, nach Top. Ar. E. 5452; vgl. Cezâr, Levendler 32.

82. Turan, Bayezid 86 f. 1 nach Mh. III, Vsk 95; Top. Ar. E. 6197 etc.

83. Turan, Bayezid 189, nach Top. Ar. E. 6027.

84. Turan, Bayezid 88, nach Top. Ar. E. 1966.

85. Turan, Bayezid 88; Qaračelebizāde 173 f.

86. Turan, Bayezid 197, nach Top. Ar. E. 6197.

87. Turan, Bayezid 193, nach Top. Ar. E. 3924/1.

88. S. Anm. 86.

89. Nach Busbeck 146 fürchtete der Sultan, Bāyezīd könne über Konya u. Syrien nach Ägypten ausweichen u. sich von dort in jedes beliebige christl. Land einschiffen.

90. Turan, Bayezid 200, nach Top. Ar. E. 6558: (Umschrift Turans) ".... Kızılbas-ı bedma'aş dahî bu ahvallarun ma'lum idinüb 'Osmanoğullarunun mabeynlerinde birbirine buğz u 'adavetleri olub muharebeleri var, fursat mahallidir, hazır olunuz' deyü ... 'fursatdur deyü mezbur saki dahı yürüyüb memalik-i Osmaniyeye külli zarar irise deyü kavi istibah vardur...".

91. Pečevī I 391; vgl. Turan, Mektuplar 12, nach Top. Ar. E. 3924/1.

92. Turan, Mektuplar 12, nach Top. Ar. E. 3924/1.

93. Turan, Bayezid 99: Der Sultan stellte 600 000 aqče zur Verfügung.

94. S. Selānikī 75.

95. S. dazu besonders Akdağ, Celâli 114.

96. Dazu bes. Turan, Bayezid 100.

97. Turan, Bayezid 104, nach Top. Ar. E. 6058/4.

98. ʿĀlī, IV, fol. 86 a; auch Ṣolaqzāde 551.

99. Turan, Bayezid 102.

100. Pečevī I 391; auch Turan, Bayezid 103.

101. Mitte April 1559; s. Ṣolaqzāde 551.

102. Qaračelebizāde 174.

103. Busbeck 145/6; dag. Ṣolaqzāde 551.

104. Turan, Bayezid 103, nach Top. Ar. E. 5234.(Umschrift Turans).

105. Şolaqzāde 550; auch Turan, Bayezid 68.

106. Von 1545-74 im Amt; über ihn vgl. C. Baysun in IA,IV,92-99.

107. Von diesem Fetwa handelt ausführlich Busbeck 145 f.

108. Turan, Bayezid 202, nach ms. Veliyüddin Ef.Ktb. 3216 § 6.

109. Die meisten osman. Quellen schweigen über die Fetwās. (Vgl. Turan, Bayezid 109.) Turan machte allerdings eine Hs. aufindig u. gibt den Wortlaut der Fetwās im Anh. seines Buches wieder (vgl. Turan, Bayezid 202-04); vgl. auch Düzdağ, Şeyhülislâm Ebussuûd Efendi fetvaları 191 f.

110. Busbeck 145/6: "die Soldaten der Garde kamen murrend und widerwillig zu den Fahnen und fluchten über den Bruderkrieg. Gegen wen zogen sie denn das Schwert? Doch gegen den Erben des Reiches selber... als dem Sultan das zu Ohren kam, befragte er den Mufti...".

111. ʿĀlī, IV, fol. 86 b; auch Pečevī I 392 f.; Qaračelebizāde 174; Şolaqzāde 551.

112. Ferīdūn[2] II 34 ff.: Selīm in einem Brief an Ṭahmāsp, dazu auch Turan, Bayezid 114.

113. Turan, Bayezid 113, nach Top. Ar. E. 1698 versuchten ihn seine Gefolgsleute vor dem Kampf durch ʿilm-i remel von einem sicheren Sieg zu überzeugen.

114. Busbeck, 148.

115. ʿĀlī, IV, fol. 87 b; auch Qaračelebizāde 176.

116. ʿĀlī, IV, fol. 88 a; auch Pečevī I 393.

117. S. Anm. 115; Turan, Bayezid 117, 131, nach Top. Ar. E. 5997 kehrte der Prinz lediglich mit 40-50 Mann nach Amasya zurück.

118. Qaračelebizāde 178.

119. ʿĀlī, IV, fol. 88 a; auch Pečevī I 393; Ferīdūn I 514 (Brief Süleymāns an Ṭahmāsp).

120. Qaračelebizāde 178; dazu A. Refik, Râfizilik 14, doc. 3.

121. Am. tar. III, 320.

122. Turan, Bayezid 105.

123. Turan, Bayezid 119, nach Mh. III, Vsk 34.

124. Ferīdūn I, 514. (Brief Süleymāns an Ṭahmāsp.)

125. Turan, Bayezid 131: nach Top. Ar. E. 5997.

126. Refīq, Bāyezīd 710; 17. Ramażān 966/23.6.1559.

127. Refīq, Bāyezīd 711; 17. Ram.966/23.6.1559.

128. Refīq, Bāyezīd 722.

129. Refīq, Bāyezīd 710-11: 17. Ram. 966/23.6.1559.

130. Refīq, Bāyezīd 708: 17. Ram. 966/23.6.1559.

131. Busbeck 166.

132. Refīq, Bāyezīd 711: 17. Ram. 966/23.6.1559.

133. Refīq, Bāyezīd 707.

134. Turan, Bayezid 120, nach Mh. III, Vsk. 52.

135. Refīq, Bāyezīd 713; vgl. Turan, Bayezid 207; s. dazu auch Pakalın I, 114 und III, 437.

136. Turan, Bayezid 121.

137. Qaračelebizāde 178.

138. Turan, Bayezid 122; vgl. auch Ferīdūn[2] II, 26 ff.

139. Busbeck 163.

140. Busbeck 169.

141. Turan, Bayezid 120, nach Mh. III, Vsk. 34.

142. Pečevī I, 349.

143. Qaračelebizāde 179.

144. Seit 956/1549 war er Bb. von Diyarbekir, dann Erzurum. Bereits Prinz Muṣṭafā hatte in ihm einen möglichen Verbündeten gesehen. Vgl. Turan, Bayezid 182.

145. Turan, Bayezid 124, 205, nach Top. Ar. E. 5485; s. auch Ḥasan Beg Rūmlu, AT 409 (trad. Seddon 178).

146. Pečevī I, 349; auch ʿĀlī, IV, fol. 89 b.

147. Pečevī I, 395. Dazu ʿĀlī, IV, fol. 89 b; Ferīdūn[1] II 241.

148. ʿĀlī, IV, fol. 89 b; auch Pečevī I, 394 u. Ṣolaqzāde 554; dazu auch Ferīdūn[1] II 241.

149. Ḥasan Beg Rūmlu, AT 409: Šāhqulī Sulṭān Ustāǧlu. (trad. Seddon 178.)

150. ʿĀlī, IV, fol. 89 b; auch Pečevī I, 396 f.

151. Pečevī I, 397.

152. Busbeck 168 f.

153. Turan, Bayezid 129, nach Top. Ar. E. 4745/2.

154. Pečevī I, 397 f.

155. Turan, Bayezid 200, nach Top. Ar. E. 6558.

156. Busbeck 165, 172. Als aufmerksamer Beobachter betonte der Gesandte Kaiser Ferdinands in seinem 3. Brief, welch günstige Möglichkeiten sich für den Perser aus der Flucht Bāyezīds ergäben.

157. Pečevī I 397; Ṣolaqzāde 555.

158. Dazu bes. Pečevī I 267-83.

159. Ḥasan Beg Rūmlu, AT 409 (trad. Seddon 179).

160. Zu diesem Datum vgl. Turan, Bayezid 131.

161. Ḥasan Beg Rūmlu, AT 411 (trad. Seddon 179).

162. Ṣolaqzāde 556.

163. Pečevī I 398.

164. Ḥasan Beg Rūmlu, AT 411 (trad. Seddon 179).

165. Pečevī I 398. Hier werden leider keine näheren Angaben über die Stoffe gemacht. Es ist jedoch möglich, da es sich um eine zu dieser Zeit in Amasya hergestellte Atlassorte (Benek) handelte, die sich der Prinz jederzeit ohne Schwierigkeiten beschaffen konnte, vgl. dazu T. Öz, Türk. kumaş...I 62.

166. Busbeck 171.

167. Wir finden diese Nachricht nur bei Busbeck. Uber einen tatsächlichen Eheschluß wird auch später nichts mitgeteilt. Altersmäßig könnte es sich nur um die älteste der 3 Töchter des Schahs handeln, Pari Ḫān Ḫanum, die nach Ḥasan Beg Rūmlu (trad. Seddon 295) 955/1547-8 geboren wurde. Uber sie vgl. auch Le Strange, Don Juan 129.

168. Ferīdūn[2] II 35 (Brief Selīms).

169. Ferīdūn[2] II 45 (Brief Süleymāns).

170. Ferīdūn[2] II 37 (Brief Ṭāhmāsps an Süleymān).

171. Am. tar. III, 317. Turan, Bayezid 87.

172. ʿAṭā'ī 14 f.

173. Kâmil, Gazzi-Mekki seyahatnamesi 38 f.

174. Am. tar. III, 319.

175. ʿĀlī, IV, fol. 90 b; Pečevī I 397; Ṣolaqzāde 556.

176. Ṣolaqzāde 566; Turan, Bayezid 140.

177. Eberhard, Polemik 113.

178. Ferīdūn[2] II 37; Ḥasan Beg Rūmlu, AT 411 (trad. Seddon 179).

179. Ḥasan Beg Rūmlu, AT 411 (trad. Seddon 179).

180. Busbeck 171.

181. Ḥasan Beg Rūmlu, AT 412 (trad. Seddon 180). Die osmanischen Quellen erwähnen beide nicht.

182. Am. tar. III, 317.

183. ʿĀlī, IV, fol. 92 a; Pečevī 404.

184. ʿĀlī, IV, fol. 92 b; Pečevī I 405; Ṣolaqzāde 561; Ḥasan Beg Rūmlu, AT 412 (trad. Seddon 180).

185. Ferīdūn² II 28.

186. Am. tar. III, 317.

187. ʿĀlī, IV, fol. 92 b; Ṣolaqzāde 562; Pečevī I 405.

188. Pečevī I 406.

189. Turan, Bayezid 142.

190. ʿĀlī, IV, fol. 92 b; Ṣolaqzāde 562; Pečevī I 406.

191. Ḥasan Beg Rūmlu, AT 412 (trad. 180).

192. Ṣolaqzāde 563.

193. ʿĀlī, IV, fol. 92 b f.; Pečevī I 406 f.; Ṣolaqzāde 562 f.

194. Busbeck 171.

195. Turan, Bayezid 142.

196. Ferīdūn² II 26-28.

197. Busbeck 170.

198. Turan, Bayezid 197, nach Top. Ar. E. 6197.

199. Vgl. auch p. 119.

200. Dazu vgl. auch Alderson, Ottoman Dynasty 19; Uzunçarşılı, Saray teşkilâtı 122.

201. ʿĀlī, IV, fol. 92 b; Pečevī I 399; Ṣolaqzāde 558; Qaračelebizāde 181.

202. Ferīdūn² II 34 f.

203. Pečevī I 402; danach Ṣolaqzāde 559/60.

204. Turan, Bayezid 150.

205. S. Anm. 203.

206. Pečevī I 402 f.; danach Ṣolaqzāde 558.

207. Falsafī 192.

208. Falsafī 191 f.; Ḥasan Beg Rūmlu, AT 416 (trad. Seddon 181).

209. Turan, Bayezid 147, nach Top. Ar. E. 6070.

210. Falsafī 192.

211. Vgl. Art. "Bagdad" in IA, II 205 u. Art. "Kars" in IA, VIa 362.

212. Herangezogen wurde die 2. Edition des Werkes von 1275, da die 1. Edit. von 1264 nur einen Bruchteil des Briefwechsels enthält.

213. Wir benutzten noch die Berliner Hs. ms. Diez A. 4° 31

(Pertsch, Türk. Hss. 34, p. 66), die ein Schreiben Selīms u. die Antwort Ṭahmāsps enthält.

214. Es muß an dieser Stelle hervorgehoben werden, daß F.R. Unat, Osmanli sefirleri ve sefaretnameler zu diesem Komplex so gut wie keine Information bietet. Für den entsprechenden Zeitraum zwischen Februar 1560 u. Jun. 1562, wo insgesamt 7 pers.-osman. Gesandtschaften ausgetauscht wurden, werden dort lediglich 2 unrichtige Angaben gemacht (ibid, tab. III).

215. Ferīdūn^2 II 45-6.

216. Ferīdūn^2 II 34-6.

217. ʿĀlī, IV, fol. 92 b; Pečevī I 399.

218. Uber das Datum geben die Chronisten keine Auskunft. Eine etwas abweichende Version von Selīms Brief an Ṭahmāsp in ms. Diez A. 4° 31 bietet als Datierung "1.Šavvāl 967/ 25. Juni 1560" (fol. 58 a). Die gleiche Angabe für 966/ Juli 1559 dürfte richtig sein. Sie fiele mit Bāyezīds Aufbruch aus Amasya zusammen.

219. ʿĀšiq Čel. fol. 188 b-89 a; Qïnalïzāde: fol. 242 b-43 b.

220. Qïnalïzāde fol. 242 b.

221. ʿĀšiq Čel. fol. 179 b f. s.v. ʿUlvī. Qïnalïzāde fol. 243a.

222. ʿĀšiq Čel. fol. 188 b.

223. Ferīdūn^2 II 35.

224. Ferīdūn^2 II 46.

225. ʿĀlī, IV, fol. 92 b; Pečevī I 399 f.; Ṣolaqzāde 558. Ḥasan Beg Rūmlu, AT 411 (trad. Seddon 179).

226. Ferīdūn^2 II 36.

227. Busbeck 170.

228. Pečevī I 402 f.

229. Ferīdūn^2 II 26-8.

230. Ferīdūn^2 II 26-8.

231. Turan, Bayezid 142.

232. Ferīdūn^2 II 47.

233. Ferīdūn^2 II 47: "mamāt-i o be-wuǧūd az ḥayāt awlā ast".

234. ʿĀlī, IV, fol. 89 b; Pečevī I 394.

235. ʿĀlī, IV, fol. 89 b; Pečevī I 394.

236. Vgl. Turan, Bayezid 142.

237. Turan, Bayezid 144; auch Refīq, Bāyezīd 727: Mh. III, Vsk. 1559 mit dem Befehl an die Beglerbege von Van und Erzurum, endlich genaue Nachrichten zu übermitteln.

238. ʿĀlī, IV, fol. 90 a; Pečevī I 395.

239. Pečevī I 395 f.

240. Am 19. Ṣaf. 968/9.1.1560. Vgl. Turan, Lala Mustafa Paşa 556, nach Mh. III, Vsk. 1626.

241. Ferīdūn^2 II 43.

242. Ḥasan Beg Rūmlu, AT 415 (trad. Seddon 181); Falsafī 191.

243. Vgl. hierzu den Art. von Uzunçarşılı, Hediyeler, in dem in Faksimile das Dokument Top. Ar. E 673 mit einer Liste der Geschenke wiedergegeben (p. 109) wird.

244. ʿĀlī, IV, fol. 93 b.; Pečevī I 403.

245. Turan, Bayezid 197, nach Top. Ar. E. 6197.

246. ʿĀlī, IV, 86 a; Pečevī I 392.

247. Pečevī I 27.

248. SʿO III 121 f.; Oransay 277 s.v. "Şah Sultan", vgl. auch Gökbilgin, Edirne 504.

249. Ferīdūn^2 II 42-3.

250. Ferīdūn^2 II 47.

251. Pečevī I 403.

252. Ferīdūn^2 II 43.

253. Falsafī 192.

254. Ferīdūn^2 II 43.

255. Ferīdūn^2 II 41: "inšā Allah ʿalā ʿiẓẓ bu ǧānibden vaʿd olunan ʿaṭṭiyāt ve tešrīfāt-i ḫāṭir feyż-i meʾes̱ere-i ḫuṭūr edenden ziyāde vuǧūde gelüb mā-beyinimizde sabqat eden ʿuhūd ve imān bu muḫlisiñiz ǧānibinden ḥażret-i vālā rütbet ṭarafına kemāl riʿāyet olındıǧından ġayrī teżammün ve tekeffül ederdim".

256. Turan, Bayezid 150, nach Top. Ar. E. 6537. Zweifellos spielte der Schah mit dieser Bedingung auf Süleymāns 2. Botschaft an, die von Leuten des Beglerbegs von Erzurum überbracht worden war.

257. ʿĀlī, IV, fol. 94 a; Pečevī I 408; vgl. Turan, Bayezid 144.

258. ʿĀlī, IV, fol. 94 a; Pečevī I 408 (hier fälschlich 968); Ṣolaqzāde 567. Zu korrigieren sind die Angaben bei Alderson 22, tab. II, wo für Selīms Gouverneurzeit in Kütahya 1558-9 angegeben wird. Der Autor stützt sich mit seiner Liste im Wesentlichen auf Uzunçarşılı, Saray teşkilâtı 119 ff.

259. Turan, Bayezid 152.

260. Turan, Bayezid 210 f. Hier wird der Vertragstext, der in der ms. Ankara, DTCF Ktb. I. Saip Sencer yaz. 266, fol.

31 a-32 b enthalten ist, in Umschrift wiedergegeben. P.211 ".... a'kab-ı ensabımızdan evlad-ı emcad ve ahfad-ı sa'adet nihad u necabet-niyadlarımıza dahı tenbih ve te'kid ile va'z u vasiyyet ve pend ü nasihat oluna ki, daima bünyan-i sulh u salah müşeyyed ve kavaid-i emn ü felah mümehhed tutulub eyyam-i sa'adet-i padişahide tarafeynden re'aya ve beraya huzur-ı hal ve itminan-i mal üzre olub ed'iye-i devlet ü ikbal ve esniye-i kiyam-ı sa'adet ü iclale müdavemet ve istigal üzre olalar.." (Umschrift Turans) Vgl. auch Falsafī 193.

261. Vgl. auch Pakalın I 29, wonach ein Vertrag immer nur zwischen gleichrangigen Partnern abgeschlossen wird.

262. Turan, Bayezid 152.

263. Ferīdūn[2] II 30-34.

264. Ḥasan Beg Rūmlu, AT 417 (trad. Seddon 182).

265. Turan, Lala Mustafa Paşa 556 f., nach Top. Ar. E. 3118. Der Lālā hatte dieses Amt, das er durch Fürsprache Selīms erhalten hatte, gerade ein Jahr inne, als er abgesetzt wurde. Offenbar hatte er sich Eigenmächtigkeiten gegenüber den Persern zuschulden kommen lassen, über die uns aber nichts Näheres bekannt ist.

266. Ṣolaqzāde 564; S'O III 273; Oransay 88.

267. ʿĀlī, IV, fol. 89 b; Pečevī I 394; vgl. Turan, Bayezid 134.

268. Pečevī I 408; nur noch bei Falsafī 192 als Čašnigirbašî.

269. ʿĀlī, IV, fol. 94 a; Pečevī I 408; Ṣolaqzāde 564; Ferīdūn[2] II 32; Ḥasan Beg Rūmlu, AT 417 (trad. Seddon 182); Falsafī 192.

270. Über ihn S'O III 498.

271. Ferīdūn[2] II 32.

272. Qînalîzāde fol. 181 a; nach Riyāżī fol. 85 a 971/1563-4.

273. ʿĀlī, IV, fol. 231 a f.; Pečevī I 238.

274. Nach dem Tod Rüstem Pašas am 26. Šavv. 968/10.7.1561 war Pertev Paša zum 3. Wesir aufgerückt, 4. Wesir wurde Ferhād Paša. Vgl. Danişmend, Kronoloji II 322.

275. Die Geschenke wurden im Ramaż. 969/Mai 1562 abgeschickt. Vgl. Top. Ar. E. 673/2 bei Uzunçarşılı, Hediyeler... 107.

276. Ḥasan Beg Rūmlu, AT 417 (trad. Seddon 182). Zu dieser Datierung vgl. Turan, Bayezid 154.

277. ʿĀlī, IV, fol. 94 b; Pečevī I 408; Ṣolaqzāde 565; Ḥasan Beg Rūmlu, AT 417 (trad. 182); Falsafī 193; Busbeck 213.

278. ʿĀlī, IV, Pečevī, Ṣolaqzāde, ibid.

279. Busbeck 213.

280. Turan, Bayezid 155.

281. Andrea Dandolo in Albèri, Relazioni III/ 3 p. 167.

282. Ḥasan Beg Rūmlu, AT 417 (trad. Seddon 182).

283. Pečevī I 409; Ṣolaqzāde 567. Sein Grab befindet sich in der Melik-i Ağem genannten Türbe, vgl. R. Nafiż u. I. Ḥaqqı (Uzunçarşılı), Sivas Šehri 158.

284. Pečevī I 409; Ṣolaqzāde 567. Ḥasan Beg Rūmlu, AT 418 (trad. Seddon 182).

285. Meredith-Owens, Traces of a lost autobiographical work by a courtier of Selim II. - In:BSOAS XXIII (1960), 456-63.

286. Meredith-Owens, Traces 463.

287. Ibid.

288. Biegman, Turco-Ragusan Relationship 145 f., Dokument 72.

289. So trad. Biegman.

290. Ḥasan Beg Rūmlu, AT 418 (trad. Seddon 183).

291. Uzunçarşılı, Hediyeler 108, Top. Ar. E. 673/2.

292. Ibid., nach seiner Umschrift.

293. Stephan Gerlach, Tagebuch 303; vgl. auch Voyage de M. d'Aramon 48.

294. Grunebaum-Ballin, Joseph Naci 71 f.

295. Amatus Lusitanus, der berühmte jüd. Arzt in Saloniki, erwähnt dies in einer Widmung seines Werkes "Curationum medicinalium centuriae" an Nasi vom Dez. 1559 (vgl. Roth, Nasi 18). Der Arzt scheint mit den Verhältnissen am osmanischen Hof wohl vertraut gewesen zu sein. Der Sohn von Süleymāns Leibarzt Moses Hamon bat ihn jedenfalls nach dem Tode seines Vaters um Hinweise für seine Tätigkeit am Hof des Sultans. (Heyd, Moses Hamon 170.)

296. Galanté, Histoire II 90; Roth, Nasi 17.

297. Galanté, Histoire II 233; Roth, Nasi 18.

298. Qaračelebizāde 180; auch ʿĀlī, IV, fol. 89 b.

299. Refīq, Bāyezīd 717: (21. Šavvāl 966/27.7.1559), dazu auch 720.

300. Ḥ. Ḥüsāmeddin, Am. tar. III, 320; vgl. Turan, Bayezid 161.

301. Der Mufti Muḫyī'ddīn Ğurğānī und der Vāʿiẓ Šeyḫ Ḫayreddīn waren auf die Nachricht von Bāyezīds Flucht in Istanbul zunächst inhaftiert worden. Später wurden sie wieder freigelassen, Muḫyī'ddīn wurde aber das Mufti-Amt entzogen. Mit 70 aqče wurde er pensioniert. (Nach ʿĀlī Mīnīq/Rescher 15.)

302. Refīq, Bāyezīd 718.

303. Turan, Bayezid 161, nach Mh. III, Vsk. 730.

304. Vgl. Refīq, Bayezid 721-2; auch Cezâr, Levendler 111; Akdağ, Celâli 79.

305. Turan, Bayezid 163, nach Mh. III, Vsk. 219, 257; IV, Vsk. 208.

306. Bei Turan, Bayezid 164: "yevimlü teftīši".

307. Refik, Râfizilik 37 ff.

308. Cezâr, Levendler 61.

309. Akdağ, Türkiyenin iktisadi vaziyeti, 370.

310. Turan, Bayezid 157 f.

311. Turan, Bayezid 176, nach Mh. III, Vsk. 169, 330, 331, 339.

312. Turan, Bayezid 164, nach Mh. III, Vsk. 299.

313. Turan, Bayezid, a.O.

314. Turan, Bayezid, 165 f., nach Mh. III, Vsk. 199, 299.

315. Turan, Bayezid 166, nach Mh. VII 1295. Auch Akdağ, Türkiyenin iktisadi vaziyeti, II, 384-7. Auch Refik, Râfizilik 21, Dok. 18.

316. Turan, Bayezid 166 f., nach Mh. no. 4 für die Jahre 967-8/1559-61.

317. Akdağ, Celâli 66.

318. Akdağ, Yeniçeri ocak 299 f.

319. Inalcık, Heyday and decline 344.

STAMMTAFEL

der osmanischen Sultane und ihrer männlichen Nachkommen
im 15. und 16. Jahrhundert

MEḤMED II.
1451-1481

Mustafā st.1474	BĀYEZĪD II. 1481-1512	Ǧem st.1495

Maḥmūd st.1507	Šehinšāh st.1511	ʿAlemšāh st.1512	SELĪM I. 1512-1520	Aḥmed st.1513	Meḥmed st.1504	Qorqūd st.1513	ʿAbdullāh st.1483

SÜLEYMĀN I.
1520-1566

Bāyezīd st.1561	ʿAbdullāh st.1528	Murād st.1521	SELĪM II. 1566-1574	Meḥmed st.1543	Maḥmūd st.1521	Ǧihāngīr st.1553	Muṣṭafā st.1553

Abkürzungsverzeichnis

Am. tar.	s. Ḥüseyn Ḥüsāmeddīn, Amasya tāʾrīḫi
APZ	s. ʿĀšıqpašazāde
AT	s. Ḥasan Beg Rūmlu, Aḥsan at-tawārīḫ
EI^2	s. Encyclopaedia of Islam
GOD	s. Hammer, Geschichte der Osmanischen Dichtkunst
GOR	s. Hammer, Geschichte des Osmanischen Reiches
GOW	s. Babinger, Die Geschichtsschreiber der Osmanen und ihre Werke
HOP	s. Gibb, History of Ottoman Poetry
IA	s. Islam Ansiklopedisi
MH	s. ʿĀlī, Menāqib-i hünerverān
ʿOM	s. Brusalı Meḥmed Ṭāhir, ʿOs̱manlı Müellifleri
OT	s. Uzuncarşılı, Osmanlı tarihi
SʿO	s. Meḥmed S̱üreyyā, Siǧill-i ʿOs̱mānī
TKZ	s. Ṭašköprüzāde
TYK	s. Karatay, Istanbul...Türk Yazmalar Kataloǧu
WZKM	s. Wiener Zeitschrift für die Kunde des Morgenlandes.

Literaturverzeichnis

1. Quellen

Abū Bakr-i Ṭihrānī (N. Lugal u. F. Sümer, ed.):
Kitāb-i Diyārbakriyya. 2 vols. Ankara 1962 u. 1964.

ʿĀlī, i.e. Muṣṭafā b. Aḥmed: (MH)
Menāqib-i hünerverān. Istanbul 1926.

ʿĀlī, i.e. Muṣṭafā b. Aḥmed:
Künh el-aḫbār. Bde. III u. IV, ms. Berlin: Hs. or. quart 1379 (Staatsbibl.).

ʿAlī Mi̊ni̊q:
s. O. Rescher (trad.), ʿAlī Mi̊ni̊q

Anhegger, R. u. H. İnalcık (ed.):
Ḳanūnnāme-i sulṭānī ber muceb-i ʿörf-i ʿOs̱mānī. II. Meḥmed ve II. Bāyezīd devirlerine ait yasaḳnāme ve kanūnnāmeler. Ankara 1956.

ʿĀši̊q Čelebi: (G.M. Meredith-Owens ed.)
Mešā'ir üš-šuʿarā' or Tezkere. London 1971. Gibb Memorial Series, N.S. 24.

ʿĀši̊qpašazāde, i.e. Dervīš Aḥmed, (Ed. ʿAlī Beg). (APZ):
Tevārīḫ-i āl-i ʿOs̱mān. Istanbul 1332/1914. Trad. s. Kreutel, Hirtenzelt.

ʿAṭā', i.e. Ṭayyarzāde Aḥmed, Tā'rīḫ:
Bd. I. Istanbul 1291.

ʿAṭā'ī, i.e. Nevʿī-zāde ʿAṭā' Allāh b. Yaḥyā:
Ḥadā'iq al-ḥaqā'iq fī takmīlat aš-šaqā'iq. Istanbul 1268.

Bōstān, i.e. Ferdī, Ġazavāt-i̊ Sulṭān Süleymān (Süleymān-nāme), ms. Marburg: Hs. or. oct. 1142; ms. Wien: Nat. Bibl. H O 42 a.

Daulatšah Samarqandī (Muḥammad ʿAbbāsī, ed.):
Taẕkira aš-šuʿarā. Tehrān o.J.

Duda, Herbert:
Die Seltschukengeschichte des Ibn Bibi. (Trad. m. Einl. u. Kommentar.) Kopenhagen 1959.

Dursun Beg:
Tārīh-i Ebu'l-Fetḥ. In: Tārīḫ-i ʿOs̱mānī Enğümenī Meğmuʿası, 9-13, ʿIlāve 6 (1330/1912) 2-197.

Elezović, Gliša:
Iz Carigradskih turskih arhiva Mühimme Defteri. In: Zbornik za istočnjaku istorisku i književnu gradu II, Istoriski Institut 1, Belgrad 1951.

Elezović, Gliša:
Turski spomenici. I/1 Trad., II/2 Text u. Facsimiles. Belgrad 1940, 1952.

Evliyā' Čelebi:
Seyāḥatnāme. Bd. I u. II, Istanbul 1314.

Falsafī, N.:
Zindagānī-yi Šāh Abbas-i awwal. I. Tehrān 1332.

Ferdī:
S. Bōstān.

Ferīdūn Beg, Aḥmed:
Münše'āt as-selāṭīn. 2 Bde. 1. Aufl. Istanbul 1264-5/1847-49, 2. Aufl. Istanbul 1274-5/1857-9. (Vgl. Babinger, in: MOG II 242 f.)

Giese, Friedrich:
(Ed.) Die altosmanischen Chroniken. I: Text. Breslau 1922.

Ḥabīb:
Ḫaṭṭ ve ḫaṭṭāṭān. Istanbul 1305/1887-8.

Ḥāǧǧī Ḫalīfa, i.e. Muṣṭafā b. 'Abdallāh:
Kašf az-zunūn 'an asāmī al-kutub wa'l-funūn (arab.). 1. Lexicon bibliographicum et encyclopaedicum, hrsg. v. G. Flügel, 7 Bde. Leipzig 1835-1858 (Nachdruck Johnson 1964). Arab. u. latein. 2. Bulāq 1274, 516 u. 438 pp. fol. 3. Istanbul 1310/11, 2 Bde. (Forts. s. Bagdadlı Isma'īl Paša, Hādiyat al-'ārifīn).

Ḥāǧǧī Ḫalīfa, i.e. Muṣṭafā b. 'Abdallāh:
Ǧihānnümā. Istanbul 1145.

Ḥasan Beg Rūmlu: (AT)
(Ed. u. trad. C.N. Seddon). Aḥsan at-tawārīḫ. I. Text, II. Trad. Baroda 1931 u. 1934.

Ḥüseyn b. Isma'īl Ayvansārāyī, Ḥadīqat el-ǧevāmi'.
2. Bde. Istanbul 1281.

Ḫondāmīr (Hvāndāmīr), Ḥabīb as-siyār.
Bd. IV. Tehrān 1333/1954-5.

Ibn Baṭṭuṭa:
(Ed. u. trad. C. Defrémery et B.R. Sanguinetti.): Voyages d'Ibn Batoutah. 4 Bde. Paris 1854, repr. Paris o.J.)

Ibn Bibi:
S. Herbert Duda, Die Seltschukengeschichte.

Ibn Kemāl, i.e. Šemseddīn Aḥmed, (Ed. Şerafettin Turan):
Tevârih-i Al-i 'Osman. VII. Defter. I. Faksimile-Text, II. Transskriptionstext. Ankara 1954/57.

Idrīs Bidlisī:
Hešt bihišt. Ms. Berlin: Petermann I 391 (= Pertsch, Pers. Hds. No. 440).

Kâmil, Ekrem:
Hicrî onuncu, milâdî onaltıncı asırda yurdumuzu dolaşan Arap seyyahlarından Gazzî-Mekkî Seyahatnamesi. In: IÜEF Tarih Semineri Dergisi I/2 (1937) 3-90.

Kātıb Čelebi:
S. Ḥāǧǧī Ḫalīfa.

Kreutel, Richard F.:
Vom Hirtenzelt zur Hohen Pforte. Graz etc. 1959. (Aus ʿĀšiqpašazāde)

Küčük Nišānǧi, i.e. Meḥmed Paša:
Tārīḫ-i Nišānǧi Meḥmed Paša. Istanbul 1279/1862-3.

Laṭīfī, i.e. ʿAbdullaṭīf:
Tezkeret aš-šuʿarā' va-tabṣirat al-nuẓama'. Istanbul 1314.
Trad. (Auszug): Th. v. Chabert, Latifi oder biographische Nachrichten .... Zürich 1800.
H.F. v. Diez, Denkwürdigkeiten von Asien. I. Bd. Berlin 1811. S. O. Rescher, Latifi.

Luṭfī Paša, (Ed. u. trad. Rudolf Tschudi.):
Das Aṣāfnāme des Lutfi Paša. Berlin 1910.

Meǧdī, Meḥmed:
Ḥadā'iq eš-šeqā'iq, Istanbul 1269/1852-3. (Türk. Trad. des Ṭašköprüzāde.)

Mustaqīmzāde, i.e. Süleymān Saʿdeddīn:
Tuḥfe-i ḫaṭṭāṭīn. Istanbul 1928.

Nešrī, Meḥmed (Ed. F. Taeschner.):
Die altosmanische Chronik des Mevlana Nešrī. I. Leipzig 1951.

Pečevī, Ibrāhīm:
Tārīḫ-i Pečevī. 2. Bde. Istanbul 1283/1866-7.

Qānūn-nāme-i Âl-i ʿOsmān, (Ed. Meḥmed ʿĀrif).
In: Tārīḫ-i Osmānī Enǧümenī Meǧmuʿasi, 9-13, ʿIlāve 2, Istanbul 1330, pp. 2-32.
In Lateinschrift: T.C. Adliye Vekilliği-Türk hukuku Tarihi. 2. Teil: Belgeler. (Hrsg. H.N. Orkun). Ankara 1935.

Qaračelebizāde ʿAbdulʿazīz Efendi:
Süleymānnāme. Bulāq 1248/1832-3.

Qinalizāde, i.e. Ḥasan Čelebi:
Tezkere eš-šuʿarā'. Ms. Hamburg: Staats- u. Universitäts-bibl. Or. 286 e.

Qivāmī:
Fetiḥnāme-i Sulṭān Meḥmed. (Ed. Franz Babinger) Istanbul 1955.

Qoǧa Nišānǧi, i.e. Ǧelālzāde Muṣṭafā Čelebi:
Ṭabaqāt el-memālik ve dereǧāt el-mesālik. ms. Berlin: Staatsbibl. (Preuss.Kulturbesitz) Ms. or. quart 1961.

Rescher, Oskar:
(Trad.) (Ṭašköprüzāde) eš-šaqā'iq en-noʿmānijje. Konstantinopel-Galata 1927.

Rescher, Oskar:
(Trad.) Ṭašköprüzāde's "eš-Šaqā'iq en-noʿmānijje, fortgesetzt von ʿAlī Mīnīq unter dem Titel "el-ʿiqd el-manẓūm fī ḏikr afāḍil er-Rūm". Stuttgart 1934.

Rescher, Osman:
(Trad.) Türkische Dichterbiographien II: Latifi's tezkere. Tübingen 1950.

Riyāżī, i.e. Meḥmed b. Muṣṭafā:
Riyāż eš-šuʿarā'. Ms. Hamburg: Staats- u. Universitätsbibl. Or. 268 f.

Rüstem Paša (Ludwig Forrer trad.):
Die osmanische Chronik des Rüstem Pascha. Leipzig 1923.

Saʿdeddīn:
Tāğ et-tevārīḫ. Istanbul 1279-80/1862-3. 2 Bde.

Saʿdī:
s. Speiser.

Sammelhandschrift ms. Berlin:
Diez A 4° 31. (Pertsch, Türk. Hss. no. 34.)

Sammelhandschrift ms. Berlin:
Diez A 8° 62. (Pertsch, Türk. Hss. no. 25.)

Sammelhandschrift ms. Berlin:
Ms. orient. 8° 53 (Pertsch, Türk. Hss. no. 334.)

Sehī Beg:
Hest bihišt oder Teẕkere-i Sehī. Istanbul 1325/1907-8.

Seif, Theodor:
Der Abschnitt über die Osmanen in Šukrüllāh. In: MOG II (1926), 63-128.

Selānikī, Muṣṭafā:
Tārīḫ-i Selānikī. Istanbul 1281/1864-5.

Ṣolaqzāde, i.e. Meḥmed Hemdemī:
Tārīḫ-i Ṣolaqzāde. Istanbul 1297/1879-80.

Speiser, Marie Thérèse:
Das Selīmnāme des Saʿdī b. Abd ul-Müteʿāl. Zürich 1946.

Šükrī:
Ṣelīmnāme. Ms. Marburg: Staatsbibliothek ms. Orient. oct. 1045.

Šükrüllāh b. Šihābeddīn Aḥmed, s. Seif.

Ṭašköprüzāde Aḥmed:
Aš-šaqāʾiq an-nuʿmāniyya fi ʿulamāʾ ad-daula al-ʿuṯmāniyya. Bulāq 1299/1882, Am Rande von b. Ḫallikān, Wafāyāt. Türk. Trad. s. Meǧdī. Deutsche Trad. s. Rescher, eš-Šaqā'iq.

Urūğ b. ʿĀdil (Hrsg. F. Babinger):
Tevārīḫ-i āl-i ʿOsmān. Die frühosmanischen Jahrbücher des Urudsch. Hannover 1925.

Vāqiʿāt-i Sulṭān Ğem:
In: Tārīḫ-i̊ ʿOsmānī Enğümeni Meğmuʿasi̊, 9-13, ʿIlāve 5, (1330/1912), 1-43.

Yūsuf Sinān Efendi:
Menāqib-i šerīf ve ṭarīqāt-nāme-i pīrān ve mešāyiḫ-i ṭariqāt-i ʿālīye-i Ḫalvetiyye. Istanbul 1290/1873.

Albèri, E.:
Relazioni degli ambasciatori Veneti al Senato durante il secolo decimo sesto. Sezione Turchia (Serie III Bde. 1 und 3), Florenz 1840, 1863.

Andreas, Willy:
Eine unbekannte venezianische Relation über die Türkei (1567). In: Staatskunst und Diplomatie (1943 273-289.

Babinger, Franz:
Die Aufzeichnungen des Genuesen Jacopo de Promontorio de Campis über den Osmanenstaat um 1475. München 1956, SB d. Bayr. Akad. Wiss., Heft 8.

Broquière, Bertrandon de la:
Le voyage d'Outremer. Paris 1896.

Busbeck, Oegier Ghiselin von:
Vier Briefe aus der Türkei. Hrsg. u. trad. W. von den Steinen. Erlangen 1926.

Chalcocondyles (I. Bekker, ed.):
Laonici Chalcocondylae de rebus Turcicis. Bonn 1843. Corpus Scriptorum Historiae Byzantinae, 32.

Charrière, E.:
Négociations de la France dans le Levant, ou Correspondances, mémoires et actes diplomatiques. Paris. 4 Bde. In: Collection de documents inédits sur l'Histoire de France.

Chesneau d'Aramon, Jean:
Le voyage de Monsieur d'Aramon, ambassadeur pour le Roy au Levant (1547). Par Ch. Schefer, Paris 1887.

Chronikon peri tōn Turkōn Sultanōn (G.Th. Zoras, ed.). Athen 1958. (Trad. s. Kreutel, Leben und Taten.)

Dernschwam, Hans:
Reise nach Konstantinopel und Kleinasien (1553/55). Nach der Urschrift im Fugger-Archiv, hrsg. v. F. Babinger. München/Leipzig 1923.

Gerlach, Stefan:
Tage-Buch der von...Kaysern Maximiliano und Rudolpho an die ottomanischen Pforte....abgefertigten Gesandschaft... (1573-78) herfür gegeben durch Samuel Gerlach. Frankfurt/M. 1674.

Knolles, Richard :
The Turkish History from the Origin of that Nation to the Growth of the Ottoman Empire with the lives and conquests of their princes and emperors. London 1687.

Kreutel, Richard F.:
Leben und Taten der türkischen Kaiser. Graz/Wien/Köln 1971.

Kritobulos, Michail:
History of Mehmed the Conqueror. Translated from the Greek by C.T. Riggs. 1954.

Sanuto, Marino:
I diarii di Marino Sanuto. 58 Bde. Venedig 1879-1903.

Schweigger, Salomon:
Eine newe Reyssbeschreibung....nach Konstantinopel und Jerusalem. Nürnberg 1608.

Spandugnino, Theodor:
(C. Schefer, ed.) Petit traicté de l'origine des Turqz. Paris 1896.

Tuberon, Ludovicus:
Commentarii de temporibus suis. In: Syndromi verum Turcico-Pannonicarum ... II, 1627.

2. Sekundärliteratur

Adnan-Adıvar, Abdülhak:
Osmanlı Türklerinde Ilim. Istanbul[3] 1970.

Akdağ, Mustafa:
Büyük Celâli karışıklarının başlaması. Erzurum 1963. (Ankara Üniversitesi yayınlar, 29.)

Akdağ, M.:
Celâli Isyanlarının Başlaması. In: Ankara Üniversitesi DTC Fakültesi Dergisi, IV/1 (1945), 23-50.

Akdağ, M.:
Osmanli Imperatorlugunun kuruluş ve inkişafi devrinde Türkiye'nin iktisadi vaziyeti. In: Belleten XIII/51 (1949), 497-571; XIV/55 (1950), 319-418.

Akdağ. M.:
Osmanli müesseseleri hakkında notlar. In: Ankara Üniversitesi DTC Fakültesi Dergisi XIII/1-2 (1955) 27-51.

Akdağ, M.:
Timar Rejiminin Bozuluşu. In: Ankara Üniversitesi DTC Fakültesi Dergisi III/4 (1945) 419-31.

Akdağ, M.:
Türkiye'nin iktisadi ve ictimai tarihi. II: 1453-1559. Ankara 1971.

Alderson, A.D.:
The Structure of the Ottoman Dynasty. Oxford 1956.

Alparslan, Ali:
L'Art de la calligraphie en Turquie aux XVe et XVIe siècles. In: Revue des Études Islamiques XXXV (1967) 219-23.

"Amasya":
In: Encyclopaedia Judaica, Berlin II 562.

Anhegger, R.:
Beiträge zur frühosmanischen Baugeschichte. I. in: Istanbuler Mitteilungen VI (1955) 89-108; II. in: Ist. Mitt. VIII (1958) 40-56; III. in Ist.Mitt. XVII (1967) 312-20.

Anhegger, R.:
Neues zur balkantürkischen Forschung. In: Zeitschrift d. Deutschen Morgenld. Gesellschaft 103 (1953), 70-91.

Anhegger, R.:
Die Römerbrücke von Mostar, ein Beitrag zur Geschichte und Organisation des Bauwesens im Osmanischen Reich. In: Oriens VII (1954), 87-107.

Anhegger, R.:
Zur Stellung einiger Städte innerhalb der osmanichen Baugeschichte vor Sinan. In: Fuad Köprülü Armağanı, Istanbul 1953, 5-16.

Asarkaya, Halis:
Osmanlılar zamanında Tokat. Tokat 1941.

Aslanapa, Oktay:
Edirne'de Osmanlı devri abîdeleri. Istanbul 1949.

Aslanapa, O.:
Turkish Art and Architecture. London 1971.

Ateş, Ahmed:
Anadolu kütüphanelerinden mühim yazma eserler. Amasya. In: Tarih Vesikaları, Neue Serie I/1 (16), Aug. 1955, 141-74.

Ayânoğlu, F. Ismail:
Fatih devri ricâli mezâr taşları ve kitâbeler. In: Vakıflar Dergisi IV (1958), 193-208.

Aymard, Maurice:
Venise, Raguse et le commerce du blé pendant la seconde moitié du XVIe siècle. Paris 1966.

Ayverdi, Ekrem Hakki:
Fatih devri hattatları ve hat sanatı. Istanbul 1953.

Ayverdi, E.H.:
Fatih devri mimarisi. Istanbul 1953.

Babinger, Franz:
Aufsätze und Abhandlungen zur Geschichte Südosteuropas und der Levante. 2 Bde. München 1962-66.

Babinger, F.: (GOW)
Die Geschichtsschreiber der Osmanen und Ihre Werke. Leipzig 1927.

Babinger, F.:
Mehmed der Eroberer und seine Zeit. München 1953.

Babinger, F.:
Mehmed's II. Heirat mit Sitt-Chatun 1449. In: Aufsätze u. Abhandlungen (München 1962) I, 225-39.

Babinger, F.:
Moschee und Grabmal des 'Osman-Schah zu Trikkala. Ein Werk des Baumeisters Sinan. In: Aufsätze u. Abhandlungen (München 1966) II, 96-98.

Babinger, F.:
Schejch Bedr ed-din, der Sohn des Richters von Simaw; ein Beitrag zur Geschichte des Sektenwesens im altosmanischen Reich. In: Der Islam XI (1921), 1-106.

Babinger, F.:
Von Amurath zu Amurath. In: Aufsätze und Abhandlungen I, 128-157.

Barkan, Ömer L.:
XV. asrın sonunda bazı büyük şehirlerde eşya ve yiyecek fiyatlarını tesbit ve teftişi hususlarını tanzim eden kanunlar. In: Tarih Vesikaları I (1942), 326-40.

Barkan, Ö.L.:
H. 974-975/M. 1567-8 mâli yılına ait bir osmanli bütçesi. In: Iktisat Fakültesi Dergisi XIX (1957/8), 277-332.

Barkan, Ö.L.:
Essai sur les données statistiques des registres de recensement dans l'Empire Ottoman aux XVe et XVIe siècle. In: Journal of Economic and Social History of the Orient I (1958), 9-36.

Barkan, Ö.L.:
Les grands recensements de la population et du territoire de l'Empire Ottoman, et les registres impériaux de statistique. In: Ist. Üniv. Iktisat Fakültesi Mecmuasi II (1940), 21-34; 168-78.

Barkan, Ö.L. - E.H. Ayverdi:
Istanbul Vakıfları Tahrir Defteri 953/1546 tarihli. Istanbul 1971.

Barth, Heinrich:
Reise von Trapezunt durch die nördliche Hälfte von Kleinasien nach Skutari: Gotha 1860.

Bausani, A.:
"Fattāḥī". In: EI², II, 865 f.

Bausani, A.:
Le letterature del Pakistan. Florenz/Mailand 1958.

Baykal, Bekir Sıtkı,
Uzun Hasan'ın Osmanlılara karşı katî mücadeleye hazırlıkları ve Osmanlı -Akkoyunlu harbının başlaması. In: Belleten XXI, 82 (1957), 261-296.

Beldiceanu, Nicoară:
Les actes des premiers sultans conservés dans les manuscrits turcs de la Bibliothèque Nationale à Paris. I. Actes de Mehmed II. et de Bayezid II du ms. Fonds turc ancient 39. Paris 1960.

Biegman, Nicolaas Hendrik:
The Turco-Ragusan Relationship. According to the Firmans of Murad III (1575-95) extant in the State Archives of Dubrovnik. The Hague-Paris 1967.

Bombaci, Alessio:
La letteratura turca. Florenz/Mailand 1969.

Braun, Hellmut:
Geschichte Irans seit 1500. (Safawiden). In: Handbuch der Orientalistik, 1. Abt., Bd. 6: Geschichte der islamischen Länder. 3. Abschn.: Neuzeit. Leiden 1959, pp. 98-184.

Brunschvig, R.:
Métiers vils en Islam. In: Studia Islamica XVI (1962) 41-60.

Bursalı Meḥmed Ṭāhir:
ʿO̱smānli Müʾellifleri. 3 Bde. Istanbul 1914-25.

Cezâr, Mustafa:
Osmanlı tarihinde levendler. Istanbul 1965.

Cook, M.A.: (Hrsg.)
Studies in the Economic History of the Middle East from the Rise of Islam to the Present Day. London etc. 1970.

Cvetkova, B.:
Sur certaines réformes du régime foncier au temps de Mehmet II. In: Journal of the Economic and Social History of the Orient VI (1963), 104-120.

Dalsar, Fahri:
Türk Sanayi ve Ticaret Tarihinde Bursa'da Ipekçilik. Istanbul 1960.

Danişmend, Ismail Hami:
Izahli Osmanli tarihi kronolojisi. 4 Bde. Istanbul 1947-(1950).

Darkot-Yınanc:
"Amasya". In: IA, I, 392-6.

Dietrich, Albert:
Zur Geschichte einiger anatolischer Bibliotheken: Afyon, Çorum, Amasya. In: Istanbuler Mitteilungen XVII (1967), 306-311.

Dilger, Konrad:
Untersuchungen zur Geschichte des osmanischen Hofzeremoniells im 15. und 16. Jh. München 1967.

Düzdağ, Mehmet E.:
Şeyhülislâm Ebussuûd Efendi fetvaları, ışığında 16. asır türk hayatı. Istanbul 1972.

Eberhard, Elke:
Osmanische Polemik gegen die Safawiden im 16. Jh. nach arabischen Handschriften. Freiburg 1970.

Edhem, Ḫalīl:
Ṭrabzonda ʿos̱mānlı kitābeleri. In: Tārīḫ-i ʿOs̱mānī Enğümeni Meğmuʿası VIII (1334/1916), 321-352.

Eilers, W.-W. Heinz:
Persische Handschriften. I. Wiesbaden 1968. (Verzeichnis der orientalischen Handschriften in Deutschland. Bd. XIV/1)

Encyclopaedia of Islam, Bde. 1-3 ff. Leiden 1954 ff. (EI^2)

Enzyklopädie des Islam, 4 Bd. Leiden 1913-1938. (EI^1)

Erdoğan, Abdulkadir:
Pertev Paşanın hayatı ve eserleri. In: Vakıflar Dergisi II (1942), 233-240.

Ergin, Osman Nuri:
"Bedesten". In: IA II, 440-442.

Ertaylan, I.H.:
Külliyat-i divân-i Kabûlî. Istanbul 1948.

Ertaylan, I.H.:
Sultan Cem. Istanbul 1951.

Ertaylan, I.H.:
Üc manzûm tarihi vesika. In: Edebiyat Fakültesi Türk Dili ve Edebiyati Dergise (Istanbul) II (1947), 47-58.

Erzi, Adnan S.:
Türkiye kütüphanelerinden notlar ve vesikalar. In: Belleten XIV/96-98 (1950), 96-98.

E(rzi), A(dnan) S.:
Ağriboz fethine ait iki vesika. In: Fatih ve Istanbul I, 300-13.

Ethé - E. Sachau:
Catalogue of the Persian, Turkish, Hindustani and Pushtu manuscripts in the Bodleian Library. II. Oxford 1930.

Eyice, Semavi:
Ilk Osmanlı devrinin dini-ictimâi bir müessesi: Zaviyeler ve zaviyeli camiler. In: Istanbul Üniversitesi Iktisat Fakültesi Mecmuasi XXIII (1963), 3-80.

Eyice, S.:
Istanbul'da Koca Mustafa Paşa Camii ve Osmanlı - Türk mimarisindeki yeri. In: Tarih Dergisi V/8 (1953), 153-82.

Eyice, S.:
Sincanli'da Sinan Paşa imareti.In: Vakıflar Dergisi X (1973), 303-36.

Eyice, S.:
Yunanistan Türk mimari eserler. In: Türkiyat Mecmuasi XI (1954), 157-182; 205-30.

Fekete, Lajos:
Das Heim des ʿAli Çelebi, eines türkischen Defterbeamten in Buda. In: Etudes historiques, publ. par la Commission nationale des historiens hongroise. I (Budapest 1960), 505-34.

Fekete, L. Die Siyaqat-Schrift in der türkischen Finanzverwaltung. Ein Beitrag zur türkischen Palaeographie. 2 Bde. Budapest 1955.

Fisher, Sydney N.:
The Foreign Relations of Turkey 1484-1512. Urbana/ Illinois 1948.

Flemming, Barbara:
Türkische Handschriften Bd. I, Wiesbaden 1968 (Verzeichnis der orientalischen Handschriften in Deutschland. Bd. XIII/1.)

Flügel, Gustav:
Die arabischen, persischen und türkischen Handschriften der k.-k. Hofbibliothek zu Wien. 3 Bde. Wien 1865-67.

Gabriel, Albert,
Monuments Turcs d'Anatolie. Bd. II Amasya-Tokat-Sivas. Paris 1934.

Gibb, Hamilton A.R.:
Luṭfī Paša on the Ottoman Caliphate. In: Oriens XV (1964) 287-90.

Gibb, Elias John W.: (HOP)
A History of Ottoman Poetry. 6 Bde. London 1900-1909.

Gibb, Hamilton A.R. - H. Bowen:
Islamic Society and the West. 2 Bde. London/New York/ Toronto 1950/57.

Gökbilgin, Tayyib M.:
XV-XVI. Asırlarda Edirne ve Paşa Livâsı. Vakıflar-mülkler mukataalar. Istanbul 1952.

Gökbilgin, T.M.:
15. ve 16. asırlarda Eyâlet-i Rûm. In: Vakıflar Dergisi VI (1965), 52-61.

Gökbilgin, T.M.:
"Câfer Çelebi". In: IA, III, 8-10.

Gökbilgin, T.M.:
"Celâl-zâde". In: IA, III, 61-64.

Gökbilgin, T.M.:
"Hürrem Sultan". In: IA, V, 593-96.

Gökbilgin, T.M.:
Kanunî Sultan Süleyman'ın timar ve zeamet tevcihi ile ilgili fermanları. In: Tarih Dergisi XVII/22 (1967), 35-48.

Gökbilgin, T.M.:
"Korkut". In: IA, VI b, 55-60.

Gökbilgin, T.M.:
"Müeyyed-zâde". In: IA, VIII, 786-90.

Gökbilgin, T.M.:
Rüstem Paşa ve hakkındaki ithamlar. In: Tarih Dergisi VIII/11-12 (1955), 11-50.

Gökçen, Ibrahim:
Manisa tarihinde vakıflar ve hayırlar. I u. II. Istanbul 1950.

Götz, Manfred:
Türkische Handschriften. Bd. II. Wiesbaden 1968. (Verzeichnis der orientalischen Handschriften in Deutschland. Bd. XIII/2.)

Goodwin, G.:
A History of Ottoman Architecture. London 1971.

Grunebaum-Ballin, P.:
Joseph Naci, duc de Naxos. Paris 1968.

Hammer-Purgstall, Joseph v.: (GOD)
Geschichte der Osmanischen Dichtkunst. 4 Bde. Pesth 1836-8.

Hammer-Purgstall, J.v.: (GOR)
Geschichte des Osmanischen Reiches. 10 Bde. Pesth[2] 1827-35. Nachdruck Wien 1963.

Hammer-Purgstall, J.v.:
Des Osmanischen Reiches Staatsverfassung und Staatsverwaltung. 2 Bde. Wien 1815. Nachdruck Hildesheim 1963.

Handwörterbuch des Islam:
S. Wensinck.

Heyd, Uriel u. E. Kuran:
"Ilmiyye". In: EI[2], III, 1152-54.

Heyd, U.:
Moses Hamon, chief Jewish physician to Sultan Suleyman the Magnificent. In: Oriens XVI (1963), 152-70.

Heyd, U.:
An Unknown Turkish Treatise by a Jewish Physician Under Suleyman the Magnificent. In: Eretz' Jisrael VII (1963), 48-53.

Ḫüseyn Ḥüsāmeddīn: (Am. tar.)
Amasyalī ʿAbdīzāde: Amasya tārīḫi. 4 Bde. Istanbul 1330/1928.

İlaydın, Hikmet - Adnan S. Erzi:
XVI asra ait bir münşeat mecmuası. In: Belleten XXI/82 (1957), 221-257.

İnalcık, Halil:
Bursa Şer'iye sicillerinde Fatih Sultan Mehmed'in fermanları. In: Belleten XI (1947), 693-708.

İnalcık, H.:
Fatih devri üzerinde tetkikler ve vesikalar. I. Ankara 1954.

İnalcık, H.:
"Ḥarīr": The Ottoman Empire. In: EI², III, 211-215.

İnalcık, H.:
The Heyday and Decline of the Ottoman Empire. In: The Cambridge History of Islam, I. (Cambridge 1970), 324-53.

İnalcık, H.:
"Mehmed II". In: IA, VII, 506-535.

İnalcık, H.:
Mehmed the Conqueror (1432-81) and his time. In: Speculum 35 (1960), 408-27.

İnalcık, H.:
Osmanlılar'da saltanat verâseti usülü ve Türk hâkimiyet telakkisiyle ilgisi. In: Ankara Üniversitesi Siyasal Bilgiler Fak. Dergisi XIV/1 (1959), 69-94.

İnalcık, H.:
The Ottoman Economic Mind and Aspects of the Ottoman Economy. In: Cook, Studies 207-18.

İnalcık, H.:
The Rise of the Ottoman Empire. In: The Cambridge History of Islam I (Cambridge 1970), 295-323.

Iorga, N.:
Notes et extraits pour servir à l'histoire des croisades au XVe s. Bd. V, Bukarest 1915.

Islam Ansiklopedisi: (IA)
Istanbul 1950 ff.

Istanbul kitaplıkları Türkçe yazma divanlar kataloğu. Bd. I: XII-XVI asır. Istanbul 1947.

Istanbul kütüphanelerinde Fatih'in hususi kütüphanesine ve Fatih çagı müelliflerine ait eserler. Istanbul 1953.

Istanbul kütüphanesi, Tarih-Çografya yazmalar kataloğlar. Fasc. XI: Vakıfnameler. Istanbul 1962.

Kununi Armağani:
Ankara 1970.

Karatay, Fehmi E.: (TYK)
Topkapı Sarayı Müzesi kütüphanesi Türkçe yazmalar kataloğu. Istanbul 1961.

Kellenbenz, Hermann:
Südosteuropa im Rahmen der europäischen Gesamtwirtschaft. In: Die wirtschaftlichen Auswirkungen der Türkenkriege (Hrsg. Othmar Pickel), Graz 1971, 27 ff.

Kepeçioğlu, Kâmil:
Tarihi bilgiler ve vesikalar. In: Vakıflar Dergisi II (1942), 405-21.

Kılıçoğlu, Vecihe:
Cerrâhiye-i ilhâniye. Ankara 1956.

Kilisli Muallim Rifat:
Nefeszade Ibrahim: Gülzâr-i Savâb. Istanbul 1939.

Kilisli Muallim Rifat:
Suyolcuzade Mehmed Necib: Devha-tül-Küttâb. Istanbul 1942.

Kırzıoğlu, M. Fahreddin:
"Kars". In: IA, VI a, 360-363.

Kissling, H.J.:
Einiges über den Zejnīje-Orden im Osmanischen Reiche. In: Der Islam XXXIX (1964), 143-79.

Kissling, H.J.:
Das islamische Derwischwesen. In: Scientia 94 (1959), 230-35.

Kissling, H.J.:
Aus der Geschichte des Chalvetijje-Ordens. In: Zeitschrift d. Deutschen Morgenld. Gesellsch. 103 (1953), 233-89.

Kissling, H.J.:
Zur Geschichte des Derwischordens der Bajramijje. In: Südost-Forschungen XV (1956), 237-68.

Koçu, Reşad E.:
"ʿAli Paşa". In: IA, I, 331 f.

Köprülü, M. Fuad:
Alcune osservazioni intorno all'influenza delle istituzioni bizantine sulle istituzioni ottomane. Rom 1953.

Kraelitz, Friedrich:
Osmanische Urkunden in türkischer Sprache aus der zweiten Hälfte des 15. Jhs. Wien 1922.

Kraelitz-Griefenhorst, Friedrich:
Die Tuǧra der osmanischen Prinzen. In: Mitteilungen zur Osmanischen Geschichte I (1921-2), 167-170.

Kuran, Aptullah:
The Mosque in Early Ottoman Architecture. Chicago 1969.

Kut (Alpay), Günay, British Museum'daki bazi önemli türkçe yazmalar ve tevaif-i aşere'den taife-i Bektaşiyan. In: Türk Dili Araştırmaları Yıllığı Belleten (1971), 205-30.

Kütükoǧlu, Bekir S.:
Osmanlı-Iran siyasi münasebetleri. I: 1578-90. Istanbul 1962.

Kütükoǧlu, Bekir S.:
"Mustafa Paşa". In: IA, VIII, 733.

Kütükoǧlu, Bekir S.:
Şah Tahmasb'in III. Murad'a cülus tebriki. In: Tarih Dergisi XI/15 (1960), 1-24.

Lefebvre, Marie Magdaleine:
Quinze firmans du Sultan Mehmed le Conquérant. In: Revue des Études Islamiques XXXIX/1 (1971), 147-73.

Le Strange, Guy (trad. u. ed.), Don Jean of Persia, a Shi'ah Catholic (1560-1604). London 1926.

Levend, Agah Sirri:
Gazavâtnâmeler ve Mihaloǧlu Ali Bey'in gazavâtnâmesi. Ankara 1956.

Levend, A.S.:
Siyâsetnâmeler. In: Türk Dili Araştırmaları Yıllığı Belleten (1962), 167-194.

Levend, A.S.:
Ümmet çaǧı Türk edebiyatı. Ankara 1962.

Levy, M.A.:
Don Joseph Nasi, Herzog von Naxos, seine Familie und zwei jüdische Diplomaten seiner Zeit. Breslau 1859.

Liebe-Harkort, Klaus:
Beiträge zur sozialen und wirtschaftlichen Lage Bursas am Anfang des 16. Jahrhunderts. Diss.phil. Hamburg 1970.

Lybyer, Albert H.:
Government of the Ottoman Empire in the Time of Suleiman the Magnificent. Cambridge 1913.

Majer, Hans Georg:
Ein Nišân des Osmanenprinzen Aḥmed, des Statthalters von Amasya, für die Zâviije des Schejch Bahâ ed-Din vom Jahre 906/1501. In: Südost-Forschungen XXXI (1972), 319-31.

Mantran, Robert:
Les inscriptions turques de Brousse. In: Oriens XII (1959), 115-70.

Mantran, R.:
Istanbul dans la seconde moitié du XVIIe s. Essai d'histoire institutionelle, économique et sociale, Paris 1962.

Marçais, Georges:
Considérations sur les villes musulmanes et notamment sur le role du mohtasib. In: La Ville VI (Brussel 1954), 249-62.

Massignon, Louis:
"Ṭarīqa". In: Handwörterbuch des Islam, 729-34.

Maštakova, Elena:
(Hrsg.) Michri Chatun. Divan. Moskau 1967.

Matuz, Josef:
Herrscherurkunden des Osmanensultans Süleyman des Prächtigen. Freiburg/Breisgau 1971.

Meier, Fritz:
Die schöne Mahsati. I. Wiesbaden 1963.

Ménage, Victor:
"Djalālzāde Muṣṭafā Čelebi". In: EI[2], II, 400.

Menzel, Theodor:
"Hayr ed-dīn". In: IA, Va, 392-3.

"Mescid", Osmanli devri medreseleri. In: IA, VIII, 71-77, (von M.C. B).

Meredith-Owens, G.M.:
Traces of a lost autobiographical work by a courtier of Selim II. In: Bulletin of the School of Oriental and African Studies XXIII (1963), 456-63.

Meriç, Rifki Melûl:
Osmanlı tabâbeti tarihine ait vesikalar. I: Cerrâhlar-kehhâllar. In: Tarih Vesikaları, Neue Serie I (1955), 27-113.

Minorskij, Vladimir Fedorovič:
The Chester Beatty Library. A catalogue of the Turkish mss. and miniatures. Dublin 1958.

Mordtmann, A.D.:
Anatolien. Skizzen u. Reiseberichte aus Kleinasien (1850-59), Hannover 1925.

Mordtmann, J.H. (u. M.H. Yınanç):
"Dulkadırlılar". In: IA, III, 654-62.

Nedkov, Boris:
Osmanoturska diplomatika i paleografika. Sofia 1966.

d'Ohsson, Mouradjea:
Tableau général de l'Empire Ottoman. 7 Bde. Paris 1787-91.

Oransay, Gültekin:
Osmanlı devletinde kim kimdi? I. Ankara 1969.

Orgun, Zarif:
(Tuğra) Şehzade Tuğraları, Mehmed II' in Tuğra Imza ve Mühürleri. In: Türk Tarih, Arkeoloji ve Etnografya Dergisi V (1949), 203-20.

Öz, Tahsin:
Topkapı Sarayı müzesi arşiv kılavuzu. I. Fasikùl. Istanbul 1938.

Öz, T.:
Istanbul Camileri, 2 Bde. Ankara 1962-65.

Öz, T.:
Türk kumaş ve kadifeleri. I. Istanbul 1946 (engl.: Ankara 1950).

Özergin, M. Kemal:
Sultan Kanunî Süleyman Han Çağına âit Tarih kayıtları. In: Edebiyat Fakültesi Araştirma Dergisi III (1917), 61-130. (Atatürk Üniversitesi Edebiyat Fakültesi Yayini, Erzurum.)

Pakalın, Mehmed Z.:
Osmanlı tarih deyimleri ve terimleri sözlüğü. 3 Bde. Istanbul 1946-54.

Parmaksızoğlu, Ismet:
"Kemâlpaşa-zâde". In: IA, VI, 561-66

Parmaksızoğlu, I.:
Abdurrahman Gubâri'nin hayatı ve eserleri. In: Tarih Dergisi I (1950), 347-56.

Pertsch, Wilhelm:
Verzeichnis der persischen Handschriften zu Berlin. Berlin 1888.

Pertsch, W.:
Verzeichnis der türkischen Handschriften der Königl. Bibliothek (zu Berlin). Berlin 1889.

Refik, Ahmet:
Onaltíncı asírda Râfizilik ve Bektaşilik. Istanbul 1932.

Refīq, Aḥmed:
Qonya muḥarebesinden soñra šehzāde sulṭān Bāyezīdiñ Irāna fi̊rāri. In: Tā'rīḫ-i ʿOsmānī Enğümeni Meğmuʿasi̊ XXXVI (1331/1913), 705-27.

Rieu, Charles:
Catalogue of the Turkish manuscripts in the British Museum. London 1888.

Rieu, Ch.:
Catalogue of the Persian manuscripts in the British Museum. I-III u. Supplement. London 1879/1881/1883/1895,

Röhrborn, Klaus-Michael:
Untersuchungen zur osmanischen Verwaltungsgeschichte. Berlin, New York 1973. (Studien zu Sprache, Geschichte und Kultur des Islamischen Orients, N.F. 5.)

Roth, Cecil:
The House of Nasi, the Duke of Naxos. Philadelphia 1948.

Rypka, Jan:
Iranische Literaturgeschichte. Berlin^2 1959.

Sevin, Nureddin:
Ottoman Court School which also trained hundreds of artists between the 15th and 19th centuries. In: Atti del 2ndo Congresso Intern. d'arte Turca (Neapel 1965), 235-243.

Sohrweide, Hanna:
Dichter und Gelehrte aus dem Osten im Osmanischen Reich (1453-1600). Ein Beitrag zur türkisch-persischen Kulturgeschichte. In: Der Islam XLVI (1970), 263-302.

Sohrweide, H.:
Der Sieg der Safaviden in Persien und seine Rückwirkungen auf die Schiiten Anatoliens im 16. Jahrhundert. In: Der Islam XLI (1965), 95-223.

Sohrweide, H.:
Türkische Handschriften, Bd. III. Wiesbaden 1974 (Verzeichnis der Orientalischen Handschriften in Deutschland, Bd. XIII/3.)

(SʿO):
Meḥmed S̱üreyyā, Siǧill-i ʿOs̱mānī. 4 Bde. Istanbul 1308-15/1890-98.

Spuler, Bertold:
Die europäische Diplomatie in Konstantinopel bis zum Frieden von Belgrad 1739. Breslau, phil. Diss. 1935.

Spuler, B.:
Iran: The persistent Heritage. In: Unity and diversity in Muslim Civilisation (1955), 167-82.

Stewart-Robinson, J.:
The Ottoman biographies of poets. In: Journal of Near Eastern Studies XXIV (1965), 57-74.

Taeschner, Franz:
"Akhi Ewran". In: EI^2, I, 324 f.

Taeschner, F.:
Das anatolische Wegenetz nach osmanischen Quellen. 2 Bde. Leipzig 1924.

Taeschner, F.:
Beiträge zur frühosmanischen Epigraphik und Archäologie. In: Der Islam XX (1932), 109-168.

Tansel, Selahettin:
Osmanlı kaynaklarına göre Fatih Sultan Mehmed'in siyasî ve askerî faaliyeti. Ankara 1953.

Tansel, S.:
Sultan Bayezît'in siyasî hayatı. Istanbul 1966.

Tischendorf, Paul Andreas v.:
Das Lehnswesen in den moslemischen Staaten, insbesondere im Osmanischen Reich. Leipzig 1872.

Turan, Şerafettin:
Kanunî'nin oğlu Şehzade Bayezid vak'ası. Ankara 1961.

Turan, Ş.:
Lala Mustafa Paşa hakkında Notlar ve Vesikalar. In: Belleten XXII/88 (1958), 551-93.

Turan, Ş.:
Şehzade Bayezid'in babası Kanuni Sultan Süleyman' a gönderdiği mektuplar. In: Tarih Vesikaları, Neue Serie I (16), 118-127.

Turan, Ş.:
"Selim II.". In: IA, X, 434-441.

Turan, Ş.:
1560 tarihinde Anadolu'da yiyecek maddeleri fiyatların gösteren bir Iran elçilik hey'eti masraf defteri. In: Ankara Üniversitesi DTC Fakültesi Dergisi XXII/3-4, (1964), 273-294.

Uluçay, Çagatay M.:
Bayezid II. in ailesi. In: Tarih Dergisi X/14 (1959), 105-24.

Uluçay, Ç.:
Harem II. Ankara 1971.

Uluçay, Ç.:
Istanbul saraçhanesi ve saraçlarına dair bir arştırma. In: Tarih Dergisi III/5-6 (1951-2), 147-64.

Uluçay, Ç.:
Kanuni Sultan Süleyman ve ailesi ile ilgili bazı notlar ve vesikalar. In: Kanuni Armağanı (1970), 227-57.

Uluçay, Ç.:
Manisadaki Sarây-i Âmire ve Şehzadeler Türbesi. Istanbul 1941.

Uluçay, Ç. u. I. Gökçen:
Manisa tarihi. Istanbul 1939.

Uluçay, Ç.:
Manisa ünlüleri. Istanbul 1946.

Uluçay, Ç.:
"Mustafa Sultan". In: IA, VIII, 690-1.

Uluçay, Ç.:
Selim-Bayezid mücâdelesi. In: Tarih Vesikalari 3 (18), (1963), 374-87.

Uluçay, Ç.:
Yavuz Sultan Selim nasıl Padisah oldu? T.I in: Tarih Dergisi VI/9 (1954), 53-90; T.II in: Tarih Dergisi VII/10 (1954), 117-42.

Unat, Faik Reşat:
Osmanlı Sefîrleri ve Sefâretnâmeler. Ankara 1968.

Ünver, Süheyl:
Ali Kusçı. Hayatı ve eserleri. Istanbul 1948.

Ünver, S.:
Amasyalı Hamdullah Efendi ve Tip Tarihimizdeki yeri. Istanbul 1953.

Ünver, S.:
Fatih külliyesi ve zamani ilim hayatı. Istanbul 1946.

Ünver, S.:
Ikinci Selim'e kadar Osmanli hükümdarların hususi kütüphaneleri hakkında. In: IV. Türk Tarih Kongresi (Ankara 1952), 294-311.

Ünver, S.:
Ikinci Sultan Bayezid'in Edirnedeki Vakıf Kitaplarına dair. In: Vakıflar Dergisi IV (1958), 105-06.

Ünver, S.:
Ilim ve sanat bakımından Fatih devri notlar. I. Istanbul 1947.

Ünver, S.:
Istanbul zaptından sonra Türklerde tibbî tekâmüle bir bakış. In: Vakıflar Dergisi I (1938), 71-81.

Uzunçarşılı, Ismail Hakki:
Babasından sonra saltanatı eldeetmek için kardeşi Selîm'le çatışan Şehzâde Bâyezîd'in Amasyadan babası Kanuni Sultan Süleymân'a göndermiş olduğu arîza. In: Belleten XXIV/96 (1960), 597-99.

Uzunçarşılı, I.H.:
"Bayezid II.". In: IA, II, 392-8.

Uzunçarşılı, I.H.
"Eretna". In: IA, IV, 309 f.

Uzunçarşılı, I.H.:
Hızır Beg oğlu Sinan Paşa'nin Vezir-i ʿÂzamliğina dâir çok kıymetli bir vesika. In: Belleten XXVII/105 (1963), 37-43.

Uzunçarşılı, I.H.:
Ikinci Bayezid'ın oğullarından Sultan Korkut. In: Belleten XXX/120 (1966), 539-601.

Uzunçarşılı, I.H.:
Iran Şâhîna iltica etmiş olan Şehzâde Bâyezîd'in teslimi için Sultan Süleymân ve oğlu Selīm tarafından Şâha gönderilen altınlar ve kıymetli hediyeler. In: Belleten XXIV/93 (1960), 103-10.

Uzunçarşılı, I.H.:
Osmanlı devletinin Ilmiye teşkilâtı. Ankara 1965.

Uzunçarşılı, I.H.:
Osmanlı devletinin merkez ve bahrîye teşkilâtı. Ankara 1948.

Uzunçarşılı, I.H.:
Osmanlı devletinin Saray teşkilâtı. Ankara 1945.

Uzunçarşılı, I.H.:(O.T.)
Osmanlı tarihi. Bd. II. Ankara[2] 1964.

Uzunçarşılı, I.H.:
Sivas ve Kayseri hükümdarı Kadi Burhaneddin Ahmed. In: Belleten XXXII/126 (1968), 191-245.

Uzunçarşılı, I.H.:
Tuğra ve pençeler ile ferman ve buyuruldulara dair. In: Belleten V/17-8 (1941), 101-57.

Uzunčaršîlîoglî, I.Ḥ.:
Anadolu Türk tāriḫī vesiqalarindan ... kitābeler. I. Istanbul 1345/1927.

(Uzunčaršılı) Ismaʿīl Ḥaqqi u. Rižvan Nafiž:
Sivas šehri. Istanbul 1346/1928.

Walsh, J.R.:
"Djalāl-zāde Ṣāliḥ Čelebi". In: EI^2, II, 400-1.

Walsh, J.R.:
"Fenārī-zāde". In: EI^2, II, 879.

Wensinck, A.J. u. J. Kramers:
Handwörterbuch des Islam. Leiden 1941.

Wilkinson, J.V.S. u. A.J. Arberry:
The Chester Beatty Library. A Catalogue of the Persian Manuscripts and Miniatures. 3 vols. Dublin 1959.

Wittek, Paul:
Le Sultan de Rûm. (Sonderdruck). Brüssel 1938.

Wittek, P.:
The Rise of the Ottoman Empire. London 1958.

Wittek, P.:
Zu einigen frühosmanischen Urkunden, III, in: WZKM 55 (1959), 122-41; IV in: WZKM 56 (1960), 267-84.

Yurdaydın, Ḥüseyn G.:
"Amasya". In: Inönü (Istanbul) Ansiklopedisi II (Istanbul 1959), 242-51.

Yurdaydın, H.G.:
Kanuni'nin cülusu ve ilk seferleri. Ankara 1961.

Yurdaydın, H.G.:
Matrakçi Nasuh'un hayatı ve eserleri ile ilgili yeni bilgiler. In: Belleten XXIX/114 (1965), 329-54.

Zinkeisen, J.W.:
Geschichte des Osmanischen Reiches in Europa. 7 Bde. Gotha 1840-63.

Nachtrag:

Der neuste, hauptsächlich auf Archivmaterial fußende Aufsatz von I.H. Uzunçarsılı: Sancağa çıkan Osmanlı şehzadeleri. In: Belleten XXXIX/156 (1975), 659-96 erschien als die Arbeit bereits im Druck war.
Ebenso: N. Beldiceanu: Le timar de Muṣliḥ ed-Dīn, précepteur de Selīm Šāh. In: Turcica VIII/2 (1976), 91-109.
Diese Arbeiten konnten nicht mehr berücksichtigt werden.

R e g i s t e r

In der alphabetischen Reihenfolge sind die Buchstaben mit diakritischen Zeichen denen ohne gleichgestellt.

Abkürzungen:

A Aǧa B Beg Bb Beglerbeg Č Čelebi Med Medrese
Mo Moschee P Prinz Pš Paša S Sultan
Sb Sanǧaqbeg

Eigennamen (Personen, Stämme, Dynastien)

A

ʿAbd el-Ǧebbār el-ʿAǧemī, P. Lehrer 133
ʿAbdī Müʾeyyedzāde, Gelehrter 83
P. ʿAbdullāh b. S. Bāyezīd II. 69, 88, 174[27]
P. ʿAbdullāh b. P. Bāyezīd 119, 146
ʿAbdullāh el-Amāsī, Gelehrter 166[200]
ʿAbdullāh-i Amāsī, Kalligraph 51, 53
ʿAbdullāh b. Luṭfullāh, Gelehrter 185[63]
ʿAbdurraḥmān Č. Gümüšlioǧlı, Ḫalvetiyye-Šeyḫ 58, 170[304]
ʿAbdurraḥmān Č., s. Müʾeyyedzāde
Abū 'l-Ḫayr el-Ǧazarī, Šeyḫ 55
Abū Yaḥā al-Qazwīnī 109
ʿAdlī (i.e. S. Bāyezīd II.) 66
Āftābī, Dichter 61f.
Āḫī, Dichter 62, 172[343]
Āḫī Evrān 180[157]
S. Aḥmed I. 5
P. Aḥmed b. S. Bāyezīd II. 6, 10, 15, 26, 35, 47f., 56, 69-92, 95f., 103, 119, 171[334], 173[1 u.7], 174[8]
Aḥmed B Evrenosoǧli 71
Aḥmed Fenārīzāde, P. Lālā, Nišānǧı 21, 34ff., 162[103]
Aḥmed b. Ḫoǧa Yaḥyā, Kalligraph 53
Aḥmed Qaraḥiṣarı, Kalligraph 51
Aḥmed Pš, P. Lālā 97
Aḥmed Pš, P. ʿAlemdār 99
Aḥmed Pš, Dichter 173[373]

Aḥmed Pš Gümüšlioġlı 81
Aḥmed Pš Hersekoġlı, Großwesir 63, 72, 74, 77
ʿAlāʾaddaulā, Ẕū 'l-Qadır Fürst 72
ʿAlāʾeddīn ʿAlī, Kalligraph 52
ʿAlāʾeddīn ʿAlī Fenārīzāde, Qāḍīʿasker 63
ʿAlāʾeddīn ʿAlī el-Ğemālī, Gelehrter u. Mufti 82f.
ʿAlāʾeddīn ʿAlī Ḫalveltī, Šeyḫ 57
ʿAlāʾeddīn ʿAlī Tūsī, Gelehrter 157[23]
P. ʿAlemšāh b. S. Bāyezīd II. 69, 170[292]
Alderson 8
ʿAlī A., P. Čāvušbası 146f.
ʿAlī A 133
ʿAlī B , Bruder d. Yürgüč Pš 157[32]
ʿAlī Č , Defterdār von Ofen 108
ʿAlī Mınıq 91, 105, 108, 163[123]
ʿĀlī, Muṣṭafā, Historiker 6, 55f., 114, 127
ʿAlī Pš, P. Lālā 20ff.
ʿAlī Pš, Bb von Rūm 129
ʿAlī Pš, Ṣofı, Bb von Marʿaš 123, 143
ʿAlī Qušğı 49, 63
ʿAlī b. Yaḥyā, Kalligraph 51
ʿAlī b. Yūsuf el-Fenārī, Qāḍīʿasker 30f., 36f., 160[81]
Alqās Mīrzā 131
Amatus Lusitanus, jüd. Artz 198[295]
Anhegger 9
Aqqoyunlu 27ff., 32ff., 159[60]
Aqṣaq Seyfeddīn, P. Azablar Aġa 122, 127, 133, 136
ʿArab Meḥmed, P. Qapıġıbašı 134f.
ʿĀšıqpašazāde 158[49]
ʿĀšıq Čelebi 105
ʿAṭāʾ, Aḥmed 81
ʿAṭāʾī 163[123]
ʿAufī, Ğamāl ad-dīn 184[63]
Ayās Pš, Bb von Erzurum 129, 142, 150, 183[35]
Ayās, Qapı Aġa 82

Ayše Hatun, Frau S. Bāyezīds II. 173[1]

B

Babinger 9, 23f.

Barth 8

Bausani 62

S. Bāyezīd I. 19

S. Bāyezīd II. 6, 13, 16, 31, 35, 44, 47, 49, 56, 63, 71f., 77, 79ff., 84f., 87, 89f., 92, 102, 110, 163[134]

P. Bāyezīd (II.) 13, 19, 22-69, 71, 79, 92, 95, 102, 176[70], 179[149]

P. Bāyezīd b. S. Süleymān 8, 10, 12, 13, 14, 98, 100, 105f., 111f., 113-152, 156[26], 182[19], 185[67], 188[36 u.41], 192[156]

Bedreddīn Maḥmūd, P Imām 48

Behzād, Maler 86

Bešāret A , pers. Gesandter 145

Birgilizāde, P. Lehrer 47, 83

Bōstān 6, 96

Bozqịrlị, Türkmenenstamm 122

Budāq s. Šāh Budāq

Buḫārī, Šeyḫ u. Gelehrter 104

Busbeck, habsburg. Gesandter 7, 101, 116, 118, 126, 129f., 132, 146

Bülbül Hatun, Frau S. Bāyezīds II. 78, 82

C

Čelebi Ḫalīfa,Ḫalvetiyye Šeyḫ 58f., 177[97]

Čerkes Maḥmūd, Anhänger P. Bāyezīd b. S. Süleymāns 135

Chalkokondyles 7, 22

Chiteres (i.e. Ḫịżịr B), P. Lālā 22

D

Dandolo, venez. Bailo 147

Dānišmendiden 4, 43

Dārendeli, Türkmenenstamm 122

Daulatšāh 62

David Komnenos 24
Davūd Pš, Bb von Anadolu 32f., 161[95]
Dede Ḫalīfa 91, 111
Dernschwam 7, 79
Dervīš Č s. a. Fikrī 184[56]
Duqāgīnoġlï Ḥasan, P. Ketḫudā 122f.
Duqāgīnlï, Türkmenenstamm 122
Dursun Beg 35
Dursun, Anhänger P. Bāyezīds 136
Düzme Muṣṭafā 116, 147

E

Ebū 's-Suʿūd, Šeyḫ ül-Islām 126
Edhem, Ḫalīl 22, 43
Emīr Efendi, Gelehrter u. P.Lehrer 67, 85
Eretna(oġullarï) 4, 22
Eretna Begzāde ʿAlāʾeddīn ʿAlī Pš
s. ʿAlī Pš, P.Lālā
Evliyā Čelebi 43, 79, 81, 87ff.

F

Fattāḥī, Dichter 62f., 66, 185[85]
Fażlī (Qara), Dichter u. P.Nišānǧï 103f., 146
Ferhād Pš, Bb von Qaraman 123
Ferhād Pš, Bb von Rūmili, Wesir 96
Ferīdūn 32, 37ff., 140
Ferruḫ Pš, P.Lālā 136
Fikrī, Dichter 104
Firūz B , P.Nišānǧï 146

G

Gabriel 9, 79
Ǧaʿfer Beg Ustāǧlu, pers. Gesandter 138
Ǧaʿfer Pš, P.Lālā 99, 182[27]
Ǧaʿfer Č b. Tāǧī B, Nišānǧï 54f., 66, 74, 77, 164[144]
Ǧāmī, Nūraddīn ʿAbdurraḥmān, Dichter 104
Gedük Aḥmed Pš, Großwesir 161[95]

Ǧelāl, Rebell 96
Ǧelāleddīn, Qāḍī von Tosya 184[57]
Ǧelālzāde Muṣṭafā 6, 104, 184[57]
P. Ǧem 31, 69, 75, 176[70], 187[25]
Ǧemāleddīn Meḥmed el-Aqsarāyī, Gelehrter 52, 58
Ǧemālī, Dichter 60f.
Ǧemālīzādes 52
Ǧenābī Aḥmed Pš 118, 122
Gibb 66
P. Ǧihāngīr b. S. Süleymān 114f., 186[4]
Ġiyā̱s al-Muǧallid al-Iṣfahānī, Kalligraph 172[359]
Ġiyā̱seddīn s. Paša Čelebi
Gökbilgin 30, 38, 99, 107, 109
Gritti, venez. Bailo 74
Gülbahār Hatun, Mutter S. Bāyezīds II. 19, 30
Ǧurǧānī, Muḥyi'ddīn, Gelehrter u. Mufti 112, 127, 186[89 u.91], 198[301]
Gümüšlioǧlı Meḥmed b. Ḥusāmeddīn, Šeyḫ 170[304]
Güzelǧe Qāsim Pš, Wesir 104, 184[56]

H

Habib (el-ʿOmarī) el-Qaramanī, Ḫalvetiyye-Šeyḫ 58
Ḫādim ʿAlī Pš, Großwesir 74ff.
Ḥaǧǧī Ḫalīfa, Zeyniyye-Šeyḫ 29
Ḥaǧǧī Ḥasanzāde, Qāḍīʿasker 30
Ḥaǧǧī Maḥmūd, Vertrauter P. Bāyezīds (II.) 37, 40
Ḥaǧǧī Paša, Gelehrter 92
Ḫalīl Pš Čandarlı, Großwesir 23, 29, 35
Ḥalīmī, Dichter 15, 37f., 60
Ḫalvetiyye 52, 57ff., 91
Ḥamdullāh, Šeyḫ, Kalligraph 50ff., 85
Hammer 56, 114
Ḥamza B, Šarabdār 27
Ḥamza Begzāde Muṣṭafā 38, 40f.
Ḥasan A, Schwiegersohn S.Selīms II. 143f.
Ḥasan A Ḫıżır B 23

Ḫasan B, pers. Yüzbaši̊ 131
Ḫasan B Rūmlu 131
Ḫasan Pš 77
Ḫāṣṣ Murād Pš, Bb von Rūmili 31
Ḫaṭīb Qāsim, P. Lehrer 47f., 83
Ḥaydar Mīrzā b. Schah Ṭahmāsp 138
Ḫayreddīn, Architekt 81
Ḫayreddīn Ḫi̊żi̊r, Gelehrter 107, 112
Ḫayreddīn İǧyādī, Šeyḫ 127, 198[301]
Ḫayreddīn Marʿašī, Kalligraph 51, 54
Hindī Maḥmūd, P. Divānsekretär 148
Ḫi̊żi̊r Beg Č, Qāḍī von Istanbul 48, 157[23]
Ḫi̊żi̊r B (Pš), P.Lālā 23ff.
Ḫoǧazāde Muṣliḥeddīn Muṣṭafā, Gelehrter 46, 49
Ḥusayn Bayqarā 34, 86
Ḫüsrev B, Sb von Ayi̊ntab 130
Ḫüsrev Pš, Bb von Van 146
Ḫürrem Sulṭān, Frau S. Süleymāns I. 97, 106, 114ff.
Ḥüsāmeddīn, Ḥüseyn 8, 21ff., 38, 79
Ḥüsāmeddīn, Ḥüseyn b. ʿAbdurraḥmān, Gelehrter 85
Ḥüseyn A b. ʿAbdulmuʿīn, Qapi̊ A 82
Ḥüseyn Pš Tütünsüz, P.Lālā 143
Ḥüsnīšah Hatun, Frau S. Bāyezīds II. 173[1]

I

Ibn Kemāl 6, 19, 24, 36, 40, 70f., 158[53]
Ibrāhīm Pš Čandarli̊, Großwesir u. P.Lālā 21, 29ff., 48, 70f. 160[84], 162[113]
Ibrāhīm Pš, Großwesir 87, 97, 182[18]
ʿIbrīzāde, Gelehrter 84
Ilḫāne 3
Ilyās B, Sb von Şarki Karahi̊sar 147, 149
İnalci̊k 35, 71
Isḥāq Pš, Muḥāfi̊ẓ von Istanbul 41
Iskender Č, Defterdār 87
Ismāʾīl, Schah von Persien 78

J

Janko Hunyadi 23

Johannes Komnenos 24

Josef Nasi 149f.

K

Kātib Čelebi 44

Kemāl Pš, P.Lālā 26ff., 40

Kissling 48, 57

Kreutel 158[49]

Küčük Nišānǧi 40

L

Lāmiʿī, Dichter 62, 172[343]

Levḥī, Dichter 62

Luṭfī Toqādī, Gelehrter 47, 70

Luṭfullāh b. ʿAlī Yūsuf s. Ḥalīmī

M

Maḥīdevrān Sulṭān, Frau S. Süleymāns I. 95, 102, 183[45]

P. Maḥmūd b. S.Bāyezīd II. 69, 88, 146

P. Maḥmūd b. P.Bāyezīd 146

Maḥmūd, P.Mirāḫor 101

Maḥmūd A, (Qara) P.Qapiǧibaši 147ff.

Maḥmūd b. Meḥmed b. Qāḍīzāde-i Rūm s. Mirim Č

Maḥmūd Pš, Großwesir 33, 60, 162[102]

Mamluken 56, 72, 75, 159[60]

Maqāmī, Dichter 87

Māšīzāde s. Fikrī

Maulā İbn Sayyid ʿAlī, Gelehrter 108

Maulānāzāde al-Harawī 45

Meǧdī 30, 84

S. Meḥmed I. 19

P. Meḥmed (I.) 4, 43

S. Meḥmed II. 4, 9, 13, 19, 21ff., 71f., 89, 91f., 159[60], 160[86], 160[88]

P. Meḥmed (II.) 23, 60

P. Meḫmed b. S.Süleymān 98, 103, 182[19]
Meḫmed al-Ǧazarī, Nišānǧi̊ 55
Meḫmed Ǧemāl-i Amāsī, Kalligraph 51, 53
Meḫmed Ǧemāleddīn el-Aqsarāyī el-Ḫalvetī s. Čelebi Ḫalīfa
Meḫmed Ḫān, Sb von Niǧbolu 115f.
Meḫmed b. Luṭfullāh, Arzt u. Gelehrter 92
Meḫmed Pš, Vater d. Yürgüč Pš 157[33]
Meḫmed Pš, Neffe d. Yürgüč Pš 157[32]
Meḫmed Pš b. Ḫi̊żi̊r B, P.Lālā 26, 71ff., 158[47]
Meḫmed Pš Ṣoqolli̊, Wesir 116, 120, 125, 128, 130
P. Meḫmed Šāh b. P.Šehinšāh 73
Meredith Owens 147
Mesīḫ Pš, Großwesir 73
Mestāne, Alay Beg 136
Mihrī, Dichtern 87f.
Mirim Č, Gelehrter 49
Mīrzā Zeynel b. Uzun Ḥasan 32
Mordtmann 8
Moses Hamon, Leibarzt S.Süleymāns I. 198[295]
Muʿarrifzāde, P.Lehrer 47f.
Muḥammad Ḫandān, Kalligraph 52, 63
Muḥyī'ddīn Ǧemāl-i Amāsī, Kalligraph 51
Muḥyī'ddīn Meḥī, Arzt u. Gelehrter 92f.
Muḥyī'ddīn Meḫmed b. Ḫaṭīb Qāsim, P.Lehrer 48, 50, 84
S. Murād I. 52
S. Murād II. 9, 19, 23, 60, 71, 158[50], 166[193]
P. Murād (II.) 157[32]
P. Murād b. P. Aḥmed 10, 78, 83, 96
S. Murād III. 179[128]
P. Murād (III.) 118, 176[72]
Muṣliḥeddīn Mūsā, Gelehrter 85
Muṣliḥeddīn Muṣṭafā s. Birgilizāde
P. Muṣṭafā b. S. Meḫmed II. 19, 22, 31f., 69, 174[8]
P. Muṣṭafā b. S. Süleymān 10, 12, 13, 15, 63, 95-111, 113, 115, 117, 119, 122, 132, 182[18 u.27],

(Muṣṭafā b. Süleymān) 183[36], 184[49,51,56], 186[85], 192[144]
Muṣṭafā B (Pš), Sb von Malatya u. Erzurum 130, 135, 142, 150
Muṣṭafā Č b. Ibrāhīm Pš Čandarlı̊ 162[110]
Muṣṭafā Dede, Kalligraph 51, 53, 168[246]
Muṣṭafā b. Ḥāǧǧī Ḥamza, Qaramanen Fürst 73
Muṣṭafā b. Naṣūḥ, Kalligraph 52f.
Muṣṭafā Pš, P.Lālā s. Ḥamza Begzāde Muṣṭafā
Muṣṭafā Pš, "Lālā", P.Lālā 14, 117f., 142f., 146, 188[39]
Muṣṭafā Pš, Bb von Rūmili 125
Muṣṭafā Pš, P.Qapı̊ǧı̊bašı̊, Wesir 57ff., 74, 77
Mustaqīmzāde 38, 51
al-Musta'ṣim, 'Abbasidenkalif 51
Mü'eyyedzāde 'Abdurraḥmān Č, Qāḍī'asker 37ff., 60, 74, 77, 83f., 86f., 92, 178[104]
Münīrī, Dichter 87

N

Nasafī 46
Navagero, venez. Bailo 186[4]
Neǧātī, Dichter 87f.
Nihānī s. Ṭuraq A
Niẓām al-Mulk 184[63]
Nūreddīn Ḥamza, Gelehrter 85

O

P. Oġūzḫān b. P.Ǧem 69
P. Orḫān b. Bāyezīd 15, 118, 120, 127, 132, 146
P. 'Osmān b. P.Bāyezīd 119, 120, 146, 189[64]
'Osmān B b. Meḥmed Duqāgīn 169[268]
Ölǧeytü 92

P

Palaiologen 24
Parī Ḫān Ḫanı̊m, Tochter Schah Ṭahmāsps 193[167]
Paša Čelebi 85
Pečevī 6, 138, 141

Pehlivān Bāyezīd 67
Pertev Pš, Wesir 120, 146f.
Pīr Ilyās 57f., 87
Pīr Zakariyā, Ḫalvetiyye-Šeyḫ 58
Pīrī Meḥmed Pš, Großwesir 162[113]

Q

Qabūlī, Dichter 26, 64f., 164[151]
Qāḍī Burhāneddīn 43
Qara Maḥmūd s. Hindī Maḥmūd
Qara Uġurlu, Anhänger P. Bāyezīd b. Süleymāns 135
Qaramanī Meḥmed Pš, Großwesir 30, 35, 162[113]
Qaramanoġullarï, Qaramanlï 31f., 130
Qāsim Pš, P.Defterdār 54, 55
Qāsim b. Yaʿqūb, P.Lehrer 47
Molla Qastelānī, Qāḍīʿasker 30
Qïlïǧ Arslan, Türkmenenfürst (?) 27, 159[60]
Qïnalïzāde 108
Qïzïlbaš 75f., 78, 95, 130
Qoǧa Nišānǧï s. Ǧelālzāde Muṣṭafā
P. Qorqud 69, 74f., 85ff., 95, 156[26], 174[35]
Qudūz Ferhād, Sipāhī A 122, 127, 133
Quṭbeddīn Iznīqī, Šeyḫ 65
Quṭbeddīn Mekkī, arab. Gesandter 121, 187[34]
Quṭbī Pš Č, P.Nišānǧï u. Dichter 65f.

R

Ramażānoġlï Pīrī Pš 125
Raqqāṣ Sinān, P.Lālā 42f., 72, 165[168] u.169
Refīqī, Dichter 53
Rukneddīn Zeyrekzāde, Gelehrter 84
Rūmselǧūqen 3, 4, 9
Rüstem Pš, Großwesir 90, 99ff., 106, 109, 114f., 117, 120, 125, 131, 137, 143, 149, 181[3], 182[24], 185[66]

S

Šādgeldī Aḥmed Pš 157[31]

Saʿdī, Dichter 108
Saʿdī, Historiker 75
Saʿdī Č, Šeyḫ ül-Islām 46
Saʿdī Č b. Tāǧī B, Gelehrter 54
Ṣafaviden 3, 134, 140
Ṣafī s. Qāsim Pš
Šāh Budāq, Ẕū 'l-Qadır Fürst 72, 159[60]
Šāh Qūlı, Maler 86
Šāh Qūlı, Gouverneur von Revān 130, 192[149]
Šāh Ruḫ 62
Šāh Sulṭān, Tochter S. Selīms II. 144
Šahsuvār B, Ẕū 'l-Qadır Fürst 159[60]
Ṣalāḥeddīn, P.Lehrer 46
Ṣāliḥ b. Emre, Qāḍī von Amasya 30
Ṣāliḥ Č Ǧelālzāde, Gelehrter 104f., 184[57]
Šarafaddīn Rāmī, Dichter 65
Sasaniden 3
Sayyid ʿAlī Hamadānī 109
Sehī 26, 39, 55
P. Šehinšāh b. S.Bāyezīd II. 56, 69, 72f., 173[1], 180[150]
S. Selīm I. 33, 54, 63, 84, 86, 95f., 110, 118, 122f., 134, 185[67]
P. Selīm (I.) 6, 55, 74, 76ff., 86
S. Selīm II. 5, 140
P. Selīm (II.) 13, 14, 103, 113ff., 123ff., 137ff., 156[26], 181[3], 188[39], 189[67], 195[218], 196[197]
Šemseddīn Aḥmed Kemālpašazāde s. Ibn Kemāl
Šemseddīn Meḥmed el-Fenārī, Šeyḫ ül-Islām 36
Šemseddīn Meḥmed b. Ḥamza el-Fenārī, Gelehrter 34
Šemsī, Sipāhī A 100
Šemsī Aḥmed Pš, Bb von Rūmili 104, 182[32]
Ṣenāyī, Dichter 63, 104
Šerefeddīn Ṣabunǧıoġlı, Arzt 92
Šeyḫī, Dichter 173[373]
Seyyid ʿAbdullāh, P.Lehrer 47f.

Seyyid Ibrāhīm s. Emīr Efendi

Seyyid Maḥmūd b. Seyyid ʿAbdullāh, Gelehrter 46f.

Seyyid Yaḥyā es-Širvānī, Ḫalvetiyye-Šeyḫ 58

Sinān A 138

Sinān A, Qapïǧïbašï 146

Sinān B, Sb von Ardahan 138

Sinān B, Sb von Silistre 150

Sināneddīn Yūsuf s. Muʿarrifzāde

Sinān Pš s. Yulār Qïṣdī Sinān Pš

Sinān Pš, Gelehrter 49

Šīrī, Dichter 63

Sitt Hatun, Frau S. Meḥmeds II. 23, 173[1]

Suhrawardiyya 51f.

Šükrī 6, 76

Šükrullāh, Arzt 157[23]

Šükrullāh, Kalligraph 51, 53

S. Süleymān I. 6, 10, 12, 13, 14, 15, 21, 32, 90, 95, 97f., 100, 102, 104f., 107, 111, 114f., 117f., 120f., 123ff., 131f., 137, 139ff., 141, 181[3], 196[256]

P. Süleymān (I.) 55, 169[263]

Süleymān, Ẕū 'l-Qadïr Fürst 23

Süleymān Č (Pš) b. Kemāl Pš 40, 164[151]

Surūrī, Muṣliḥeddīn Muṣṭafā, P.Lehrer 63, 99, 107ff., 185[85]

T

Ṭabūt A, pers. Gesandter 138

Tāǧī B, P.Defterdār 53f., 63

Tāǧīzāde s. Ǧaʿfer Č

Ṭahmāsp, Schah von Persien 123, 128, 130ff., 195[213,218]

Ṭaškoprüzāde 29ff., 38, 45, 49, 70, 82f.

Timur 27, 57

Turan 6, 8, 116, 121, 137, 140, 142, 191[109]

Ṭurāq A, P.Mirāḫor 137f., 141

Ṭurǧutlï, Türkmenenstamm 73, 122, 130

Ṭurǧutoǧlï Ḫüseyn, P. Silahdār A 122, 133

Türkmenen 23, 27

U

Uġurlu Meḥmed b. Uzun Ḥasan 32

Uluġ Beg 49

Uzunçarşılı 8, 30, 45

Uzun Ḥasan 13, 27ff., 41f., 159[60], 160[86]

V

Vālī, Dichter 62

Varsaq, Türkmenenstamm 73

Y

Yaḥyā Duqāgīn, Dichter 185[64u.66]

Yaḥyā b. Ṣofı, Kalligraph 51

Ya'qūb Pš, P.Lālā 73

Ya'qūb Pš, P.Lālā, Wesir 56f.

Yaqūt Musta'simī, Kalligraph 51f.

Yulār Qıṣdī Sinān Pš, P.Lālā 75ff.

Yūsuf Bālī b. Šemseddīn Meḥmed Fenārī, Gelehrter 46

Yūsuf Mīrzā, Neffe Uzun Ḥasans 31f.

Yürgüč Pš 23f., 71, 157[33], 158[46]

Z

Ẕemānī, Dichter 104

Zen, venez. Bailo 182[15]

Zeyn al-'Ābidīn, Musiker 86

Zeyniyye 29, 168[246]

Ẕū 'l-Qadır(oġlı) 23, 27, 122, 159[60]

Geographische Bezeichnungen (Orte, Länder, Bauten)

A

Adana 72, 125

Ägypten 190[89]

Afyon Karahisar 122f.

Aġrīboz s. Negroponte

Aksaray 100

Akşehir 118
Alāyā 159[60]
Albanien 25
Aleppo 122, 125, 137, 186[5]
Alti̊ntaş 76
Amasya passim
  Bāyezīd Pš Mo 43
  S Bāyezīd Mo u. Med 53, 81ff., 110
  Bedesten 82, 88
  Birmārḫāne 88, 92
  Bülbül Hatun Mo 82
  Fetḥiyye Mo 43
  Gök Med 43
  Gümüšlioġli̊ Mo 81
  Ḫalqali̊ Türbe 44
  Ḫi̊ži̊r Pš Mo 26, 44
  Ḥüseyniyye (Qapi̊ A, Büyük A) Mo u. Med 82, 84, 111
  Küčük Qapi̊ A Mo 82
  Meḥmed Pš Mo 81f.
  Sarrāǧḫāne Mo 91
  Selīm A Mo 81
  Ṣofi̊lar Mo 81
  Veled-i qi̊zǧi̊n-Stadtviertel 30
  Yaʿqūb Pš Med 58
  Yürgüč Pš Mo 43
Anadolu 3, 27, 30ff., 55, 73, 75, 89, 101, 106, 113, 115, 121, 123f., 151f.
Anatolien s. Anadolu
Ankara 89, 120, 122f., 128, 130, 135, 151, 174[16], 179[138]
Araxes 130
Ardahan 138
Astarābād 130, 134
Aydi̊n(ili) 56, 58
Ayi̊ntab 130
Azārbayǧān 172[359]

B

Bagdad 51ff., 63, 98, 137ff., 167[231]

"Bağdād-ı Rūm" (i.e. Amasya) 44

Balikesir 48

Belgrad 22

Beypazar 31

Bosnien 57

Bozok 122

Buḫāra 134

Bursa 28, 43, 50, 52, 60, 78, 83, 84, 88ff., 102, 120, 147, 180[150]

Murādiyye Mo u. Med 47

Sulṭāniyye Mo u. Med 46, 83

C

Canık 96, 189[64]

Čıbuq 76

Çorum 15, 69, 96, 118, 128, 179[138]

D

Damaskus 55

Demotika 19

Diyarbekir 123, 128, 150, 192[144]

E

Edirne 13, 19, 22, 29ff., 43, 50, 56, 81, 84, 88f., 115f., 161[96], 181[3]

S.Bāyezīd Mo u. Med 81, 104, 177[90]

Üč-Šerefeli Med 166[193]

Elbistan 23

Ereğli 101

Erzincan 27, 90, 99

Erzurum 125, 128ff., 135f., 142, 150, 192[144], 195[237]

Eskişehir 120, 122

F

Firūzlü 64

G

Ǧānehāh 165[163]

Georgien 41, 72

Ǧezre 165[163]

Griechenland 25

H

Ḥamīd Ili 32

Herat 86f.

I

Indien 34, 37

Inegöl 36

Iraq 97

Iṣfahān 52

Iskenderiye 123

Istanbul (s. a. Konstantinopel) 5, 7, 11, 14, 15, 16, 17, 26, 35, 37f., 40f., 43, 45, 48ff., 56, 58ff., 63ff., 67, 80f., 83f., 87f., 97, 99f., 104, 106, 110, 112, 116ff., 127, 138, 142, 147ff., 161[96], 188[43], 198[301]

Achter Med. s. Ṣaḥn-i s̱emān Med

Maḥmūd Pš Med 54

Qoǧa Muṣṭafā Pš Mo 59

Ṣaḥn-i s̱emān Med 46, 49, 83, 110

Izmir 75, 90

Iznik 84

K

Kaffa 77

Kanunabad 165[169]

Kars 139, 144

Kastamonu 120, 122

Kayseri 75f., 123

Konstantinopel (s. a. Istanbul) 3f., 19, 24f.

Konya 4, 69, 114f., 117ff., 123, 125f., 133f., 145, 148, 150,

(Konya) 190[89]

Koroni 73

Krim 128

Kütahya 75, 84, 117ff., 122f., 133, 145ff., 149f., 188[36]

L

Lepanto 148

M

Malatya 130, 142

Makedonien 90

Manisa 4f., 19, 69, 86, 95ff., 103f., 114, 117f., 120, 149, 181[3], 188[41]

Murādiyye Mo 176[72]

Marʿaš 123, 143

Mekka 109, 188[34]

Merzifon 60, 67, 85

Modoni 73

Morea 73, 90

N

Negroponte (s. a. Aǧrīboz) 34, 64, 90

Niǧbolu 115

Niksar 78

O

Osmanisches Reich passim

Otlukbeli 34

P

Pāsin 146

Persien 67, 77, 86, 89, 96f., 101, 113, 132f., 139f., 150

Portugal 149

Požega 142

Q

Qaraman 32, 56, 58, 60, 69, 73, 76, 78, 123, 130

Qara Öyük 187[34]

Qazābād 147

Qazvīn 130f., 133, 135, 136, 142ff., 149

R

Ragusa 148

Rom 148

Revān 130f.

Rūm (Rūm-i qadīm u. Rūm-i ḥādis) 6, 10, 19, 21, 24ff., 49, 53, 67, 72f., 75f., 78, 80, 82, 91f., 95f., 101, 133, 158[39]

Rūmili 30ff., 55f., 71f., 97, 104, 106, 115f., 130

S

Saloniki 52, 55, 57, 89, 115

Qāsimiyye Mo 56

Saʿat-čuqurı̊ 130

Šām 122, 125

Samarqand 49, 134

Şarkı̊ Karahı̊sar 96, 147

Şarūḫān s. a. Manisa

Schwarzes Meer 128

Semendria 71

Serbien 25

Serres 57

Silistre 150, 165[168]

Šīrāz 63, 187

Širwān 57

Sivas 10, 27, 37, 60, 76, 96, 101f., 110, 125, 129, 147, 181[12]

Sonusa 82

Syrien 190[89]

T

Tabrīz 131

Tarsus 72

Teke Ili 76

Temesvár 143

Thrakien 90

Tokat 19, 22, 24, 27ff., 37, 40, 89f., 128, 151, 159[60 u. 63], 179[147]

Alağa Mesgid 159[63]

Beyazit Mo s. Hatuniyye Mo

Hatuniyye Mo 19

Ṭorul 41

Trabzon s. Trapezunt

Trapezunt 23ff., 55, 69, 128

Ḫayreddīn Češme 25, 158[46]

Qulaqlı̊ Češme 43

Turkestan 52

U

Üsküdar 76

V

Van 125, 128, 130, 143, 195[237]

Varna 21

Y

Yanbolu 105

Yemišlü 64

Yenişehir 115

Yeşil Irmak 79, 122

1. Beschneidungsfest der Prinzen Bāyezīd und Ǧihāngīr b. Süleymān. Miniatur aus dem »Sulaymān-nāma« des Fetḥullāh ʿĀrif: Hs.: Istanbul, Topkapı Sarayı Müzesi, H. 1517, fol. 412a. Die Handschrift stammt aus der 2. Hälfte des 16. Jahrhunderts. (s. F. E. Karatay, Topkapı Sarayı Müzesi Kütüphanesi Farsça Yazmalar Kataloğu. Istanbul 1961, p. 61, no. 160.) (*Sehr herzlich möchte ich Frau Dr. Filiz Çağman aus der Bibliothek des Topkapı Sarayı für die Beschaffung der Photos von den Miniaturen (1)-(5) danken.*)

2. Aufbruch der Prinzen aus dem Saray in Istanbul in ihre Provinz. Miniatur aus dem »Sulaymān-nāma« des Fetḥullāh ʿĀrif: Hs.: Istanbul, Topkapı Sarayı Müzesi, H. 1517, fol. 445a.

3. Jagd Sultan Süleymāns und seiner Söhne. Miniatur aus dem »Sulaymān-nāma« des Fetḥullāh ʿĀrif: Hs.: Istanbul, Topkapı Sarayı Müzesi, H. 1517, fol. 393a.

4. Sultan Süleymān im Gespräch mit seinem Sohn, Prinz Bāyezīd. Miniatur aus dem »Sulaymān-nāma« des Fethullāh ʿĀrif: Hs.: Istanbul, Topkapı Sarayı Müzesi, H. 1517, fol. 570a.

5. Prinz Selīm b. Süleymān trifft mit den anatolischen Truppen zusammen. Miniatur aus dem »Sulaymān-nāma« des Fetḥullāh ʿĀrif. : Hs. : Istanbul, Topkapı Sarayı Müzesi, H. 1517, fol. 583a.

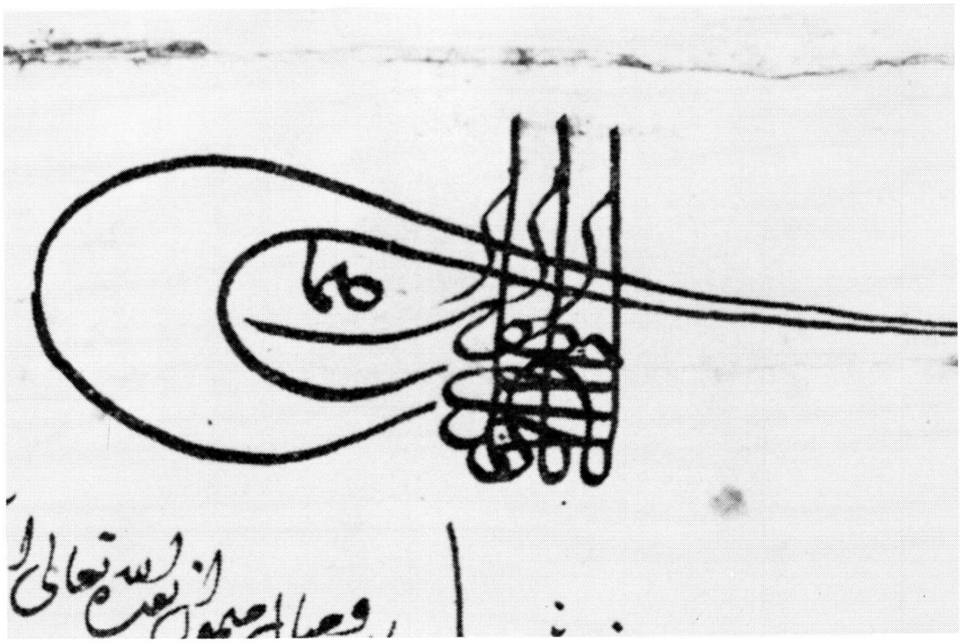

6. Tuġra Prinz Aḥmed b. Bāyezīds II. (s. H. G. Majer, Ein Nišān des Osmanenprinzen Aḥmed. In: Südost-Forschungen XXXI (1972) 319-31, Abb. 1).

7. Tuġra Prinz Selīm (II.) b. Süleymāns. Sie ist bisher unveröffentlicht und stammt von einem »ḥükm« des Prinzen an den Sanǧaqbeg von Aqkermān aus dem Jahre 973/1565. (s. Z. Abrahamowicz, Katalog dokumentów tureckich. Warschau 1959, no. 187) (*Ich danke Herrn Dr. Tadeusz Majda, Warschau, für die Beschaffung der Photographie.*)

8. Siegel des Prinzen Muṣṭafā b. Süleymān. Es ist bisher unveröffentlicht und stammt von einem Brief des Prinzen an den Sultan aus dem Jahr 941/1534, der im Archiv des Topkapı Sarayı unter der Nr. E 11995 aufbewahrt wird. (s. Ç. Uluçay, Kanuni Sultan Süleymān ve ailesi ile ilgili bazi notlar ve vesikalar. In: Kanuni Armağanı. Ankara 1971, p. 232[7].)

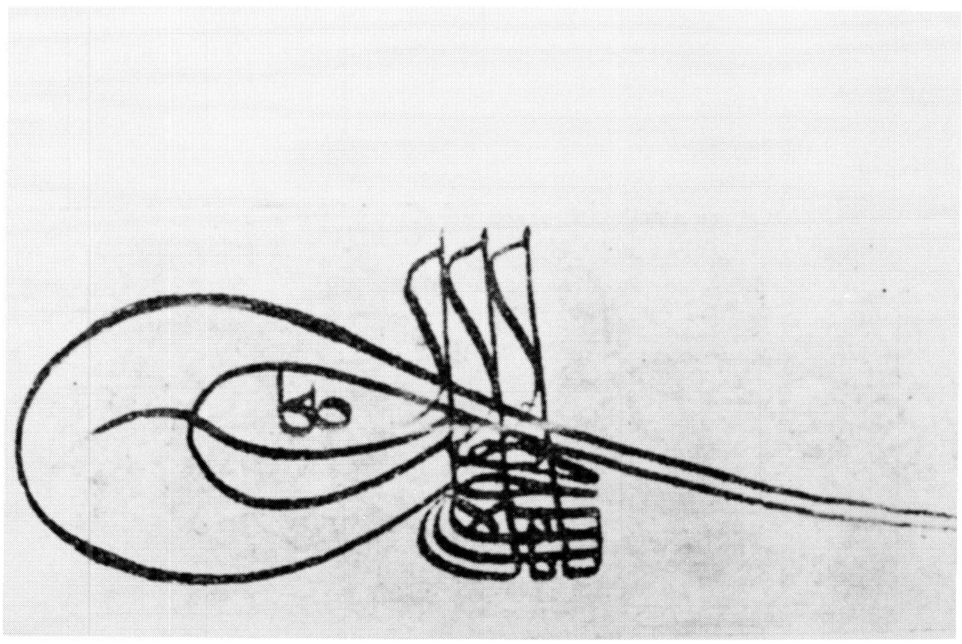

9. Tuġra des Prinzen Bāyezīd b. Süleymān. (s. Z. Organ, Tuğralarda el-muzaffer daima duası ve şah unvanı, şehzade tuğları, Meḥmed II. nin tuğra, imza ve mühürleri. In : Türk Tarih, Arkeologya ve Etnografya Dergisi V (1949), 203-20, Levha IX.)